PLEINS FEUX SUR LE DÉVELOPPEMENT INTERNATIONAL

Promouvoir la diversification des exportations dans les pays fragiles

Les chaînes de valeur émergentes du Mali, du Tchad, du Niger et de la Guinée

JOSÉ R. LÓPEZ-CÁLIX

 **GROUPE DE LA BANQUE MONDIALE**

© 2020 Banque internationale pour la reconstruction et le développement/La Banque mondiale
1818 H Street NW, Washington, DC 20433
Téléphone : 202-473-1000 ; Internet : www.worldbank.org

Certains droits réservés

1 2 3 4 23 22 21 20

La publication originale de cet ouvrage est en anglais sous le titre de *Leveraging Export Diversification in Fragile Countries: The Emerging Value Chains of Mali, Chad, Niger, and Guinea* en 2020. En cas de contradictions, la langue originelle prévaudra.

Cet ouvrage a été établi par les services de la Banque mondiale avec la contribution de collaborateurs extérieurs. Les observations, interprétations et opinions qui y sont exprimées ne reflètent pas nécessairement les vues de la Banque mondiale, de son Conseil des Administrateurs ou des pays que ceux-ci représentent. La Banque mondiale ne garantit pas l'exactitude des données citées dans cet ouvrage. Les frontières, les couleurs, les dénominations et toute autre information figurant sur les cartes du présent ouvrage n'impliquent de la part de la Banque mondiale aucun jugement quant au statut juridique d'un territoire quelconque et ne signifient nullement que l'institution reconnaît ou accepte ces frontières.

Rien de ce qui figure dans le présent ouvrage ne constitue ni ne peut être considéré comme une limitation des privilèges et immunités de la Banque mondiale, ni comme une renonciation à ces privilèges et immunités, qui sont expressément réservés.

Droits et autorisations

L'utilisation de cet ouvrage est soumise aux conditions de la licence Creative Commons Attribution 3.0 IGO (CC BY 3.0 IGO) http://creativecommons.org/licenses/by/3.0/igo/ Conformément aux termes de la licence Creative Commons Attribution (paternité), il est possible de copier, distribuer, transmettre et adapter le contenu de l'ouvrage, notamment à des fins commerciales, sous réserve du respect des conditions suivantes :

Mention de la source – L'ouvrage doit être cité de la manière suivante : López-Cálix, José R. 2020. *Promouvoir la diversification des exportations dans les pays fragiles : Les chaînes de valeur émergentes du Mali, du Tchad, du Niger et de la Guinée*. Pleins feux sur le développement international. Washington, DC : La Banque mondiale. DOI : 10.1596/978-1-4648-1563-8. Licence : Creative Commons Attribution CC BY 3.0 IGO

Traductions – Si une traduction de cet ouvrage est produite, veuillez ajouter à la mention de la source de l'ouvrage le déni de responsabilité suivant : *Cette traduction n'a pas été réalisée par la Banque mondiale et ne doit pas être considérée comme une traduction officielle de cette dernière. La Banque mondiale ne saurait être tenue responsable du contenu de la traduction ni des erreurs qu'elle pourrait contenir.*

Adaptations – Si une adaptation de cet ouvrage est produite, veuillez ajouter à la mention de la source le déni de responsabilité suivant : *Cet ouvrage est une adaptation d'une oeuvre originale de la Banque mondiale. Les idées et opinions exprimées dans cette adaptation n'engagent que l'auteur ou les auteurs de l'adaptation et ne sont pas validées par la Banque mondiale.*

Contenu tiers – La Banque mondiale n'est pas nécessairement propriétaire de chaque composante du contenu de cet ouvrage. Elle ne garantit donc pas que l'utilisation d'une composante ou d'une partie quelconque du contenu de l'ouvrage ne porte pas atteinte aux droits des tierces parties concernées. L'utilisateur du contenu assume seul le risque de réclamations ou de plaintes pour violation desdits droits. Pour réutiliser une composante de cet ouvrage, il vous appartient de juger si une autorisation est requise et de l'obtenir le cas échéant auprès du détenteur des droits d'auteur. Parmi les composantes, on citera, à titre d'exemple, les tableaux, les graphiques et les images.

Pour tous renseignements sur les droits et licences doivent être adressées à World Bank Publications, The World Bank Group, 1818 H Street NW, Washington, DC 20433, USA ; courriel : pubrights@worldbank.org.

ISBN : 978-1-4648-1563-8
DOI : 10.1596/978-1-4648-1563-8

Photo de couverture : © SEYAL-TCHAD Sarl. Utilisé avec l'autorisation de SEYAL-TCHAD Sarl.
Autorisation nécessaire pour toute reutilization.
Conception de la page de couverture : Debra Naylor / Naylor Design Inc.

Table des matières

Encadrés

Figures

Cartes

Tableaux

Remerciements

Ce rapport régional phare est le résultat d'un travail d'équipe conjoint entre la pratique mondiale Macroéconomie, commerce et investissement et la pratique mondiale Finance, compétitivité et innovation. Il a également bénéficié du soutien de la pratique mondiale Lutte contre la pauvreté, de la pratique mondiale Gouvernance et de la Société financière internationale, qui ont contribué par des documents de référence, des présentations, des études de cas et d'autres notes et contributions techniques pertinentes, et ont pris part à un certain nombre de discussions avec leurs principaux homologues. L'équipe exprime sa reconnaissance aux autorités maliennes, tchadiennes, nigériennes et guinéennes pour leur précieuse collaboration, en particulier les représentants des ministères de l'Agriculture, du Commerce, de l'Économie et des Finances, du Plan, des Mines et de l'Industrie, les instituts nationaux de statistiques, les agences nationales de promotion des exportations et les chambres d'industrie et de commerce de ces pays, qui ont tous apporté un soutien important à la mission, des contributions écrites et participé à des échanges francs tout au long de la préparation de l'étude.

Ce rapport de synthèse a été rédigé par une équipe comprenant diverses pratiques mondiales, dirigée par José R. López-Cálix (économiste *leader* et ancien chef de programme). Les principaux contributeurs (équipe de base) étaient Ephraim Kebede (consultant) pour le chapitre 4, Ghada Ahmed (consultant) pour le chapitre 5, Nihal Pitigala (consultant) pour le chapitre 6, et Mehdi Benyagoub (spécialiste du secteur privé) pour le chapitre 7. Jean-Christophe Maur (économiste principal et co-chef de l'équipe) a fourni de précieuses contributions et des conseils techniques judicieux. Des contributions spécifiques de l'équipe élargie, dont la majeure partie est développée plus en détail dans les études individuelles de pays antérieures, ont été fournies par Mariama Cire Sylla (spécialiste du secteur privé) ; Mamoudou Nagnalen Barry (jeune professionnel) pour l'aperçu ; Maria Reinholt Andersen (consultante), Nelly Bachelot (Consultant) et Irum Touqeer (spécialiste du secteur public) pour le chapitre 1 ; Fiseha Haile Gebregziabher (économiste), Dinar Prihardini (économiste), Hans Lofgren (consultant) et Asif Islam (économiste) pour le chapitre 2 ; Salma Daki (consultante), Olivier Béguy (économiste senior) et Abdoul Ganiou Mijiyawa (économiste senior) pour le chapitre 3 ; Masud Cader (chargé de portefeuille senior) pour le chapitre 4 ; Daria Taglioni (économiste principale pays) et Bonaventure Fandohan (consultant) pour le chapitre 5 ; Silvia Muzi (coordinatrice de programme), George Clarke (consultant) et Lauren Clark (consultante) pour le chapitre 7 ; Mahaman Sani (spécialiste du secteur privé), Xavier Forneris (spécialiste senior du secteur privé), Mukhtar Gulamhussein (chargé d'investissements) et Alexandre Laure (spécialiste senior du secteur privé) pour le chapitre 8.

Ont également contribué aux différentes études de pays incluses dans le rapport Luc Razafimandimby (économiste senior), Markus Kitzmuller (économiste senior), Susana Sánchez (économiste senior), Olivier Béguy (économiste senior), Marcel Nshimiyimana (économiste), Olanrewaju Kassim (économiste), Boulel Touré (économiste), Nancy Benjamin (consultante), Thomas Bossuroy (économiste), Aly Sanoh (économiste senior et statisticien), Fatoumata Fadika (spécialiste du secteur financier), Ziva Razafintsalama (économiste agricole senior), Johannes Hoogeveen (économiste principal), Yaye Ngouye Ndao Ep Diagné (chargée des opérations), Gaël Raballand (spécialiste senior du secteur public), Gildas Bopahbe Deudibe (consultant), Kirstin Roster (analyste stratégique), Gemechu Ayana Aga (économiste) et Yosuke Kotsuji (chargé d'investissements senior). Leurs contributions individuelles respectives sont détaillées dans chacun des rapports nationaux et dans les notes d'information.

Lars Christian Moller (responsable Pratique mondiale) a assuré un suivi minutieux, prodigué des conseils techniques et des encouragements enthousiastes, tandis que Consolate Rusagara (responsable Pratique mondiale), Rashmi Shankar (responsable Pratique mondiale), Michel Rogy (responsable de programme), Christophe Lemière (responsable de programme), Madio Fall (responsable de programme par intérim), Mehita Sylla (directrice pays), Sabrina Birner (consultante) et Paul Noumba (ancien directeur de pays) ont tous conseillé l'équipe à différentes étapes du processus ou apporté leur contribution à différents chapitres et versions préliminaires. Soukeyna Kané (directrice pays), François Nankobogo (responsable des opérations), Joëlle Dehasse (directrice pays), Rachidi Radji (directrice pays), Boubacar Walbani (chargé des opérations senior) et Michael Hamaide (chargé des opérations principal) ont fourni des conseils sur les pays et un soutien précieux à l'équipe. Des conseils détaillés et instructifs ont été fournis par les pairs évaluateurs du présent rapport dont les noms suivent : Paul Brenton (économiste principal), Vincent Palmade (économiste principal), Joanne Catherine Gaskell (économiste agricole senior), Hoda Youssef (économiste senior) et José Daniel Reyes (économiste senior). Cela a complété les orientations exceptionnelles fournies précédemment par les pairs évaluateurs des différentes études nationales. Pour le Tchad et le Mali : Jakob Engel (jeune professionnel), Gonzalo Varela (économiste senior), Jean Michel Marchat (économiste principal) et César Calderón (économiste principal). Pour le Niger : Daria Taglioni (économiste principale pays), Fulbert Tchana (économiste senior), Vandana Chandra (consultante, ancienne économiste senior) et Albert Zeufack (chef économiste). Maude Jean-Baptiste Valembrum (assistante de programme) a réalisé un excellent travail de formatage et de révision du document principal. Micky Ananth (analyste des opérations) a joué un rôle déterminant dans le suivi du budget de l'ensemble des études. Hawa Maiga (assistante exécutive senior), Mariama Diabate-Jabbie (assistante exécutive), Fatimata Sy (assistante de programme senior), Hamsatou Diallo Barke (assistante exécutive) et Theresa Bampoe (assistante de programme) ont également apporté un précieux soutien logistique.

À Propos de l'auteur

Originaire du Salvador, José R. López-Cálix est un économiste *leader* et ancien chef de programme dans la Pratique mondiale Macroéconomie, de commerce et investissement de la Banque mondiale. M. López-Cálix a obtenu son doctorat, sa maîtrise et sa licence, avec des spécialisations en finance internationale, en commerce et en économétrie, à l'Université catholique de Louvain, en Belgique, et à l'Université de Pittsburg, aux États-Unis. Avant de travailler pour la Banque mondiale, sa carrière professionnelle l'a amené à travailler dans plusieurs organisations internationales, dont l'Agence américaine pour le développement international, le Congrès américain, l'Agence canadienne de développement international et la Banque interaméricaine de développement. Il a également occupé le poste de directeur de recherche au Conseil monétaire centraméricain et comme professeur invité dans plusieurs universités américaines et à l'Institut centraméricain d'administration des affaires au Costa Rica. Il a plus de 25 ans d'expérience de travail dans les régions de la Banque mondiale en Amérique latine, au Moyen-Orient et en Afrique du Nord, en Afrique subsaharienne et en Asie du Sud, y compris dans de multiples économies fragiles et sujettes aux conflits. Outre ses compétences éprouvées en matière de gestion et de gestion de projets, il a publié de nombreux ouvrage, articles universitaires et rapports. Il a reçu de nombreuses récompenses en tant qu'innovateur pour avoir conçu, testé et mis en œuvre avec succès des outils analytiques désormais ancrés dans les travaux de la Banque mondiale et dans le monde entier. Il s'agit, entre autres, d'un système d'alerte précoce des crises monétaires/fiscales, des enquêtes de suivi des dépenses publiques, des enquêtes sur la prestation de services sociaux, des enquêtes sur les entreprises d'exportation, de la protection budgétaire pour les programmes sociaux prioritaires, d'un indice multivariable du développement infranational (et local) et, plus récemment, d'une approche intégrée de la chaîne de valeur mondiale 2.0 (CVM 2.0) pour attirer les investissements directs étrangers et la participation du secteur privé au développement de l'agroalimentaire et à la diversification des exportations dans des pays fragiles.

Principaux messages

Ce rapport présente les politiques clés de quatre pays fragiles – Mali, Tchad, Niger et Guinée (ci-après « pays MTNG ») – visant à promouvoir efficacement la diversification des exportations pour favoriser la croissance économique. Après plusieurs tentatives infructueuses de diversification économique depuis les années 1990, les quatre pays ont décidé de promouvoir à nouveau une diversification active de leurs exportations.

L'expérience acquise à l'échelon international démontre que la performance économique des pays africains fragiles et riches en ressources naturelles reste faible par rapport à celle des pays pairs non fragiles et pauvres en ressources naturelles. Cependant, la production à grande échelle de ressources naturelles (principalement minières), qui offre des opportunités considérables, s'accompagne aussi d'inconvénients majeurs qui empêchent une croissance élevée et soutenue. Ces inconvénients sont particulièrement lourds dans les pays en proie à des conflits engendrés par la cupidité (lorsque les avantages tirés de la croissance fondée sur les ressources naturelles justifient le coût d'opportunité des efforts fournis), ou par des griefs (lorsque les ressources naturelles sont accaparées par des élites restreintes).

Parmi ces inconvénients, citons la tendance de l'économie à croître au-delà de son potentiel et à engendrer des cycles de flambée des prix, de forte croissance du produit intérieur brut (PIB) et d'instabilité budgétaire, qui se traduisent par une position budgétaire fragile et une marge de manœuvre budgétaire limitée pour les investissements publics, une « malédiction des ressources naturelles » favorisant la production de produits non compétitifs et non échangeables, et un schéma de croissance orienté vers la recherche de rente et des activités faiblement créatrices d'emplois. En outre, tous les pays MTNG sont enclavés (à part la Guinée) et disposent d'un marché intérieur limité.

Pour prendre une nouvelle voie, les pays MTNG sont parvenus à un consensus national autour d'une Vision 2030-35 visant, entre autres, la diversification des exportations pour échapper à cette malédiction. Ce rapport appuie pleinement ces visions à long terme. Dans les paragraphes suivants, nous ne résumons pas les principales conclusions mais nous mettons en exergue dix messages pouvant façonner la conception de politiques nationales au service de la diversification des exportations. Le rapport est axé sur la promotion de chaînes de valeur mondiales (CVM) agroindustrielles soigneusement sélectionnées, dans le cadre d'une nouvelle approche par grappes susceptible de favoriser une croissance économique élevée et durable dans les pays fragiles tels que ceux examinés dans ce rapport.

Premier message. La documentation existante montre une forte corrélation entre la concentration des exportations et une accélération de la croissance de courte durée, et entre la diversification des exportations et une croissance élevée, soutenue et inclusive. Au cours des dernières décennies, les exportations de ressources naturelles ont représenté une part importante des exportations totales des pays MTNG. Selon les estimations faites pour ce rapport concernant le Niger et le Mali, dans le cadre de leur modèle actuel d'exportation fondé sur les ressources naturelles, les économies de ces deux pays atteindront (au mieux) des taux de croissance moyens modestes et très volatils au cours des dix prochaines années. En revanche, des politiques de diversification non minières et axées sur les exportations leur permettront d'atteindre des taux de croissance élevés et soutenus.

Deuxième message. La « malédiction des ressources naturelles » continue d'entraver la transformation structurelle, notamment la réallocation de la main-d'œuvre des activités peu productives à des activités fortement productives, reflet de la diversification des exportations. Alors que les activités minières créent peu d'emplois, dans les pays MTNG plus de 75 % de la population continuent de dépendre de l'agriculture pour leurs moyens de subsistance, et travaillent dans l'agriculture de subsistance ou des activités informelles peu productives. Néanmoins, les estimations faites pour ce rapport montrent qu'au Tchad, au Niger et en Guinée, d'autres secteurs ont engendré une transformation structurelle modeste, mais positive, qui a créé des emplois dans le commerce, le bâtiment et les services publics et financiers.

Troisième message. Des stratégies exclusives guidées par la modernisation des services ou une vaste industrialisation ont peu de chance d'accélérer la transformation structurelle dans les pays MTNG. Le transfert de ressources de secteurs peu productifs, notamment l'agriculture ou le commerce informel, vers des secteurs de services modernes et hautement productifs exige une main-d'œuvre qualifiée, mais malheureusement rare dans ces économies. Par ailleurs, le transfert de ressources d'une agriculture peu productive vers de grandes industries manufacturières semble aussi peu prometteur, en raison du faible bilan de ces quatre pays en matière de politiques de substitution d'importations dans la sous-région, sans parler de la performance financière médiocre des entreprises publiques impliquées dans des activités productives.

Quatrième message. En revanche, une stratégie agroindustrielle tournée vers l'extérieur peut mener à une diversification et créer de nombreux emplois mieux rémunérés, pour les travailleurs peu qualifiés et très qualifiés. Ce type de stratégie agroindustrielle sera basée sur une combinaison de plusieurs éléments : (i) un meilleur accès aux intrants agricoles et aux nouvelles technologies de production afin d'augmenter la productivité ; (ii) de nouvelles cultures, et industries connexes, liées aux nouvelles chaînes de valeur, produisant progressivement des exportations agroindustrielles plus sophistiquées ; (iii) une amélioration et une modernisation des infrastructures des services financiers, des transports et des communications ; et (iv) une amélioration du climat des affaires permettant d'attirer réellement des investissements directs étrangers (IDE) ciblés.

Cinquième message. À cet effet, les pays MTNG devront envisager d'adopter une stratégie de diversification des exportations en quatre étapes. Ces quatre étapes complémentaires, allant de la plus simple à la plus complexe, exigeront d'améliorer la capacité du pays à : (i) augmenter les exportations des produits actuellement exportés ; (ii) ouvrir de nouveaux marchés (régionaux et mondiaux) à l'étranger ; (iii) piloter les nouveaux produits gagnants de l'exportation, plus sophistiqués, en particulier les produits agroindustriels ; et (iv) passer à une véritable stratégie de diversification agroindustrielle fondée sur les chaînes de valeur mondiales.

Sixième message. La réduction de la concentration des produits et marchés d'exportation (les deux premières étapes) peut être mise en œuvre à court terme. Les pays MTNG comptent, à des degrés divers, parmi les économies d'Afrique subsaharienne les plus concentrées en termes de produits et les moins diversifiées au niveau des marchés. Dans le cas du Tchad, ces deux indices de diversification sont en train de se détériorer. Une refonte de la politique de promotion des exportations devra tout d'abord permettre d'accroître la production des exportations non minières émergentes. Parallèlement, il conviendra d'explorer de nouveaux marchés en rassemblant des informations et des bases de données commerciales, en cherchant de nouveaux partenaires commerciaux pour des investissements directs étrangers et en facilitant une meilleure interaction entre acheteurs et vendeurs. Bien que les marchés voisins restent une priorité pour la commercialisation des exportations agroalimentaires, les estimations montrent que les pays MTNG pourraient exporter davantage vers les États-Unis, l'Inde, la France, la Thaïlande et Singapour. Les pays d'Afrique du Nord, tels que le Maroc et la Tunisie, pourraient également offrir des perspectives.

Septième message. Lorsqu'il s'agit de piloter de nouveaux produits (complexes) à forte valeur ajoutée (3e étape), la sélectivité est plus importante qu'une politique d'expansion dispersée et coûteuse d'une promotion des exportations non ciblée. Par ailleurs, l'adoption d'une approche ouverte ferait peu de différence, car les quatre pays MTNG ont peu d'options dans la mesure où seule une douzaine de produits agroindustriels semblent avoir un avantage comparatif révélé (ACR), notamment la gomme arabique, les graines de sésame, le maïs, le coton brut, les étoffes tissées et l'ouate en fibre artificielle.

Les champions potentiels dans la liste des produits agroalimentaires à promouvoir sont les céréales, les confitures, les gelées, les jus de fruits tropicaux, le sucre et les huiles végétales. Le bétail représente également un potentiel intéressant, même s'il ne semble pas avoir un ACR, probablement à cause d'une carence de données.

Huitième message. Dans le processus de sélection rigoureuse de chaînes de valeur mondiales (CVM) compétitives, chaque pays MTNG a dressé une liste de produits d'exportation potentiels. En accord avec les autorités compétentes, le présent rapport choisit la gomme arabique et les graines de sésame pour le Tchad, la viande bovine et les oignons pour le Niger, et le sésame et la noix de cajou pour le Mali. Bien que tous ces produits aient un avantage comparatif révélé (ACR) et un potentiel élevé, ils ne sont pas les seuls sur la liste. Toutefois, de manière générale, toutes les chaînes de valeur émergentes en sont à leurs balbutiements et se caractérisent par une faible participation aux marchés mondiaux (ou même régionaux). Il faudra donc commencer par œuvrer à l'amélioration des CVM sélectionnées. Ce faisant, le passage à des produits plus sophistiqués dans les chaînes de valeur nécessitera des compétences et des capacités que les pays MTNG devront développer. Parmi les obstacles microéconomiques à ce développement, citons le manque de soutien institutionnel et politique, le manque d'homogénéité de la qualité, la faiblesse de la productivité et du volume de production, la faiblesse des capacités de traitement agroalimentaire et l'absence de grandes entreprises étrangères investissant dans l'amélioration des chaînes de valeur. Face à cela, les pays MTNG doivent s'inspirer des pays voisins exportateurs, en veillant à attirer des investisseurs stratégiques pour développer la transformation agroalimentaire. Un examen de la liste des entreprises étrangères relevant de l'agroindustrie en Afrique serait un point de départ.

Neuvième message. Ce rapport présente une véritable et nouvelle approche par grappes des chaînes de valeurs mondiales 2.0 (CVM 2.0) pour promouvoir la diversification des exportations. Les quatre piliers de cette politique (4e étape) sont les suivants : (i) amélioration des processus, des produits et des marchés des CVM stratégiques (et bien sélectionnées) ; (ii) investissements ciblés (dimension spatiale) dans les infrastructures commerciales et les corridors logistiques ; (iii) refonte des politiques commerciales et logistiques ; et (iv) climat d'investissement favorable au e-business. Les deux premiers piliers ont été expliqués ci-dessus. Les deux derniers sont axés sur la simplification des procédures commerciales, la réduction des droits d'enregistrement des biens fonciers, l'amélioration de la gestion des contrats publics et l'autorisation de paiements électroniques. La mise en place de services de base tels que les guichets uniques et l'application intégrale du Système douanier automatisé (SYDONIA World) dans les douanes, ainsi que l'enregistrement en ligne et le paiement numérique pour les opérations commerciales, devraient simplifier les procédures d'exportation et réduire la corruption. En complément de ces mesures, il est particulièrement crucial pour les pays MTNG enclavés de combler les lacunes logistiques qui gangrènent la circulation des marchandises. L'étape suivante consiste à prendre en compte la dimension spatiale des zones potentielles de production des CVM ; cet emplacement devra non seulement éviter les régions et corridors en proie à des conflits, mais aussi être axé sur la disponibilité d'intrants complémentaires en matière d'infrastructures et de services de base nécessaires au fonctionnement de ces zones. Ce rapport propose donc de concentrer les efforts principalement sur la réhabilitation et la maintenance des corridors clés reliant les centres économiques aux ports principaux : Dakar et Abidjan (Mali), Douala (Tchad), Cotonou et Lomé (Niger). Des facilités de transit bilatérales et l'élimination des innombrables points de contrôle tout au long de ces corridors devraient améliorer l'efficacité du transport de fret. Dans le cas de la Guinée, il est indispensable d'améliorer les installations et la gestion du port de Conakry. Enfin, pour réussir, les quatre pays MTNG doivent s'efforcer d'éliminer les macro-contraintes de politique commerciale. Les priorités politiques devront viser à réduire le nombre de tarifs douaniers et à supprimer les innombrables barrières non tarifaires qui favorisent la corruption, à se conformer aux certifications du commerce international et aux normes de traçabilité, et à attirer de grandes entreprises régionales et internationales rompues à la commercialisation des CVM émergentes.

Dixième message. Le Groupe de la Banque mondiale peut jouer un rôle important dans la mise en œuvre de la stratégie par grappes CVM 2.0. Plusieurs projets de la Banque mondiale liés à l'élaboration de chaînes de valeur mondiales (CVM) dans les pays MTNG n'ont eu qu'un succès limité, en raison d'une démarche quasi unidimensionnelle promouvant des éléments isolés, et souvent déconnectés, de la chaîne d'exportation de produits agricoles.

Les pays MTNG fournissent souvent peu d'efforts pour moderniser les organisations de producteurs, adopter les normes sanitaires et techniques internationales applicables aux produits et attirer des entreprises étrangères. En revanche, la nouvelle démarche CVM 2.0 illustre les efforts concertés de la Société financière internationale (SFI), de la Banque mondiale et, à terme, de l'Agence multilatérale de garantie des investissements (Multilateral Investment Guarantee Agency – MIGA), qui sont toutes affiliées au Groupe de la Banque mondiale. Plus particulièrement, le rôle de la SFI pourrait être déterminant pour attirer des investissements directs étrangers. Suivant une approche dite en cascade, qui préconise la justification des interventions des secteurs privé et public dans la promotion de l'agroalimentaire, l'élaboration de plans de mise en œuvre conjoints (PMOC) pilotes est un exemple de collaboration entre institutions du Groupe de la Banque mondiale, déjà à l'essai au Mali, où ces institutions contribuent à promouvoir les exportations de mangue. Parmi les exemples prometteurs de collaboration conjointe, citons également la mise en place d'infrastructures de partage des risques, de grappes agroalimentaires, de modèles d'analyse du champ d'application, et d'interventions de développeurs de la chaîne de valeur.

Abréviations

ACR	Avantage comparatif révélé
AFE	Accord sur la facilitation des échanges
ALE	Accord de libre-échange
ANASE	Association des nations de l'Asie du Sud-Est
ANIPEX	Agence nigérienne de promotion des exportations
APE	Accord de partenariat économique
APIM	Agence pour la promotion des investissements au Mali
BNT	Barrière non-tarifaire
CCI	Centre du commerce international
CEDEAO	Communauté économique des États de l'Afrique de l'Ouest
CEDIAM	Centre d'étude et de développement industriel et agricole du Mali
CEMAC	Communauté Économique et Financière d'Afrique Centrale
CER	Communauté économique régionale
CER	Corridor économique régional
CFA	Communauté Financière Africaine
CI	Climat d'investissement
CNUCED	Conférence des Nations unies sur le commerce et le développement
COFCO	China Oil and Foodstuffs Corporation
COPEOL	Compagnie pour l'exploitation des produits de l'huile de palme
CREDD	Cadre stratégique pour la relance économique et le développement durable
CV	Chaîne de valeur
CVM	Chaîne de valeur mondiale
CVR	Chaîne de valeur régionale
DTF	Distance à la frontière
EAC	Pays d'Asie de l'Est
EDIC	Étude diagnostique d'intégration commerciale
EGC	Équilibre général calculable
FCFA	Franc CFA
FFPM	Forces, faiblesses, possibilités, menaces
FMI	Fonds monétaire international
IDA	Association internationale de développement

IDE	Investissements directs étrangers
IOPEPC	Conseil indien de promotion des exportations de graines et de produits oléagineux (*Indian Oilseed and Produce Export Promotion Council*)
MAD	Dirham marocain
MFD	Maximiser les financements pour le développement (*Maximizing Finance for Developement*)
MIGA	Agence multilatérale de garantie des investissements
MPR	Mécanisme de partage des risques
NIF	Numéro d'identification fiscale
OCDE	Organisation de coopération et de développement économiques
OMC	Organisation mondiale du commerce
ONG	Organisation non gouvernementale
Pays MTNG	Mali, Tchad, Niger et Guinée
PCDA	Programme compétitivité et diversification agricoles
PIB	Produit intérieur brut
PME	Petites et moyennes entreprises
PMOC	Plan de mise en œuvre conjoint
PPP	Partenariat public-privé
SFI	Société financière internationale
SOGUIPAH	Société guinéenne de palmier à huile
SONIPEV	Société nigérienne de production et d'exportation de viande
SYDONIA	Système douanier automatisé
TEC	Tarif extérieur commun
TIC	Technologies de l'information et de la communication
TVA	Taxe sur la valeur ajoutée
TVI	Taxe de vérification des importations
UE	Union européenne
UEMOA	Union économique et monétaire ouest-africaine
ZLEC	Zone de libre-échange continentale

Sauf indication contraire, tous les montants en dollars sont en dollars américains (USD).

Aperçu

Ce rapport régional présente les principales politiques que le Mali, le Tchad, le Niger et la Guinée — les « pays MTNG » — doivent suivre s'ils souhaitent tirer parti de la diversification des exportations pour favoriser leur croissance économique dans des situations de fragilité et de conflit. Après plusieurs tentatives infructueuses de diversification des exportations depuis les années 1990, ces pays ont accentué leur dépendance à l'égard des ressources naturelles, principalement les minéraux : la bauxite en Guinée, l'uranium au Niger, l'or au Mali et le pétrole au Tchad. Toutefois, l'expérience d'autres pays d'Afrique et d'autres régions du monde montre que si la production à grande échelle de ressources naturelles offre des possibilités substantielles, elle présente également des lacunes importantes Il s'agit de la tendance à une accélération non soutenue de la croissance pendant les cycles de flambée des prix internationaux, la forte volatilité de la croissance du produit intérieur brut (PIB) qui se traduit par une fragilité de la situation budgétaire, une malédiction des ressources (le « syndrome hollandais ») qui favorise la production de biens non échangeables et un modèle de croissance biaisé en faveur des activités de recherche de rente, autant d'éléments qui empêchent l'expansion de produits compétitifs et d'activités créatrices d'emplois inclusifs. Ainsi, il n'est pas surprenant que tous les plans de développement national récents — Vision 2025 au Mali, Vision 2030 au Tchad, Vision 2035 au Niger et Vision 2040 en Guinée — partent du principe que ces pays n'ont d'autre choix que de créer des économies concurrentielles et diversifiées. La diversification des exportations est un moyen de sortir de cette malédiction en favorisant la diversification économique et le changement structurel. Nous ne résumons pas les principales conclusions des différents rapports pays, mais nous mettons en exergue leurs principaux constats, ainsi que la nouvelle approche de développement par grappes 2.0 (CVM 2.0). Cette approche pourrait permettre de dégager un consensus national sur la conception de politiques concurrentielles axées sur les exportations pour favoriser une croissance économique durable. Cependant, la tâche est loin d'être simple. Deux études de cas préliminaires illustreront la complexité des principales difficultés à venir.

Tirer des enseignements des échecs et des réussites :
Deux exemples contrastés

Les expériences de Compagnie pour l'exploitation des produits de l'huile de palme (COPEOL) et de la Société guinéenne de palmier à huile (SOGUIPAH) illustrent bien la complexité des problèmes auxquels sont confrontées les entreprises exportatrices des pays fragiles MTNG, même lorsqu'elles sont pleinement soutenues par leur gouvernement (encadrés A.1 et A.2).

ENCADRÉ A.1

Tirer les leçons d'un échec : Le cas de COPEOL en Guinée

Il y a plusieurs dizaines d'années, la jeune République de Guinée devenue indépendante inaugurait l'usine d'huile d'arachide de Sincéry, qui devint le principal moteur économique de la ville de Dabola. La région, qui englobe le corridor Kouroussa-Dabola-Dinguiraye et les villes voisines de Mamou, Kankan, Siguiri et Mandiana, produisait suffisamment d'arachides pour satisfaire la demande intérieure. Cette région du centre du pays jouit d'un climat de savane et de millions d'hectares de terres arables qui permettent la culture de l'arachide. Des milliers de producteurs d'arachides ont profité de cette usine et la production de l'usine s'est vendue dans tout le pays, en utilisant initialement la liaison ferroviaire Kankan-Conakry pour atteindre les marchés locaux et internationaux. En 1985, lorsque le pays est passé d'une économie de marché centralisée à une économie de marché et a privatisé ses entreprises publiques, l'usine Sincéry a été également privatisée. Cependant, le processus de privatisation ayant été mal préparé, l'usine a fermé quelques années plus tard.

En 2013, le président nouvellement élu issu de la société civile Alpha Condé a décidé de rouvrir l'usine en faisant appel aux groupes français Castel et Sofiproteol, qui en devinrent les uniques propriétaires et immatriculèrent la société sous le nom de COPEOL. La ville de Dabola comptait sur l'usine pour relancer son économie en produisant plus d'huile d'arachide tandis que l'État espérait réduire les importations d'huiles de qualité inférieure. En principe, le contrat social était juste. Mais le temps

passant, la réouverture de Sincéry ne fut une success-story que sur le papier, car elle connut de nombreux problèmes opérationnels. Par exemple, alors que sa nouvelle capacité de traitement était censée atteindre 50 000 tonnes d'arachides par an, l'usine atteignit péniblement les 10 000 tonnes, avec des résultats similaires pour les exportations. Aujourd'hui, au bout de près de six années d'activité, l'espoir s'estompe et l'usine risque de nouveau de fermer ses portes.

La chaîne de valeur de l'huile d'arachide. COPEOL produit de l'huile d'arachide brute pour l'exportation et des tourteaux d'arachide pour les marchés nationaux et sous-régionaux. Dans son cycle de production, COPEOL commence par discuter d'un prix fixe au kilogramme avec les producteurs d'arachides et de l'appui que COPEOL leur fournira. Une fois le prix d'achat post-récolte convenu, COPEOL apporte également un soutien financier et en nature aux agriculteurs qui, en échange, promettent de cultiver des arachides et de les vendre au prix convenu. En s'appuyant sur le prix convenu et les prévisions de production transmises par les agriculteurs, COPEOL établit ses propres prévisions de production. Une fois la récolte terminée, les agriculteurs apportent leur récolte à l'usine, COPEOL paie la récolte au prix convenu en déduisant le financement apporté à l'agriculteur avant la récolte. Puis vient l'étape de la transformation où COPEOL transforme les arachides en huile d'arachide semi-finie et en tourteaux d'arachide. Ainsi, les principaux défis de COPEOL

la suite ci-après

Encadré A.1, *suite*

sont, au stade de la production, la fiabilité de l'accord conclu avec les agriculteurs, les pénuries d'approvisionnement ayant un impact négatif sur la rentabilité de l'usine ; et, au stade de la transformation, l'accès à une source d'énergie fiable, un transport terrestre entre Dabola et Conakry (et d'autres villes de Guinée pour les tourteaux d'arachide) et l'expédition d'huile d'arachide vendue sur le marché européen, où se déroule la dernière étape de fabrication, ou encore la vente des tourteaux d'arachide sur les marchés sous-régionaux.

Qu'est-ce qui n'a pas fonctionné ? Plusieurs facteurs ont contribué au risque d'échec de COPEOL. Tout d'abord, peu d'agriculteurs respectent les termes de l'accord d'achat pendant la période de récolte et ils refusent généralement non seulement de rembourser les intrants reçus, mais préfèrent également vendre leurs récoltes à d'autres clients qu'à l'usine. Lorsque l'usine a rouvert, le président Alpha Condé avait déclaré : « Nous voulons que l'usine produise 100 000 tonnes au lieu de 50 000 tonnes. Pour y arriver, nous devons aider les agriculteurs à atteindre ce niveau de production. L'armée exploitera également 4 000 hectares pour approvisionner l'usine ». Pour atteindre cet objectif, le gouvernement a aidé les associations de producteurs d'arachides en parallèle de l'assistance fournie par COPEOL. Malgré les accords signés avec plus de 3 000 producteurs membres de la Fédération des producteurs d'arachides de Haute-Guinée, COPEOL n'a pas reçu les 25 000 à 30 000 tonnes d'arachides nécessaires pour atteindre son seuil de rentabilité. En fait, elle n'en a même pas reçu 3 000 tonnes. Lors d'une réunion organisée par le gouvernement en mai 2016, le président de l'association de producteurs, M. Hadja Djénaba Bangoura, a expliqué que ce manque à gagner pouvait s'expliquer par la chute du prix d'achat, « initialement fixé à 3 000 Franc guinéen le kilogramme lorsque la récolte a commencé en octobre. Mais, en décembre, la direction de COPEOL a décidé de baisser le prix à 2 250 Franc guinéen le kilogramme, ce qui a totalement découragé les agriculteurs ».

Ce n'est que fin 2018 qu'un nouveau PDG a été nommé pour empêcher la fermeture.

D'autres problèmes ont nécessité l'intervention des pouvoirs publics, dont :

- Des infrastructures de mauvaise qualité. Les exploitations d'arachide étant situées dans des régions isolées, l'absence ou la mauvaise qualité des routes rurales nuisent non seulement aux expéditions, mais alourdissent également les coûts de transport entre le village et le marché. Les producteurs ont affirmé que le prix convenu des arachides s'entendait à la sortie de l'exploitation, tandis que COPEOL a soutenu que les arachides devaient être payées après leur livraison à l'usine.
- L'absence de main-d'œuvre qualifiée. Une main-d'œuvre hautement qualifiée est nécessaire pour faire fonctionner le laboratoire de l'usine. Cependant, faute de personnel local, l'usine continue de faire appel à du personnel expatrié des filiales de COPEOL dans la sous-région, ce qui augmente ses coûts opérationnels.
- Un vide juridique en matière de fiscalité. Selon les responsables de COPEOL, la société bénéficie d'exonérations fiscales sur les actifs de production et les produits d'exportation.
- Cependant, la fourniture d'intrants aux producteurs est considérée comme une transaction commerciale (sans exemption) par les autorités fiscales, créant ainsi des crédits d'impôt (passifs potentiels) d'une valeur supérieure à 200 000 USD en 2017.
- Un accès limité à l'électricité. Bien qu'un mini-barrage fournisse de l'électricité à Dabola, la période pendant laquelle l'usine fonctionne à plein régime coïncide malheureusement avec le faible débit d'eau (janvier à avril), lorsque le barrage fonctionne à peine. COPEOL utilise donc des groupes électrogènes, ce qui augmente considérablement ses coûts de production.
- La faible compétitivité de l'huile d'arachide fabriquée en Guinée. Les coûts de production élevés associés à l'absence de subventions font que le prix de vente de l'huile d'arachide guinéenne est supérieur à celui de ses concurrents de la sous-région, en particulier du Sénégal, où le gouvernement octroie des subventions considérables.

Leçons des expériences pilotes : Le cas de SOGUIPAH en Guinée

Cependant, avec l'augmentation de la production, les exportations formelles et informelles (c'est-à-dire illégales)vers les pays voisins (Mali, Sénégal, Liberia, Sierra Leone et Guinée-Bissau) et vers les pays d'Europe et d'Amérique du Nord ont augmenté. Les données douanières officielles enregistrent des exportations très variables : entre 2011 et 2016, les exportations d'huile de palme et de caoutchouc de SOGUIPAH sont passées respectivement d'environ 500 à 5 000 000 kilogrammes et de 10 000 à 15 000 000 kilogrammes. Ces exportations ont notamment été réalisées dans le cadre de contrats avec des multinationales en Europe et en Asie (comme Michelin), garantissant ainsi la stabilité des prix.

Quelques points positifs. De la plantation à la transformation finale des deux produits, leur chaîne de valeur commence et se termine à Diecke, sauf pour leur distribution sur les marchés national, régional et international. Les zones cultivées se situent dans la même région où est implantée l'usine, ce qui réduit les coûts de transport entre l'exploitation et l'usine. Ce contrôle local minutieux des étapes de production de la chaîne de valeur est l'un des principaux atouts de SOGUIPAH. En fait, la société possède non seulement d'importantes plantations de palmiers à huile et hévéas, mais collabore également étroitement avec de petits producteurs privés qui approvisionnent l'usine afin d'accroître sa propre production de matières premières. SOGUIPAH possède environ 9 000 hectares de terres cultivées, dont toute la production est exclusivement destinée à son usine. La société dispose d'un système de production à trois niveaux dans la région, qui profite à ses petits fournisseurs privés : le riz dans les basses terres, le palmier à huile dans les plaines et les hévéas sur les collines. La société soutient ses fournisseurs via des financements (dont un soutien au démarrage avec des semences et des aides en nature) et des actions de formation. Une fois le produit agricole brut expédié à Diecke, le traitement du caoutchouc et de l'huile de palme est pris en charge par plusieurs usines. La production des usines de caoutchouc est uniquement destinée aux exportations vers

l'Asie et l'Europe, et celle des usines d'huile de palme est affectée à la fabrication d'aliments et de savon pour le marché national.

Qu'est-ce qui a bien fonctionné ? Plusieurs facteurs ont contribué au démarrage initialement prometteur de SOGUIPAH, dont : (i) l'établissement d'un contrat social fort avec la population de Diecke ; (ii) l'appui d'organismes internationaux ; (iii) des conditions naturelles favorables au développement de la production d'huile de palme et de caoutchouc ; et (iv) la forte demande des marchés nationaux, régionaux et internationaux.

- SOGUIPAH a fait de sa responsabilité sociale un atout pour sécuriser ses sources d'approvisionnement et son environnement de travail. La société a non seulement construit des infrastructures sociales (hôpitaux, écoles, routes rurales, points d'eau, etc.), mais elle a également aidé les agriculteurs locaux à développer des exploitations familiales où sont produits du riz et d'autres denrées de consommation quotidienne. La société a également fourni des intrants (semences, engrais, pesticides, etc.) aux familles et renforcé leurs compétences de base en matière de production. Grâce à ce pacte social, les fournisseurs de SOGUIPAH se sont engagés à approvisionner la société dans un environnement social stable, avec peu de grèves ou de violences.
- SOGUIPAH a reçu le soutien de nombreux bailleurs de fonds. La Banque africaine de développement (BAD), le Fonds africain de développement (FAD), la Banque arabe pour le développement économique en Afrique (BADEA), l'Agence française de développement (AFD), la Caisse française de développement industriel (CFDI) et la Banque européenne d'investissement (BEI) ont fourni des prêts et une assistance technique à la société.
- Des conditions naturelles propices, notamment un climat favorable et des précipitations abondantes, ont favorisé la production. Le pays compte

la suite ci-après

Encadré A.2, *suite*

plus de 2 millions d'hectares de palmiers à huile, dont 90 % sont naturels (palmier Dura). Les 10 % restants (palmier Tenera) font presque exclusivement partie de la chaîne d'approvisionnement de SOGUIPAH.

- L'existence de marchés intérieurs et extérieurs stables sur lesquels la production peut être vendue malgré l'instabilité des prix internationaux a permis à la société de devenir rentable. La consommation d'huile de palme et de savon par la population de Guinée et des pays voisins est restée élevée grâce à la préférence des consommateurs pour les produits locaux, perçus comme biologiques et sains.

Cependant, dans un environnement fragile, des obstacles majeurs continuent de limiter l'impact du projet, notamment : (i) les coûts de transport terrestre restent élevés, car la plupart des clients de la société résident à Conakry (à 1 500 km de l'usine) où les produits doivent être envoyés vers les ports d'expédition du caoutchouc ; (ii) les coûts d'exportation dans le port de Conakry figurent parmi les plus élevés de la région ; (iii) dans quelques cas, la société n'a pas respecté les normes de qualité imposées par Michelin (un client majeur) et d'autres exigences en matière d'exportation (emballage, contrôle de la qualité par son laboratoire, etc.) ; (iv) SOGUIPAH a été touchée par l'épidémie d'Ébola qui s'est déclarée dans la région où elle opère, entraînant une pénurie temporaire de main-d'œuvre en raison des migrations sortantes de travailleurs ; (v) les agriculteurs continuent de souffrir de l'insécurité qui pèse sur la propriété foncière ; et (vi) la société a récemment subi de fortes baisses du prix du caoutchouc (qui a atteint près du tiers de son pic en 2011), nuisant à sa situation financière. La recapitalisation et la modernisation d'une base industrielle obsolète pourraient nécessiter une ouverture à un partenariat public-privé (PPP).

Dans l'ensemble, une évaluation récente du projet a conclu que SOGUIPAH avait un impact très différencié sur les agriculteurs, avec des avantages plus importants pour les propriétaires de petites parcelles, et des effets indirects positifs résultant de l'émergence de plantations spontanées par des bénéficiaires non liés au projet (Delarue et Cochet, 2013).

Présentés initialement comme des éléments capables de « changer la donne », les facteurs à l'origine de leurs échecs et succès respectifs révèlent instantanément les difficultés majeures auxquelles les entreprises exportatrices de la sous-région MTNG sont confrontées, et dont la gravité et la nature peuvent varier du tout au tout.

Des difficultés structurelles majeures ont contribué à l'échec des activités de diversification déployées par les pays MTNG

L'instabilité politique et les conflits violents récurrents qui ont entravé les investissements privés, détruit les infrastructures et perturbé les échanges, figurent parmi les principales difficultés à surmonter.

L'Indice de fragilité 2016 associe des indicateurs politiques et socioéconomiques tels que, entre autres, la présence d'élites fragmentées, les griefs collectifs, la présence de réfugiés et de populations déplacées en interne, les inégalités de développement, la pression démographique et la pauvreté. En vertu de cet États indice, tous ces pays sont classés dans la catégorie de risque « Élevé », voire « En Alerte », dans l'ordre (décroissant) de gravité suivant : Tchad, Guinée, Niger

FIGURE A.1

Depuis 2016, les quatre pays MTNG sont classés « En Alerte » dans l'Indice du classement des états fragiles

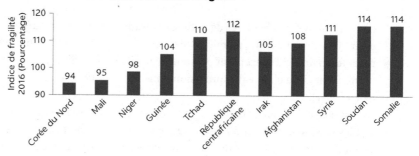

Source : Fonds pour la paix, 2016.
Note : Pays MTNG = Mali, Tchad, Niger et Guinée.

et Mali (figure A.1). En particulier, la littérature montre une relation forte, positive et endogène entre fragilité et forte croissance démographique, ce qui, malgré des efforts considérables, laisse présumer que le dividende démographique se transformera en malheur démographique et ralentira la croissance économique de ces pays.

Dans les contextes fragiles, la dimension spatiale constitue une contrainte supplémentaire. Tous les pays MTNG (à l'exception de la Guinée) rencontrent de grandes difficultés pour accéder aux régions touchées par des conflits violents, notamment le nord du Mali et la région du lac Tchad. L'augmentation des dépenses militaires réduit aussi la marge de manœuvre budgétaire nécessaire pour combler l'insuffisance des infrastructures nationales (routes, énergie, irrigation, etc.). En conséquence, la sélectivité est essentielle à la réhabilitation et au maintien de corridors logistiques sécurisés pour répondre aux besoins d'exportation.

D'autres problèmes structurels sérieux ont également empêché la diversification rapide des exportations provenant de nouvelles activités productives. Contrairement à la Guinée, le Mali, le Niger et le Tchad sont des pays enclavés confrontés à une géographie défavorable au développement des exportations. En raison de l'insuffisance des infrastructures et de la médiocrité de la logistique, la faible connectivité interne et l'accès limité à l'électricité font augmenter les coûts d'exportation et entravent l'accès aux marchés, y compris aux marchés voisins.

Les menaces sécuritaires éloignent les investisseurs privés et étrangers de certaines régions et perturbent les flux de main-d'œuvre. En raison de la faiblesse du capital humain, conjuguée à la croissance démographique rapide et à la médiocrité de l'enseignement, la population est majoritairement peu qualifiée. La concentration sur les produits à forte valeur d'exportation et la diversification limitée des marchés étrangers entraînent une faible intégration aux CVM, en plus des influx d'investissements directs étrangers (IDE) qui portent majoritairement sur les industries extractives et, dans certains pays récemment, sur des services de base spécifiques.

Jusqu'à présent, aucun pays MTNG n'a reçu d'IDE pour ses nouvelles entreprises agricoles ou ses projets de recherche d'efficacité, généralement associés à la diversification des exportations.

Ces difficultés partagées ont eu des impacts négatifs supplémentaires. La fréquence élevée des conflits violents freine non seulement l'investissement privé, mais oriente également la consommation publique vers les dépenses militaires, ce qui ne permet pas de consacrer une marge budgétaire à la diversification. De même, l'essor des produits de base de courte durée ne se traduit pas par des investissements publics productifs, mais plutôt par un regain de la consommation. Enfin, la dépendance excessive envers les ressources naturelles rend les économies des pays MTNG extrêmement vulnérables aux crises externes. Sans surprise, depuis que les gouvernements ont déployé d'importants efforts pour garantir la démocratie, réduire la fragilité et les conflits et mettre en œuvre des politiques macroéconomiques saines, leurs performances économiques se sont considérablement améliorées et ils ont privilégié la diversification économique à moyen terme plutôt que la stabilité macroéconomique à court terme.

Parce que leur modèle de croissance actuel fondé sur les ressources naturelles a atteint ses limites, les pays MTNG ont un besoin urgent de diversifier leurs exportations

Ces facteurs initiaux soulignent l'importance d'une croissance inclusive et diversifiée. Le modèle de croissance fondé sur la dépendance à l'égard des ressources naturelles présente plusieurs inconvénients. Les activités minières, à forte intensité capitalistique, empêchent la majorité des pauvres des régions rurales de profiter des retombées de l'accélération de la croissance, notamment en termes de création d'emplois et d'amélioration des compétences. L'extraction minière est fortement dépendante des prix internationaux et les cycles d'expansion-récession ont des effets identiques sur l'économie des produits non échangeables, ce qui affecte la durabilité de la croissance élevée. Ces pays doivent également créer des emplois dans le secteur agricole, qui présente les taux démographiques et de pauvreté les plus élevés, mais possède aussi un potentiel de création d'emplois inexploité dans le secteur agroalimentaire et d'immenses possibilités d'insertion sur les marchés mondiaux. En outre, la dépendance à l'égard des ressources naturelles ne favorise pas le développement du capital humain et des compétences qui caractérisent toute économie moderne. Enfin, les marchés intérieurs des pays MTNG sont trop petits et fragmentés pour attirer des IDE spécialisés d'un montant suffisant pour stimuler le développement d'un secteur privé naissant. Les IDE orientés vers les marchés mondiaux sont également indispensables pour que ces pays puissent s'adapter aux évolutions technologiques et aux améliorations de la productivité.

Il existe des preuves empiriques concluantes de la piètre performance économique des pays africains fragiles et riches en ressources au cours des périodes 1998-2007 et 2008-2017. Cela indique que : (i) la croissance économique moyenne des pays fragiles reste inférieure à celle des pays non fragiles ; (ii) la croissance du PIB par habitant des pays non riches en ressources naturelles est supérieure à celle des pays riches en ressources, quelle que soit leur fragilité, ce qui plaide en faveur de la diversification ; (iii) la croissance dans les pays fragiles et pauvres en ressources naturelles reste inférieure à celle des pays non fragiles et pauvres en ressources naturelles, ce qui plaide en faveur d'une sortie du statut de pays fragile ; et (iv) la croissance a ralenti dans les pays non fragiles riches en ressources naturelles, alors qu'elle s'est accélérée dans les pays fragiles et riches en ressources, même si, dans ces derniers, la probabilité d'un conflit persiste si les élites continuent de s'approprier les ressources.

Le meilleur argument en faveur de la diversification des exportations est peut-être qu'elle donnerait à ces pays une chance d'atteindre la croissance élevée, soutenue et inclusive visée dans leurs plans Vision respectifs

Au cours des 35 dernières années, les niveaux de PIB par habitant au Mali, au Tchad et au Niger ont stagné. La Guinée, qui ne figure pas dans la figure A.2, ne fait pas exception. Une macro-simulation initiale fondée sur des régressions internationales montre que la diversification des exportations favorise la croissance, car au-delà de la réduction de l'instabilité budgétaire et de la croissance, une plus grande ouverture pourrait produire d'importants gains de croissance au Mali, au Niger et au Tchad et, dans une moindre mesure, en Guinée. Sur la base d'un modèle populaire d'équilibre partiel, une analyse comparative simple indique que si ces pays s'ouvraient au commerce international autant que, par exemple, la Malaisie ou le Vietnam, leur taux de croissance annuel par habitant augmenterait de 0,9 à 1,8 point de pourcentage pour le Niger, de 1,6 et 2,6 points de pourcentage pour le Mali et de 0,7 et 1,2 point de pourcentage pour le Tchad. Lorsqu'elle est fortement soutenue par des réformes structurelles, l'ouverture est synonyme de diversification des actifs et des investissements, de meilleure qualité des institutions, de politiques assorties de délais, de concurrence et de moindre appropriation des ressources par les élites. En fait, l'ouverture seule obligerait ces pays à lutter contre les cycles conjoncturels mondiaux et les ruptures d'approvisionnement dans des régions reculées dans la mesure où ces dernières créent de l'instabilité en intégrant des intrants essentiels à leur chaîne de production.

Une deuxième macro-simulation basée sur un modèle d'équilibre général calculable (EGC) appliqué individuellement au Niger et au Mali conclut que, sans diversification des exportations, les économies de ces pays devraient connaître au mieux une croissance annuelle moyenne de 4,6 % et 4,7 %, respectivement, jusqu'en 2025, soit des taux modérés en termes de PIB par habitant compte tenu de leurs taux de croissance démographique de 3 à 4 %. De plus, une telle conclusion ne tient pas compte des crises positives sur les termes de l'échange. En fait, la simulation d'un environnement extérieur positif – c'est-à-dire une crise positive sur les termes de l'échange résultant d'une augmentation du prix des produits actuellement exportés (ou d'une diminution du prix des produits importés) – montre que cette hausse ne pourrait être que temporaire et ne

FIGURE A.2

Les niveaux de PIB par habitant au Niger, au Mali et au Tchad ont globalement stagné au cours des 35 dernières années

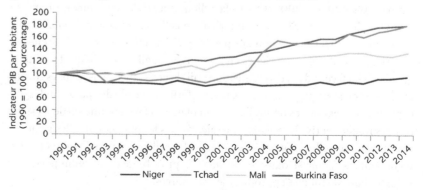

Note : PIB = Produit intérieur brut.

modifierait pas fondamentalement les modestes résultats des taux de croissance moyens obtenus dans le scénario de référence.[1] Ces constats confirment que le modèle actuel de ces pays basé sur les ressources naturelles présente des limites.

À l'inverse, des politiques de diversification favorables aux exportations et stimulant la productivité agricole ou facilitant les échanges produiraient des taux de croissance moyens plus élevés. Grâce à leur impact sur la productivité, les investissements dans l'irrigation pourraient augmenter la croissance moyenne du PIB du Niger de 4,6 % à 5,3 % par an. L'essor de la consommation réelle serait encore plus important, avec une croissance moyenne de 1 point de pourcentage de la consommation, de 4,6 % à 5,7 % par an. Cette hausse s'explique par le fait que l'amélioration de la productivité agricole bénéficierait, d'une part, aux revenus des travailleurs ruraux peu qualifiés, contribuant ainsi à la réduction de la pauvreté, et d'autre part aux revenus des propriétaires fonciers. De même, une amélioration des politiques de facilitation des échanges se traduirait par des taux de croissance moyens plus élevés, bien que moins prononcés que dans le cas précédent. Les résultats pour le Mali montrent des effets similaires sur la croissance, même si les ordres de grandeur diffèrent.

Gravir les échelons de la diversification des exportations revigorerait le changement structurel

Une accélération de la croissance dans le contexte de la diversification des exportations ne peut réussir que si elle s'accompagne d'un changement structurel. La transformation économique se définit par une hausse continue de la production par habitant associée à des mutations profondes des variables économiques et démographiques essentielles.[2] Parmi ces mutations figure le changement structurel, où le ratio en hausse de la productivité moyenne du travail provenant du passage d'activités à faible productivité vers des activités à forte productivité s'accompagne de flux de main-d'œuvre quittant les sous-secteurs à faible productivité pour des secteurs à forte productivité, et de changements dans la composition des exportations, en passant des produits à faible valeur ajoutée vers des produits à forte valeur ajoutée.

Les pays MTNG ont de nombreuses alternatives, qui ne s'excluent pas mutuellement, pour diversifier leurs exportations. En s'appuyant sur les enseignements tirés de l'expérience internationale, la représentation organisationnelle ci-dessous (figure A.3) présente une typologie simple de la diversification des

FIGURE A.3

Échelle de diversification des exportations

Sectoriels (favorisant les secteurs exportant des produits non pétroliers/non miniers à plus forte valeur ajoutée)

Croissance basée sur les produits (exportation de produits pilotes non pétroliers/non miniers à plus forte valeur ajoutée)

Croissance des marges extensives (exportation de plus de produits non pétroliers/non miniers existants vers de nouveaux marchés)

Croissance des marges intensives (exportation de plus de produits non pétroliers/non miniers existants)

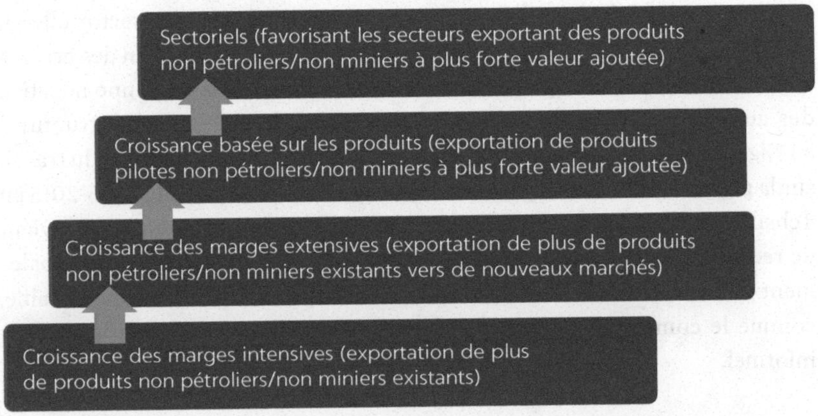

exportations, qui permet de définir les choix et combinaisons politiques auxquels ces pays sont confrontés. Chaque État devrait considérer chacun de ces éléments comme faisant partie d'un ensemble de politiques personnalisées qui permettent de concevoir sa propre stratégie.

La typologie proposée comporte quatre étapes, par ordre croissant de complexité, en gravissant l'échelle de la diversification des exportations (figure A.3).

- À la première étape, un pays vise simplement à exporter plus de ce qu'il produit déjà en tant que produits non liés aux ressources naturelles (accroître sa « marge intensive »).
- À la deuxième étape, un pays exporte plus de ce qu'il produit, hors ressources naturelles, vers de nouveaux marchés (croissance de sa « marge extensive »).
- *En échange, à la troisième étape*, le pays se tourne vers des produits émergents hors ressources naturelles, souvent pilotes et à plus forte valeur ajoutée. C'est le cas des pays qui ciblent le développement de quelques exportations non traditionnelles (ou « paris stratégiques »), généralement des agroindustries en Afrique de l'Ouest. Cette transition non seulement réduit la concentration des exportations sur un panier réduit de produits de base, mais déclenche également un processus d'apprentissage par la pratique permettant d'améliorer la productivité à moyen terme.
- *Enfin, à la quatrième et dernière étape*, les exportations émergentes de nouveaux biens hors ressources naturelles et à plus forte valeur ajoutée (et, à terme, de services) entraînent une recomposition du PIB sous-sectoriel, qui favorise une part plus importante de produits hors ressources naturelles et à plus forte valeur ajoutée, conduisant finalement à une diversification sectorielle de l'économie.

Il convient de noter que les deux dernières étapes s'accompagnent normalement d'un changement structurel où, par exemple, la main-d'œuvre passe de biens, ou de sous-secteurs, à faible productivité, vers des biens, ou des secteurs, à forte productivité.

Il est intéressant de noter que, contrairement à la tendance régionale observée au cours de ces dernières décennies, tous les pays MTNG ont connu un changement structurel positif — quoique lent — comprenant également une part importante de croissance de la productivité du travail. Par rapport aux moyennes régionales de quatre groupes de pays — Amérique latine et Caraïbes, revenu élevé, Afrique subsaharienne et Asie — la décomposition de la productivité du travail dans les pays MTNG en une composante intrasectorielle en raison des évolutions, de l'accumulation de capital, de la réduction des erreurs d'affectation et des changements structurels, diffère de la moyenne négative des autres pays d'Afrique subsaharienne. Ainsi, le changement structurel au Niger a représenté environ 30 % de la croissance de la productivité du travail sur la période 1990-2015 (figure A.4), environ 35 % sur la période 2005-2015 au Tchad et environ 40 % sur la période 2006-2015 en Guinée. Toutefois, il convient de reconnaître que, dans ces pays, la main-d'œuvre agricole a été principalement réaffectée vers des sous-secteurs à faible productivité en zone urbaine, comme le commerce de détail et les services, alimentant ainsi le secteur informel.

FIGURE A.4

**Décomposition de la croissance de la productivité du travail au Niger
1990–2015, et dans d'autres régions du monde, 1990–2005**

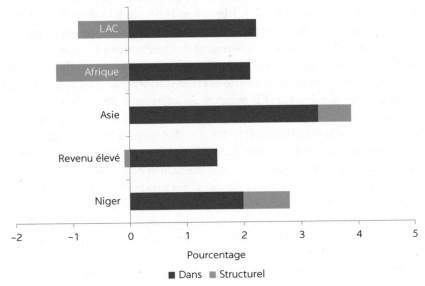

Sources : Niger : Comptes nationaux et statistiques du travail ; moyennes régionales pour l'Amérique
latine et Caraïbes, l'Afrique, l'Asie et les pays à haut revenu : Daki et López-Cálix (2017), sur la base
des travaux de McMillan, Rodrik et Verduzco (2014).
Note : LAC = Région Amérique latine et Caraïbes.

Il faudrait en priorité réduire les coûts de transaction, compléter les investissements dans les infrastructures régionales de transport et d'énergie et
améliorer les services logistiques. Le Vietnam et les pays du Conseil de coopération du Golfe (CCG) présentent également un potentiel commercial. Pour
déclencher cette mutation stratégique, il conviendrait dans un premier temps
d'évaluer les avantages mutuels retirés par les MTNG et le Nigeria si chacun
abaissait ses barrières tarifaires et non tarifaires (BNT) pour les principales
denrées de base, éliminant ainsi les obstacles au commerce des produits agricoles et du bétail. Ces mesures devraient être discutées dans le cadre du forum
de la CEDEAO et de canaux bilatéraux. Des efforts communs plus importants
doivent être fournis en matière de sécurité, notamment pour mieux protéger
les populations, la terre et le bétail le long des frontières entre les MTNG et le
Nigeria, afin d'élargir l'accès aux territoires productifs. Enfin, il convient également de garantir l'accès aux rives du lac Tchad pour promouvoir le secteur
de la pêche.

À moyen terme, il faut progressivement intensifier les efforts visant à promouvoir des produits d'exportation plus sophistiqués (à plus forte valeur ajoutée), principalement dans l'agroalimentaire et le textile, ainsi que les technologies
de l'information et de la communication (TIC), et les services de transport. Il est
particulièrement important d'acquérir un bassin de compétences et de capacités
industrielles locales suffisamment important, car celles-ci ne peuvent être ni
importées ni développées dans un délai aussi court. Les MTNG doivent donc
encourager la modernisation et l'expansion des petites et moyennes entreprises
(PME), qui ne fournissent actuellement que des produits de qualité médiocre sur
le marché national (ou au mieux régional), pour qu'elles se développent sur les

marchés mondiaux, avec le soutien d'entreprises étrangères. Compte tenu des schémas de production courants, les produits pilotes possibles pourraient être les suivants : (i) *Textiles* : Vu la disponibilité des connaissances et des compétences productives nécessaires à la fabrication de ces produits, il est évident que les entreprises nationales des MTGN ont le potentiel d'augmenter leurs parts de marché national et mondial dans le secteur de l'habillement, d'autant que leurs faibles coûts de main-d'œuvre leur offrent la possibilité de développer leur industrie textile pour produire des tissus et des vêtements de qualité supérieure, comme les textiles tissés ; et (ii) *Industrie agroalimentaire et produits d'élevage*, notamment le riz, les pâtes, les jus de fruits, les huiles végétales, le cuir, les produits laitiers et la viande congelée. Ici, des IDE soigneusement sélectionnés pourraient stimuler une augmentation de la productivité agricole et améliorer les installations de stockage, de conditionnement et de transport, tout en permettant d'élargir la base de connaissances de ces pays pour la fabrication de produits agroalimentaires plus sophistiqués. Enfin, les TIC et les services de voyage et de transport ont également du potentiel. Toutefois, pour la sélection finale de ces IDE, il est fondamental d'agir en concertation étroite et permanente avec le secteur privé.

Globalement, et particulièrement au stade pilote, le gouvernement ne devrait pas promouvoir simultanément tous les secteurs prioritaires identifiés. Il devrait plutôt procéder par étape en combinant des approches à court terme et à moyen terme, et en s'appuyant sur des mécanismes de mise en œuvre et de suivi solides.

Aux étapes 3 et 4, le succès nécessite une approche par grappes des CVM 2.0

La sélection de quelques paris stratégiques (ou le choix d'une dizaine de produits émergents dans une liste ouverte) n'en est que la première étape. Ériger le développement de nouvelles CVM en priorité nationale et développer le potentiel des CVM constituent des défis bien plus importants. À cet égard, une vision nationale commune pourrait fournir des objectifs clairs pour la stratégie d'exportation en termes d'industries agroalimentaires sélectionnées et d'objectifs de diversification macroéconomique (taux d'ouverture, taux de croissance des exportations, emplois créés, etc.). Le développement du potentiel des CVM nécessite également de tirer des leçons des expériences. En fait, nombre des projets soutenus par le Groupe de la Banque mondiale pour le développement des CVM dans les MTNG ont identifié un certain nombre de pièges résultant de leur approche quasi unidimensionnelle centrée sur des produits uniques et de l'absence d'efforts visant à améliorer les organisations de producteurs, à adopter des normes sanitaires et techniques pour les produits, à attirer les et encourager la participation du secteur privé. Alors que les MTNG redynamisent leurs exportations de produits agroalimentaires en favorisant dans un premier temps les produits à plus faible valeur ajoutée pour lesquels ils ont un avantage comparatif dans une CVM donnée (étape 1) et en pénétrant de nouveaux marchés (étape 2), il est nécessaire de mettre en place des politiques horizontales et verticales pour les aider à développer leur avantage comparatif pour les produits à plus forte valeur ajoutée.

Compte tenu des ressources financières limitées de ces pays, le cadre politique devrait examiner avec soin le champ d'application, les types d'instruments à utiliser et leur durée d'application. Concernant le champ d'application, les politiques peuvent être verticales (applicables à une sélection de produits ou de secteurs) ou horizontales (applicables à tous les secteurs).[3] Les types d'instruments politiques à utiliser peuvent quant à eux prendre la forme d'une contribution publique utile à la production privée ou d'une intervention du marché qui influe sur le comportement de certaines entreprises. Enfin, les interventions politiques devraient être temporaires et soigneusement pesées au regard des alternatives et des ressources disponibles. La matrice ci-dessous présente une typologie de plusieurs politiques de diversification des exportations combinées (horizontales et verticales) pour les MTNG (tableau A.1). Cette liste non exhaustive a été adaptée et détaillée dans chaque étude de pays. L'objectif ici est de fournir une synthèse générale des principaux domaines politiques à examiner.

i. Cette approche par grappes de 2.0 des CVM souligne que la clé de la réussite réside dans la nécessité de gérer l'intégralité de la chaîne de valeur et pas uniquement de parties isolées. Il est donc possible de faire la synthèse des principales politiques complémentaires soigneusement sélectionnées qui fourniraient les bases de la diversification des exportations tirée par le secteur privé dans les MTNG. On peut les regrouper en quatre composantes (piliers) de politiques micro et macroéconomiques complémentaires et propices à la diversification. Ces quatre composantes constituent la chaîne logique de la réforme souhaitée (tableau A.2) :

ii. *Interventions gouvernementales efficaces et bien coordonnées visant à améliorer certains paris stratégiques* pour le développement des chaînes de valeur régionales (CVR) et des CVM pour les produits et services. Les interventions clés devraient viser en priorité à : (i) améliorer la production, les rendements et la qualité des paris stratégiques ; (ii) développer les capacités et optimiser l'organisation des acteurs de la chaîne ; (iii) promouvoir le respect des certifications internationales et des normes de traçabilité ; et (iv) attirer les IDE dans les nouveaux projets des grandes entreprises régionales et internationales.

iii. Compte tenu de l'espace budgétaire et des emprunts extérieurs extrêmement restreints dans les MTNG, des investissements spatialement *ciblés dans les infrastructures commerciales (notamment pour développer l'accès à l'électricité et à l'eau) et la réhabilitation et l'entretien des principaux corridors* routiers pour accroître la productivité agricole et réduire les coûts de transport.

TABLEAU A.1 Typologie en grappes des politiques de diversification des exportations

	POLITIQUES HORIZONTALES	POLITIQUES VERTICALES
Contributions publiques	• Réformes visant l'amélioration du climat des affaires • Investissement dans les infrastructures (implantées dans les régions productrices exportatrices et dans les principaux corridors logistiques)	• Normes et contrôles de qualité, phytosanitaires et d'emballage • Subventions de contrepartie aux PME orientées vers l'exportation • Programmes de formation à la production spécialisés
Interventions de marché	• Réformes de la politique commerciale, des douanes et de la logistique • Accès à la finance numérique et aux politiques de la concurrence • Fonds de recherche et développement • Programmes de formation professionnelle	• Soutien à la modernisation de la gestion agricole aux PME ayant un potentiel de croissance des exportations • Exonérations fiscales temporaires pour les investissements dans les CVM tournées vers l'exportation • Concessions d'accès à la terre

Note : CVM = chaînes de valeurs mondiales ; PME = petites et moyennes entreprises.

TABLEAU A.2 **Refonte des principales politiques de diversification des exportations au Mali, au Tchad, au Niger et en Guinée (« facteurs déterminants »)**

PRINCIPAUX DÉFIS	POLITIQUES ET LES INTERVENTIONS DE MARCHÉ CLÉS	PRINCIPAUX PRODUITS ET RÉSULTATS	
Composante 1 : Améliorer les CVM existantes			
• Faible amélioration des processus et des produits (participation à des segments à faible valeur de la chaîne comme l'élevage et les matières premières, organisations de producteurs à un stade naissant, qualité médiocre et absence de normes de certification et de contrôle, déforestation)	• Introduire des améliorations de la productivité et de la santé animale (vaccins, engrais, semences certifiées, stockage, assainissement, normes environnementales) [étape 1] • Renforcer les organisations de producteurs et leur gestion [étape 1] • Formation sur la certification de la qualité, le contrôle et les essais en laboratoire [étape 1] • Soutien financier à la production de biens de plus grande valeur : viande congelée, huile de sésame, savon, etc. [étape 1] • Numérisation des transactions financières agricoles [étapes 1-3] • Création d'une facilité de partage des risques pour les exportateurs débutants [étapes 1-3]	• Amélioration des processus et des produits (avec une amélioration de la productivité) au sein des CVM sélectionnées • Amélioration des techniques agricoles et des compétences des producteurs • Augmentation du nombre de produits d'exportation conformes aux normes de qualité • Accès des exportateurs éligibles au préfinancement	• Augmentation de la production et des exportations de certains produits • Diversification progressive de l'offre à l'exportation vers des biens et services à plus forte valeur ajoutée
• Faiblesse de la mise à niveau des marchés et des liens internationaux (manque d'informations commerciales, producteurs et travailleurs non qualifiés)	• Développement de systèmes d'information sur les marchés étrangers [étape 2] • Envisager des emballages plus légers et améliorés et l'image de marque [étape 2] • Aide financière à l'exploration de nouveaux marchés (de niche) [étape 2]	• Amélioration des informations de marché • Nouvelles marques conçues pour des produits à plus forte valeur ajoutée	• Augmentation des exportations vers de nouveaux marchés à l'étranger
Composante 2 : Cibler les investissements dans les infrastructures commerciales et les principaux corridors			
• Médiocrité des infrastructures d'électricité, d'eau, d'irrigation et des routes • Transport intérieur non organisé • Corridors logistiques en mauvais état et camionnage soumis au harcèlement routier • Procédures douanières et logistiques pesantes et exposées à la corruption	• Aide financière à la mise en place de solutions de plaque solaire hors réseau et de nouvelles techniques d'irrigation (pompes, goutte-à-goutte) [étapes 3, 4] • Réhabiliter et entretenir 5 corridors clés : Bamako-Dakar ; Bamako-Abidjan ; N'Djamena-Douala ; Niamey-Cotonou et Niamey-Lomé [étapes 3, 4] • Réduction des points de contrôle routiers [étape 1] • Mise en place d'un guichet unique pour la douane soutenu par un contrôle a posteriori fondé sur le risque et le paiement électronique [étapes 3, 4]	• Meilleur accès des populations à l'électricité et à l'eau • Réduction des coûts de transport • Réduction des délais de transit et des coûts douaniers • Réduction du nombre de transactions sujettes à la corruption	• Un environnement plus favorable au développement des exportations des chaînes de valeur mondiales

la suite ci-après

TABLEAU A.2, *suite*

PRINCIPAUX DÉFIS	POLITIQUES ET LES INTERVENTIONS DE MARCHÉ CLÉS		PRINCIPAUX PRODUITS ET RÉSULTATS
Composante 3 : Une politique commerciale et un accès au financement restructurés			
• Parti pris important contre les exportations, avec exonérations et escalade tarifaires malgré l'évolution vers le TEC • Recours aux BNT qui favorisent la distorsion et la corruption	• Réduire le TEC à quatre fourchettes (0, 5, 10 et 20) [étape 1] • Redéfinition ou élimination progressive des exonérations tarifaires inefficaces [étapes 1, 2] • Élimination des barrières transfrontalières et des obstacles paratarifaires illégaux [étapes 1, 2]	• Réduire le coût des importations et supprimer les frais de douane illicites	• Augmentation de l'ouverture du commerce • Augmentation de l'accès aux marchés étrangers • Inclusion financière • Informalité réduite • Accès accru au foncier • Réduction des coûts et des délais grâce à des échanges commerciaux modernes et plus efficaces
• Faible accès des agriculteurs aux services bancaires formels • Manque de sensibilisation à la finance numérique • Manque d'accès des agriculteurs aux marchés étrangers	• Numériser le registre foncier des agriculteurs et le paiement des intrants publics (semences, engrais) par téléphone mobile [étapes 1, 2] • Numériser les paiements des organisations d'agriculteurs [étape 3]	• Accroissement de l'utilisation d'argent mobile, de monnaie électronique et du commerce électronique • Meilleur accès aux services financiers pour les agriculteurs	
Composante 4 : Faciliter un climat d'investissement favorable aux entreprises			
• Procédures fastidieuses pour la création de PME	• Abaissement du coût de l'enregistrement à un tarif forfaitaire et réduction ou élimination des exigences de capital [étape 1] • Finalisation de l'informatisation du registre des sociétés [étape 3]		• Réduction des coûts et du temps nécessaire à l'immatriculation
• Attribution trop lente des permis de construire et corruption latente	• Abaissement du coût de concession à un montant forfaitaire [étape 1] • Réduire les procédures et le temps nécessaires à l'obtention des concessions [étape 3] • Créer un site Internet pour l'attribution des concessions [étape 3]		• Réduction des coûts et du temps nécessaires à l'obtention des concessions
• Systèmes informatiques commerciaux obsolètes	• Mise en œuvre complète de SYDONIA WORLD dans l'administration douanière [étape 2] • Actualisation de la cartographie des procédures d'importation et exportation, suivie de la présentation des demandes par voie électronique [étape 3]		• Réduction des coûts et du temps nécessaire aux transactions d'import/ export

Note : Chaque action politique suit un ordre d'intervention approprié (indiqué entre parenthèses sous forme d'étapes) sur l'échelle de la diversification des exportations. Étapes 1 à 3 : court terme ; étapes 3-4 : moyen terme. BNT = barrières non tarifaires ; CVM = chaîne de valeur mondiale ; PME = petites et moyennes entreprises ; SYDONIA World = Système douanier automatisé ; TEC = tarif extérieur commun.

Il est essentiel de développer cinq (5) corridors économiques régionaux pour desservir les CVR ou les CVM déjà prioritaires. Ces investissements devraient s'accompagner d'un examen approfondi des procédures douanières et pour le transit du port de Conakry.

iv. *Un engagement politique ferme afin de réduire les coûts commerciaux et logistiques et de devenir compétitif à l'échelle mondiale.* La politique commerciale devrait éliminer tout biais anti-exportation et garantir une concurrence effective sur les marchés des produits et services clés comme les transports, l'énergie et la communication. Les accords de libre-échange (ALE) devraient stimuler les échanges avec les principaux partenaires commerciaux dans les paris stratégiques. Les technologies numériques peuvent entraîner une forte baisse des coûts de transport et de communication et créer des opportunités substantielles d'exportation de services, comme les travaux administratifs. Le commerce électronique peut également élargir l'éventail des mécanismes permettant aux petits producteurs des pays en développement de se développer en exportant, en créant des emplois et en améliorant leur productivité.

v. *Un climat d'investissement clair, transparent et prévisible favorable aux entreprises,* offrant des incitations adaptées aux investisseurs privés nationaux et étrangers. Il ne suffit pas de disposer d'un code d'investissement moderne pour attirer les investissements privés étrangers et nationaux. Les politiques et les interventions de marché clés devraient plutôt viser à réduire les coûts d'enregistrement des nouvelles entreprises, simplifier les paiements d'impôt, accélérer la délivrance des permis fonciers et des permis de construire, en particulier ceux concernant des sites situés dans les principales zones de production, encourager l'accès au crédit et à l'inclusion financière numérique, améliorer la gestion des tribunaux et la gouvernance d'entreprise, et mettre en place un cadre favorable à une politique de concurrence et à des partenariats public-privé (PPP) efficaces.

En général, pour les vendeurs de produits agricoles, l'amélioration des paris stratégiques dans les CVM des MTNG nécessite une densification et une modernisation économique en opérant une transition vers des activités à plus forte valeur ajoutée. La densification consiste à impliquer davantage d'acteurs locaux (entreprises et travailleurs) dans le réseau des CVM agricoles.

Cela contribue à l'objectif global visant à accroître la valeur ajoutée d'un pays, car il est synonyme de retombées sur tous les secteurs et favorise la résilience aux crises externes, susceptibles d'augmenter avec l'orientation plus marquée vers les exportations, toutes choses étant égales par ailleurs. La modernisation économique consiste quant à elle à gagner en compétitivité sur des produits, des tâches et des secteurs à plus forte valeur ajoutée. Il existe trois types de modernisation économique : (i) la transition vers des produits plus sophistiqués ; (ii) l'augmentation des parts présentant une valeur ajoutée dans les tâches des CVM existantes grâce à la technologie ; et (iii) la transition vers de nouvelles chaînes de valeur avec des parts à plus forte valeur ajoutée. Les responsables des politiques et les entrepreneurs doivent décider du type de modernisation économique souhaitée.

Les enseignements tirés des expériences de modernisation des CVM dans le monde entier montrent que les décisions politiques isolées et les stratégies par étapes tendent à échouer et que les chaînes de valeur mondiales (et régionales) performantes reposent plutôt sur la combinaison de plusieurs ingrédients clés : (i) le développement de pôles agricoles dans le cadre d'une approche par grappes, c'est-à-dire une stratégie multidimensionnelle de modernisation des CVM avec des programmes simultanés associant des organisations de producteurs, des politiques de commercialisation complètes, flexibles et spécifiques aux CVM et des investissements étrangers ; (ii) l'adoption d'une nouvelle approche de gestion des exploitations agricoles axée sur l'amélioration de la qualité des produits et la mise en œuvre des normes sur l'ensemble de la chaîne et visant à développer l'action collective des producteurs afin d'accroître le rendement et les revenus des agriculteurs ; (iii) des investissements étrangers spécialisés d'entreprises multinationales qui sont à la fois des championnes mondiales confirmées dans la modernisation des chaînes de valeur de produits spécifiques, avec la participation active des producteurs et des transformateurs, et dans l'exploration de trajectoires qui connectent les produits agricoles bruts aux industries à plus forte valeur ajoutée ; et (iv) le soutien d'une politique agricole en harmonisant la nécessité pour les producteurs d'éviter les échecs sociaux, environnementaux ou économiques avec les exigences des marchés mondiaux et régionaux, c'est-à-dire une nouvelle politique de développement industriel productive qui encourage les CVM du secteur agroalimentaire avec une participation renouvelée du secteur privé.

Une approche par grappes efficace et globale devrait également résoudre le problème de la médiocrité des infrastructures affectant la production (électricité et eau) ou le fléau du transit commercial le long des principaux corridors reliant cette économie aux ports de Dakar et Abidjan (Mali), Cotonou et Lomé (Niger), et Douala (Tchad), ainsi qu'aux marchés du Nigeria. Les infrastructures routières et logistiques sont médiocres. La gestion des ports secs des pays voisins (Dosso pour le corridor de Cotonou et Niamey Rive Droite pour les corridors de Lomé, Tema et Abidjan) doit être revue, car ces pays ont le potentiel de faire appel au secteur privé pour gérer leurs concessions. La construction d'un parc de stationnement de 49 hectares à Maradi pour les camions qui se rendent au Nigeria devrait être une autre initiative prioritaire du gouvernement. Ensuite, la gouvernance le long des corridors constitue un problème en raison des nombreux paiements illégaux et du harcèlement routier qui en résulte sur les itinéraires de transit. Enfin, le commerce transfrontalier reste coûteux et inefficace, en grande partie à cause de la difficulté à obtenir des permis d'importation et d'exportation.

Les tarifs douaniers élevés résultant d'accords commerciaux régionaux et de barrières non tarifaires permettent de protéger les économies des MTNG. Les pays MTNG (à l'exception de la Guinée) exercent peu de contrôle indépendant sur les deux instruments traditionnels de politique commerciale : le taux de change et les droits de douane. Depuis 1960, le Mali, le Niger et le Tchad partagent une monnaie commune, le franc CFA, dont la valeur est indexée sur l'euro. En tant que pays membres de l'Union économique et monétaire ouest-africaine (UEMOA), de la Communauté économique et monétaire de l'Afrique centrale (CEMAC) ou de la CEDEAO, ils ont également convenu d'adopter un tarif extérieur commun (TEC), en vigueur depuis la fin des années 90. Alors que la récente dépréciation du franc CFA a favorisé la compétitivité des exportations du Niger, les droits de douane élevés, les nombreuses exceptions et la forte progressivité des tarifs rendent plus difficile la diversification. Malgré les réductions tarifaires nominales actuelles au titre d'accords régionaux, les tarifs douaniers appliqués par le Mali, le Niger et le Tchad restent non seulement plus élevés que ceux de la plupart des régions, mais leur niveau de protection prévu par le TEC ne diminuera pas de manière significative à la fin de la période de transition.

Pour aggraver les choses, ces tarifs sont soumis à des distorsions considérables résultant d'une multiplicité de taxes et de redevances ad hoc aux frontières, ou de BNT, comme la mauvaise application des règles d'origine ou des normes sanitaires, ce qui encourage le commerce informel et la corruption. Renégocier le TEC dans les forums régionaux, et supprimer les exemptions inefficaces, les taxes et redevances parafiscales et les BNT sont donc des priorités politiques évidentes.

Une rationalisation notable des douanes devrait également figurer au programme de facilitation des échanges. Des procédures devraient être mises en place pour réduire les risques de corruption résultant de pratiques administratives opaques et dépassées et de l'absence de systèmes modernes. Les réformes actuelles sont mises en œuvre trop lentement. Après de nombreuses années, l'adoption complète du Système douanier automatisé (SYDONIA) devrait être achevée et opérationnelle dans la plupart des bureaux de douane d'ici à la fin 2019. Les travaux sur un guichet unique national pour les douanes, qui accéléreront l'harmonisation des documents d'importation et d'exportation, viennent de démarrer. Il est également nécessaire d'introduire des réglementations permettant une automatisation des douanes, réduisant ainsi les risques de corruption, et de réexaminer le code des douanes afin d'intégrer les paiements électroniques. L'application harmonisée de l'Accord de facilitation du commerce (AFC) de l'Organisation mondiale du commerce (OMC) figure également parmi les autres initiatives souhaitables.

Un climat d'investissement prévisible favorable aux entreprises nécessite de s'attaquer aux principaux obstacles à l'investissement privé dans les MTNG. Dans ces quatre pays, les sociétés interrogées dans le cadre d'une enquête auprès des entreprises conduite par la Banque mondiale ont identifié l'instabilité politique, la corruption, l'informalité, la médiocrité du contrôle réglementaire, les pénuries d'énergie et l'accès limité au financement comme des contraintes majeures. Les exportateurs en particulier considèrent que les réglementations douanières et commerciales ainsi que l'accès au financement sont des contraintes trop fortes. Si l'on s'en tient aux tendances actuelles, la sous-région a de fortes chances de creuser un écart de compétitivité par rapport aux pays de comparaison régionaux et mondiaux. Toutefois, parmi les quatre pays, le Niger a récemment enregistré des améliorations prometteuses et régulières dans son classement Doing Business. Le Mali est un excellent exemple de pays qui a introduit une réforme systématique, sans être en mesure de la poursuivre. La Guinée et le Tchad sont à un stade préliminaire dans la mise en œuvre d'un effort de réforme global visant à résoudre les problèmes liés au climat d'investissement. En outre, une analyse complémentaire de la productivité des entreprises indique que la productivité du travail au Mali, au Niger et en Guinée semble se situer à peu près au niveau attendu compte tenu de leur niveau de revenu par habitant. Cependant, la productivité du travail des entreprises guinéennes est environ deux fois supérieure à celle du Mali et du Niger. Dans les trois pays objet de l'étude, les exportateurs sont également plus productifs dans les trois pays que les non-exportateurs. Les exportateurs médians de ces trois pays produisent environ deux fois plus par travailleur que les non-exportateurs médians. Toutefois, cette différence n'est pas imputable à une intensité du capital ou à des compétences plus élevées, mais à une plus forte présence d'entreprises étrangères qui possèdent d'excellentes compétences technologiques et organisationnelles. Enfin, les entreprises nigériennes semblent moins susceptibles d'exporter que les entreprises guinéennes et maliennes. Globalement, sauf peut-être pour le Niger, le facteur le plus important pouvant expliquer ces résultats médiocres est l'absence chronique de réformes durables et globales dans ces pays, car les gouvernements continuent d'agir sur des aspects isolés du climat d'investissement, avec un impact limité et durable sur la productivité des entreprises. D'où la nécessité d'intégrer cet aspect à l'approche par grappes.

On ne saurait exagérer l'importance de la Société financière internationale (SFI) afin d'attirer les investissements directs étrangers (IDE) pour l'approche par grappes du développement 2.0 des CVM. D'une part, les nombreuses PME produisant actuellement des biens pour la consommation sur le marché intérieur ou vendant leurs produits bruts sur les marchés étrangers ont peu de liens avec les entreprises modernes, principalement sous contrôle étranger, qui négocient sur les marchés internationaux et participent à des activités de négoce à intégration verticale. Ces PME n'ont pas ou peu accès à la technologie ou aux connaissances modernes. Malgré les incitations commerciales accordées aux entreprises étrangères, nationales et publiques, conçues pour favoriser des conditions de concurrence équitables, l'expérience montre que ces incitations ne sont ni la meilleure stratégie pour attirer les IDE ni les seules politiques qui leur importent (Banque mondiale, 2014, 2018).

D'autre part, dans la pratique, les études de cas portant sur des expériences africaines fructueuses défendent énergiquement le rôle clé joué par les entreprises internationales et le soutien apporté par la SFI. Ce rôle a été redéfini dans le cadre de l'initiative Maximiser les financements pour le développement (MFD), qui tire parti des investissements privés et optimise l'utilisation des fonds publics. Le cadre du MFD est fondé sur une approche en cascade qui hiérarchise la priorité des solutions du secteur privé (dans la mesure du possible), en introduisant progressivement des interventions publiques uniquement pour pallier les défaillances et les risques du marché et en favorisant les PPP selon les besoins. En pratique, l'approche par grappes du développement 2.0 des CVM est déjà testée au Mali. Depuis 2017, un projet d'exportation de mangues est financé dans le cadre du Plan de mise en œuvre conjointe (PMOC) du Groupe de la Banque mondiale. Le projet soutient quatre acteurs : les producteurs, les transporteurs, les transformateurs et les commerçants. La division des responsabilités a chargé la Banque de s'attaquer aux goulets d'étranglement des infrastructures, de la logistique et des institutions. Elle a également chargé la SFI de soutenir les PME dans le domaine agrofinancier, via le financement d'un mécanisme de crédit-bail pour l'Afrique et un investissement dans une entreprise africaine de transformation des fruits. L'Agence multilatérale de garantie des investissements (AMGI), quant à elle est chargée de garantir le risque politique.

NOTES

1. En outre, si le prix des matières premières devait se traduire par une manne économique, seuls les propriétaires des ressources naturelles concernées et les travailleurs hautement qualifiés profiteraient d'une telle amélioration des termes de l'échange.
2. Autres signes de mutation : des changements dans la composition sectorielle des produits (souvent en direction des sous-secteurs de la fabrication et des services), une urbanisation croissante (création de villes productives de taille moyenne), une amélioration de la qualité des emplois et une transition démographique avec des taux de natalité plus faibles (Banque mondiale 2019).

3. Un outil d'analyse récent (2018) de la Banque mondiale, le Diagnostic pays du secteur privé, vise précisément à identifier les contraintes sectorielles prioritaires et les liens avec les opportunités du secteur privé. La Guinée est sur le point de terminer cette étude.

RÉFÉRENCES BIBLIOGRAPHIQUES

Banque mondiale. 2014. « World Bank Group: A New Approach to Country Engagement. » Banque mondiale, Washington, DC.

———. 2017. « Niger: Leveraging Export Diversification to Foster Growth. » Rapports 120306 -NE, Banque mondiale, Washington, DC.

———. 2018. *Global Investment Competitiveness Report 2017/2018: Foreign Investor Perspectives and Policy Implications.* Washington, DC: Banque mondiale. doi :10.1596/978-1-4648-1175-3.

———. 2019. « On the IDA-18 Special Themes: Jobs and Structural Transformation. » Non publié d'information, Banque mondiale, Washington, DC.

Daki, S., et J. R. López-Cálix. 2017. « Structural Change in Niger. » Document d'information, *Niger : Leveraging Export Diversification to Foster Growth*, Banque mondiale, Washington, DC.

Delarue, J., et H. Cochet. 2013. « Systemic Impact Evaluation: A Methodology for Complex Agricultural Development Projects: The Case of a Contract Farming Project in Guinea. » *European Journal of Development Research* 25: 778–96.

Fonds pour la paix. 2016. Fragile States Index, Washington, DC, https://fundforpeace.org /wp-content/uploads/2018/08/fragilestatesindex-2016.pdf.

McMillan, M., D. Rodrik, et Í. Verduzco-Gallo. 2014. « Globalization, Structural Change, and Productivity Growth, with an Update on Africa. » *World Development* 63: 11–32.

1 Contexte de développement pour la diversification des exportations au Mali, au Tchad, au Niger et en Guinée

SYNTHÈSE

- *Les efforts du Mali, du Tchad, du Niger et de la Guinée (MTNG) visant à développer leurs exportations sont freinés par une situation géographique défavorable.*
- *Trois obstacles structurels ont empêché les MTNG de se diversifier : une connectivité médiocre, des menaces persistantes pour la sécurité dans des environnements fragiles, et un faible capital humain.*
- *La dimension spatiale joue aussi un rôle dans la diversification des exportations dans des contextes de fragilité.*
- *Tous les pays MTNG (Mali, Tchad, Niger, Guinée) souffrent à divers degrés du « syndrome hollandais » : une forte concentration des exportations dans les produits de base issus de ressources naturelles pour un petit nombre de marchés étrangers, freinant le développement d'économies non dépendantes des ressources et perpétuant les conflits liés à l'appropriation des ressources par l'État.*
- *La faible insertion dans les chaînes de valeur mondiales s'accompagne de flux d'IDE ciblant essentiellement les industries extractives et, récemment et pour quelques pays seulement, les services.*
- *À ce jour, les pays MTNG n'ont pas reçu d'IDE destinés à l'agriculture ou à des projets d'amélioration de l'efficacité couramment associés à la diversification des exportations.*

LES DÉFIS DE LA QUÊTE DE LA DIVERSIFICATION DES EXPORTATIONS

Une exploration du potentiel de diversification des exportations des économies d'Afrique centrale et occidentale, et en particulier du Mali, du Tchad, du Niger et de la Guinée (MTNG), devrait commencer par l'étude de leur configuration géospatiale, qui présente un éventail unique de caractéristiques défavorables pour les produits émergents. Premièrement, trois de ces pays — Niger, Mali et Tchad — sont enclavés, contribuant à leur isolement par rapport aux marchés extérieurs. Deuxièmement, de faibles densités de population rendent l'exploitation d'opportunités commerciales plus compliquée (carte 1.1). Par exemple, la région CEMAC représente un marché de 42,5 millions de personnes réparties sur plus de 3 millions km², tandis que les 119 millions d'habitants de l'UEMOA (en 2017) occupent une superficie légèrement plus importante (3,5 millions km²).

Le Niger et le Tchad ont des superficies deux fois plus étendues que la France, mais une population bien inférieure (un tiers et un quart, respectivement), dispersée en grappes locales sur leur immense territoire. La faible densité de population et l'isolement réduisent le potentiel commercial en raison du manque d'interaction commerciale et du coût par tête élevé des prestations de service, y compris les infrastructures et installations commerciales clés. Dans la région du Sahel, à l'exception du Nigeria (pôles de Lagos et Abuja) et de la zone frontalière entre le Mali et la Guinée, les capitales du Tchad, du Niger et du Mali ne présentent que des agglomérations de taille modérée. Troisièmement, des regroupements de population de faible taille (moins de 2 000 000 habitants) se trouvent à proximité de régions frontalières,

CARTE 1.1

Potentiel commercial des agglomérations ouest-africaines

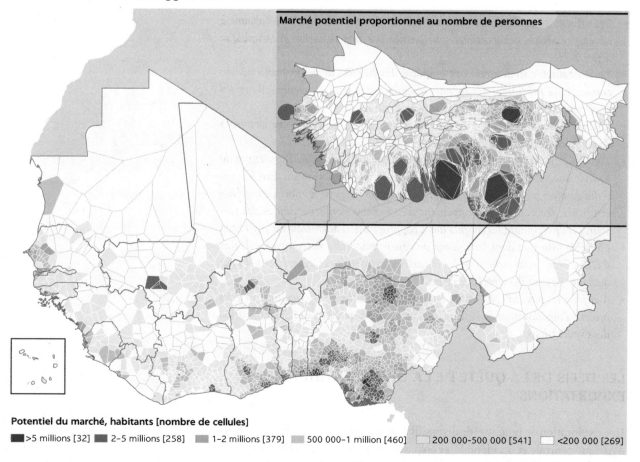

Marché potentiel proportionnel au nombre de personnes

Potentiel du marché, habitants [nombre de cellules]

■ >5 millions [32]　■ 2–5 millions [258]　■ 1–2 millions [379]　500 000–1 million [460]　200 000–500 000 [541]　<200 000 [269]

Source : © Prieto Curiel, R., P. Heinrigs et I. Heo (2017). Utilisé avec l'autorisation des auteurs : Prieto Curiel, R., P. Heinrigs, et I. Heo (2017), "Cities and Spatial Interactions in West Africa", West African Papers, No. 5, OECD Publishing, Paris, http://doi.org/10.1787/57b30601-en. Réutilisation soumise à autorisation.

ce qui explique en partie la prédominance du commerce informel entre pays voisins. Enfin, ces petites économies isolées présentent un certain nombre de caractéristiques communes, dont des marchés étroits, une agriculture de subsistance et un faible pouvoir d'achat, ce qui contribue à une intégration médiocre tout en encourageant le commerce informel, y compris la contrebande et le commerce transfrontalier local.

L'enclavement s'accompagne d'autres obstacles à la diversification des exportations, en particulier un environnement de transit défavorable aux exportateurs, qui augmente leurs coûts de transaction et affecte les perspectives commerciales régionales et internationales. Étant donné que le Niger, le Tchad et le Mali sont enclavés, ils dépendent entièrement des infrastructures et des procédures administratives de leurs voisins pour transporter des marchandises par voie maritime, ce qui est le mode de transport le plus commode pour le commerce international. En 2014, environ 92 % de leurs échanges passaient par la route, 8 % par le rail et à peine 0,2 % par le transport aérien.[1]

Le Niger dépend principalement du port de Cotonou, au Bénin, et de ports secs au Burkina Faso. L'axe de N'Djamena au port de Douala est actuellement le principal accès à la côte pour le Tchad, tandis que Dakar et Abidjan est largement utilisé par le Mali. Enfin, Conakry (Guinée) est non seulement desservi par un long itinéraire de camionnage constitué de routes inachevées et en mauvais état, mais son port, souvent considéré comme la porte d'entrée ou de sortie du commerce malien, est mal géré. La connectivité des pays MTNG avec les marchés doit donc être comprise dans une perspective plus large. Bien que certaines politiques et mesures visant à soutenir la diversification des exportations et l'intégration régionale relèvent de la sphère domestique de ces pays, d'autres, comme les politiques commerciales régionales et le développement d'une logistique efficace et de corridors de transit, nécessitent une forte coordination avec leurs voisins et, dans une moindre mesure, avec leurs corridors économiques régionaux (CER) respectifs.

Des menaces persistantes pour la sécurité des environnements fragiles font également obstacle aux opportunités commerciales pour les pauvres et les femmes. Les quatre pays MTNG sont considérés comme fragiles (voir chapitre 2). Si l'exploitation des ressources naturelles (principalement minières) offre de belles opportunités cela présente aussi des inconvénients majeurs, et affecte très durement les pays en proie à des conflits, soit par cupidité (lorsque les avantages tirés de la croissance fondée sur les ressources justifient le coût d'opportunité de ces conflits), ou par des griefs (lorsque les ressources naturelles sont accaparées par des élites restreintes). À cet égard, d'importants risques sécuritaires sont apparus, associés en particulier aux activités accrues de Boko Haram au nord du Tchad, du Niger et du Nigeria, mais aussi à d'autres cas de violences dans le nord du Mali. Ces problèmes sécuritaires constituent non seulement d'importants risques budgétaires, mais s'ils sont exacerbés, ils affectent aussi directement la croissance, en particulier dans le secteur agricole, plombent le climat politique et découragent les investisseurs nationaux et étrangers. Ces risques sécuritaires affectent aussi de manière disproportionnée les femmes commerçantes, avec des conséquences sociales substantielles. En bref, les risques liés à la sécurité affectent la production de certaines exportations non liées aux matières premières dans des zones précises.

La dimension spatiale a aussi d'autres implications dans des contextes fragiles. Tous les pays MTNG, à l'exception de la Guinée, rencontrent des difficultés majeures pour accéder à certaines régions de leur territoire national affectées par des conflits violents. Étant donné que le renforcement des moyens militaires réduit la marge de manœuvre budgétaire pour combler les insuffisances des infrastructures (routes, énergie, irrigation, etc.), cela implique aussi que la sélectivité est essentielle pour réhabiliter et préserver des corridors logistiques sûrs et fournir de l'eau et de l'électricité aux zones productives. Par exemple, comme indiqué sur la carte 1.2, les principaux

CARTE 1.2

Mali : Situés au sud du pays, les principaux corridors logistiques pour la noix de cajou et le sésame sont éloignés des zones septentrionales menacées par les conflits

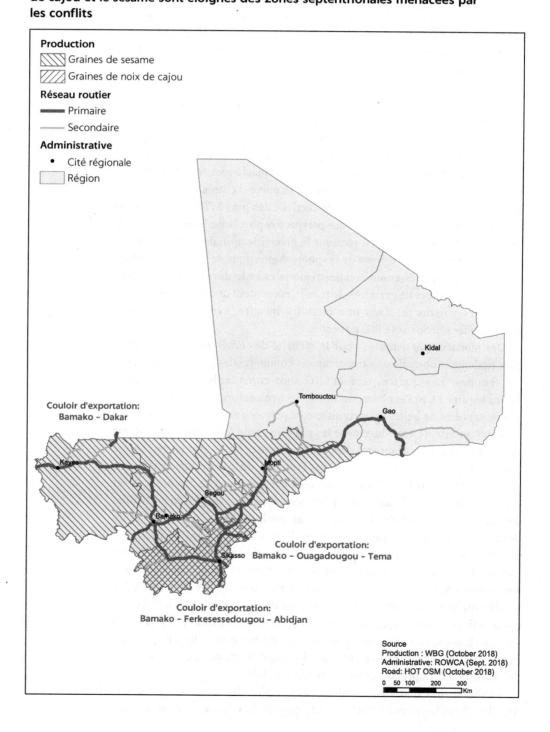

Source
Production : WBG (October 2018)
Administrative: ROWCA (Sept. 2018)
Road: HOT OSM (October 2018)

corridors d'exportation du Mali pour le sésame et la noix de cajou sont ceux qui relient Bamako et Dakar,[2] suivi par Bamako-Abidjan (noix de cajou) et Bamako-Tema (graines de sésame). Dans le même ordre d'idées, des corridors alternatifs potentiels, en particulier dans la région septentrionale exposée aux conflits à proximité de Gao, sont moins propices à la facilitation du transport et du commerce en raison de préoccupations sécuritaires et au manque de fiabilité des services locaux liés au commerce.

Les quatre pays MTNG se trouvent en bas du classement de l'Indice de capital humain (ICH), ce qui affecte leur productivité et leur compétitivité (figure 1.1).[3] En outre, des pays fragiles aux ressources abondantes comme les pays MTNG, où environ 60 % de la population vivent sous le seuil de pauvreté, présentent des taux de pauvreté supérieurs en moyenne à ceux des pays non fragiles.

Sans surprise, les quatre pays MTNG dépendent d'une agriculture de subsistance peu productive. Cependant, compte tenu de sa contribution majeure au PIB et à l'emploi, le secteur présente un potentiel de modernisation certain. Au Niger, l'agriculture contribue au PIB à hauteur de 46 % environ et représente environ 80 % du total des emplois, mais présente également la plus faible productivité de la main-d'œuvre (Banque mondiale 2017). On retrouve des caractéristiques similaires au Mali, dont le potentiel d'exportation de produits agricoles est également sous-développé, car il est essentiellement centré sur le coton et exposé à des chocs météorologiques et sécuritaires. Les exportations de coton tendent à présenter des variations importantes en raison de la pluviométrie.

Le potentiel de l'agriculture commerciale au Mali (et la nécessaire complémentarité entre agriculture domestique et d'exportation) se reflète dans le fait que les deux sous-secteurs les plus dynamiques ces 35 dernières années ont été l'agriculture d'exportation (coton) et l'agriculture de subsistance (Banque mondiale 2018a). En revanche, le secteur agricole tchadien présente un manque de dynamisme, la croissance moyenne du secteur (3 %) étant la plus faible de tous les secteurs. En outre, la productivité de sa main-d'œuvre est également la plus basse et sa

FIGURE 1.1

Indice du capital humain en Afrique subsaharienne (pays à faible revenu seulement)

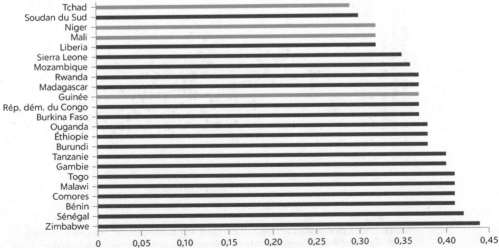

Source : Indice ICH (base de données), Banque mondiale, Washington, DC, http://www.worldbank.org/fr/publication/human-capital.

contribution au PIB (autour de 27 %) est presque équivalente à celle de l'industrie pétrolière tout entière pour la décennie écoulée (Banque mondiale 2018b).

Les quatre économies des pays MTNG ne sont pas diversifiées, c'est-à-dire qu'elles dépendent de leurs ressources naturelles pour une part très élevée de leur PIB ou de leurs exportations ; les pays dont la structure de production est fortement tributaire de la production d'un ou de quelques produits de base ont tendance à être sujets à des conflits. En fait, tous les pays MTNG se classent parmi les économies à faible diversification des exportations, par rapport au reste de l'Afrique ou au monde. La figure 1.2 montre qu'en ce qui concerne la taille de leur population active (une approximation de la taille du pays), les économies MTNG se classent parmi les moins diversifiées (des valeurs plus élevées au-dessus de la ligne de tendance indiquant des niveaux inférieurs de diversification des exportations). Selon l'« hypothèse de la cupidité », dans les pays présentant ces caractéristiques, la présence de ressources naturelles encourage certains groupes à s'approprier une partie de la richesse en matières premières et perpétue les conflits contemporains.[4]

La concentration des exportations s'accompagne de niveaux élevés de concentration du marché : pétrole au Tchad, or et coton au Mali, uranium au Niger et bauxite en Guinée (tableau 1.1). La concentration des exportations tchadiennes sur un seul produit est de loin la plus importante, puisque 94 % de ses exportations sont constituées de pétrole (figure 1.3). En outre, les marchés destinataires du très petit nombre de produits d'exportation sur lesquels ces pays s'appuient sont fortement concentrés sur quelques pays situés principalement dans trois ou quatre régions (figure 1.4).

Cependant, de nouveaux produits et des marchés moins traditionnels émergent, car tous les pays ont identifié une douzaine de pistes agroalimentaires, avec des marchés émergents concentrés en Chine, en Inde et au Moyen-Orient.

La dépendance vis-à-vis des ressources naturelles perpétue également une pénurie d'exportations non fondées sur les ressources, entraînant d'importantes répercussions sur le secteur des biens non commercialisables.

FIGURE 1.2

Degré de diversification des exportations, 2015

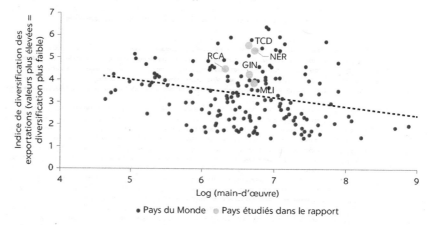

Sources : Indice de diversification (base de données), FMI, Washington, DC, https://www.imf.org /external /np/res/dfidimf/diversification.htm ; Indicateurs du développement dans le monde – travail (base de données), Banque mondiale, Washington, DC, https://databank.worldbank.org/source /world-development-indicators.
Note : GIN = Guinée ; MLI = Mali ; NER = Niger ; RCA= République centrafricaine ; TCD = Tchad.

TABLEAU 1.1 Part de la diversification des exportations dans le total des exportations des pays MTNG, 2015

PAYS	PRINCIPAUX PRODUITS D'EXPORTATION		TROIS PREMIÈRES DESTINATIONS D'EXPORTATION	
	Produit	*Pourcentage du total*	*Pays*	*Pourcentage du total*
Tchad	Pétrole	94	États-Unis	61
	Légumes	2,5	Inde	17
	Textiles	1,6	Japon	12
Guinée	Bauxite	66	Inde	26
	Métaux précieux (or)	20	Ghana	14
	Denrées alimentaires	3	Espagne	6,4
Mali	Or	59	Suisse	50
	Coton brut	20	Inde	16
	Graines d'oléagineux	7,2	Chine	9
Niger	Pétrole/produits chimiques	46	France	44
	Uranium	31	Chine	11
	Légumes	6,8	États-Unis	11

Sources : Base de données commerciales de la CNUCED, CNUCED, Genève, https://unctad.org/en/Pages/DITC/Trade-Analysis/TAB-Data-and-Statistics.aspx, et Observatoire de la complexité économique (base de données), https://oec.world/en/ ; sauf pour la Guinée : Khebede 2017b.

Les répercussions profondes de la dépendance à l'égard d'une seule matière première peuvent être illustrées de manière plus frappante par la performance d'exportation des pays de l'ensemble MTNG. Par exemple, au cours des 15 dernières années, le Tchad a bénéficié d'investissements substantiels dans le secteur pétrolier et tire maintenant l'essentiel de ses revenus des exportations de pétrole. Au cours de la même période, le « syndrome hollandais » qui en a résulté, caractérisé par des hauts et des bas associés à une faible compétitivité dans des secteurs autres que l'industrie extractive, a freiné le développement d'autres secteurs, et de l'agriculture en particulier, qui a stagné (figure 1.5). Ce n'est qu'en Guinée (figure 1.6) et, dans une moindre mesure au Niger, que l'activité fondée sur les ressources n'a pas découragé une croissance modérée, mais régulière, des autres exportations.

La dépendance vis-à-vis des ressources naturelles dans les pays MTNG est profondément enracinée dans l'économie politique qui entoure la découverte de ressources naturelles et oriente les programmes incitatifs contre l'investissement privé. On ne sera pas surpris d'apprendre que le nombre d'exportateurs dans ces quatre pays est assez faible. L'exemple le plus extrême de la manière dont l'économie politique a modifié de fond en comble le paysage économique de la base productive du pays est peut-être la découverte de pétrole au Tchad en 2002, un événement qui a mené à l'échec les tentatives antérieures de diversification économique. Quand l'économie (et les exportations) du Tchad s'est presque exclusivement centrée sur l'industrie pétrolière, les mesures économiques incitatives ont tourné en défaveur de la production d'autres biens commercialisables. Ce parti pris contre la production de biens hors du pétrole a non seulement empêché le développement de l'investissement privé, mais il a aussi favorisé la détérioration des infrastructures et perturbé les échanges commerciaux. Le soutien public à

FIGURE 1.3

Exportations par produit, 2015

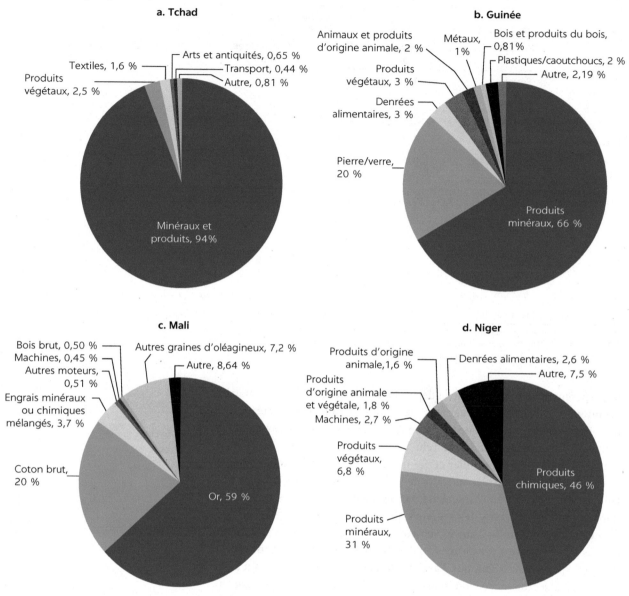

Sources : Khebede 2017a, 2017b, 2018a, 2018b.

l'agriculture (hors coton) a été réduit progressivement et les exportations traditionnelles comme la gomme arabique se sont détériorées. Le recul de l'intervention gouvernementale dans le secteur agricole a atteint son plus bas à environ 4 % du PIB sur la période 2003-2012, l'un des plus faibles ratios d'Afrique subsaharienne, avec un impact sensible sur une productivité agricole déjà faible et une implication limitée du secteur privé dans l'agriculture tchadienne. Une quinzaine d'années plus tard, les autorités ont compris que la croissance stimulée par le pétrole était de courte durée et ne suffisait pas à soutenir une croissance élevée, et qu'en prenant cette voie, le pays raterait des opportunités substantielles de conversion de la manne pétrolière en investissements publics à l'appui de la diversification des exportations.

FIGURE 1.4

Destinations des exportations, 2015

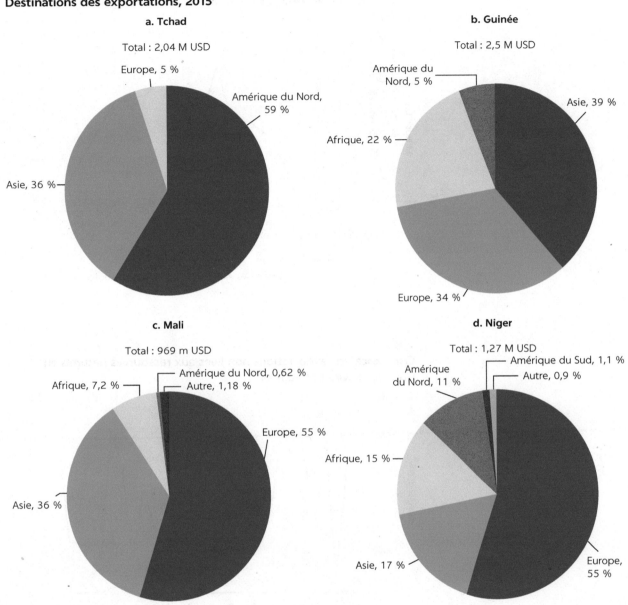

a. Tchad

Total : 2,04 M USD

- Europe, 5 %
- Amérique du Nord, 59 %
- Asie, 36 %

b. Guinée

Total : 2,5 M USD

- Amérique du Nord, 5 %
- Asie, 39 %
- Afrique, 22 %
- Europe, 34 %

c. Mali

Total : 969 m USD

- Afrique, 7,2 %
- Amérique du Nord, 0,62 %
- Autre, 1,18 %
- Europe, 55 %
- Asie, 36 %

d. Niger

Total : 1,27 M USD

- Amérique du Sud, 1,1 %
- Autre, 0,9 %
- Amérique du Nord, 11 %
- Afrique, 15 %
- Asie, 17 %
- Europe, 55 %

Sources : Khebede 2017a, 2017b, 2018a, 2018b.
Note : m = millions ; M = milliards.

Globalement, les trois grandes régions englobant les MTNG — CEMAC, UEMOA et CEDEAO — ont enregistré des performances médiocres en parts des exportations régionales et mondiales. Ces trois régions figurent parmi les moins intégrées au monde, aucune d'entre elles n'atteignant 1 % du commerce mondial (figure 1.7). Leur part cumulée n'a dépassé 1 % qu'en 2010, atteignant un pic de 1,2 % en 2012, avant de reculer à 0,9 % en 2016, suite à l'effondrement des cours mondiaux des matières premières, dont le pétrole. En ce qui concerne l'intégration régionale, la CEDEAO a connu une augmentation remarquable des

FIGURE 1.5

Croissance des exportations pétrolières versus non-pétrolières au Tchad

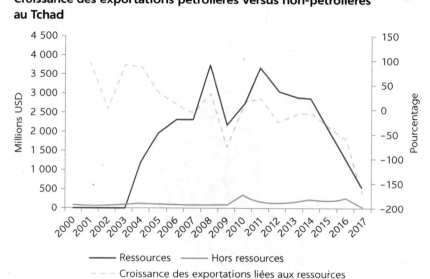

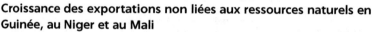

Source : Pitigala 2018b.

FIGURE 1.6

Croissance des exportations non liées aux ressources naturels en Guinée, au Niger et au Mali

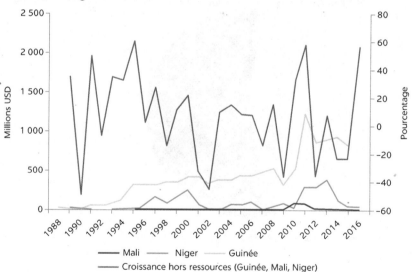

Source : Pitigala 2018a.

exportations intrarégionales ces dernières années, mais elle reste en deçà de ses plus hauts niveaux historiques du début des années 2000 (figure 1.8).

De même, les exportations intrarégionales au sein de l'UEMOA, et en particulier de la CEMAC, sont faibles lorsqu'on les compare à d'autres unions douanières dans le monde, les exportations intracommunautaires au sein de la CEMAC représentent seulement 5,1 % du total de ces pays en 2010.

Outre le retard dans la diversification des exportations et la croissance du commerce Faible régional, les pays MTNG sont également peu intégrés aux CVM, ce qui les empêche d'accéder aux canaux importants de la technologie, de

FIGURE 1.7

Part des exportations mondiales de certaines régions, 2002–2006

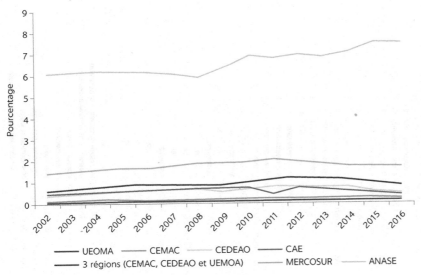

Source : Pitigala 2018a.
Note : ANASE = Association des nations de l'Asie du Sud-Est ; CAE = Pays d'Asie de l'Est ;
CEDEAO = Communauté économique des États de l'Afrique de l'Ouest ; CEMAC = Communauté
économique et monétaire de l'Afrique centrale ; MERCOSUR = Marché commun des États
d'Amérique du Sud ; UEMOA = Union économique et monétaire ouest-africaine.

FIGURE 1.8

Exportations régionales de certaines régions

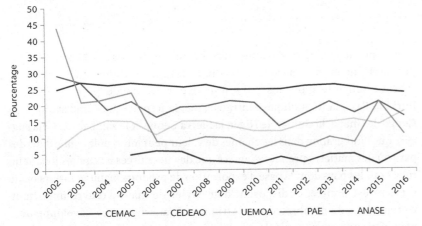

Source : Pitigala 2018a.
Note : ANASE = Association des nations de l'Asie du Sud-Est ; CAE = Pays d'Asie de l'Est ;
CEDEAO = Communauté économique des États de l'Afrique de l'Ouest ; CEMAC = Communauté
économique et monétaire de l'Afrique centrale ; UEMOA = Union économique et monétaire
ouest-africaine.

l'amélioration de la productivité et des marchés. Des comparaisons des valeurs
moyennes de 2008-2012 avec celles de 1991-1995 montrent que les exportateurs
de pétrole sahéliens sont les moins bien intégrés dans les chaînes de valeur mondiales en termes de contenu à valeur ajoutée étrangère dans leurs exportations
(figure 1.9). Tandis que la diversification au-delà des ressources naturelles a
reculé ou stagné au Tchad et au Mali, elle s'est légèrement améliorée au Niger et
en Guinée, comme pour le reste de la région Afrique subsaharienne.

FIGURE 1.9

Part de valeur ajoutée étrangère dans les exportations, 2008–2012

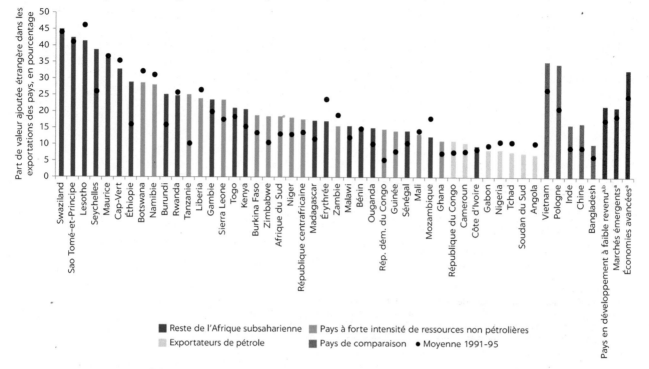

Sources : Base de données EORA de la CNUCED sur les chaînes de valeur mondiales, https://worldmrio.com/unctadgvc/ ; et calculs des services du FMI.
a. Voir les listes des groupes de pays à l'adresse https://www.imf.org/external/pubs/ft/weo/2018/02/weodata/weoselagr.aspx.
b. Hors pays d'Afrique subsaharienne : https://worldmrio.com/unctadgvc/ ; et calculs des services du FMI.

En fait, la majorité Afrique subsaharienne des pays (24 sur 35) ont progressé, même s'ils partaient de loin (figure 1.10). Cette amélioration est surtout sensible dans les pays non exportateurs de pétrole, dont le Burkina Faso, la République centrafricaine, la République démocratique du Congo, le Ghana, la Guinée, le Niger, la Sierra Leone et le Zimbabwe. Cela suggère que l'intégration dans les chaînes de valeur peut intervenir même dans des pays où des matières premières autres que des ressources naturelles jouent un rôle. Pour les pays dont la base d'exportation de produits manufacturiers ou de services est limitée, et disposant d'un vivier de main-d'œuvre important, comme dans de nombreux pays Afrique subsaharienne, ce développement peut offrir une opportunité de transformation structurelle.

La faible intégration dans la chaîne de valeur mondiale ne devrait pas surprendre, car au cours de la dernière décennie (2007-16), trois des quatre pays MTNG ont connu une tendance à la baisse de leurs influx d'IDE. Andersen (2018) montre que le Niger a connu les influx les plus importants (en part du PIB) et la progression la plus spectaculaire des entrées d'IDE sur la période, avec une forte augmentation à partir de 2008.

Sur les pays membres de l'AFWC3 (régions administratives de la Banque mondiale comprenant le Mali, le Tchad, le Niger et la Guinée) restants, c'est le Tchad qui prend la deuxième place en termes de flux entrants ; il est également le seul pays MTNG à présenter une tendance à la hausse des influx d'IDE (en proportion du PIB) ces dernières années. La Guinée et le Mali ont tous deux connu des flux d'IDE relativement stables depuis 2013 (figure 1.11). Selon l'indice de performance

FIGURE 1.10

Afrique subsaharienne : Profondeur de l'intégration dans les chaînes de valeur mondiales, moyenne 1991–1995 par rapport à 2008–2012

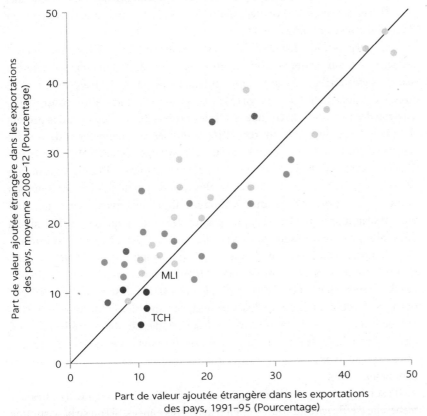

Part de valeur ajoutée étrangère dans les exportations des pays, 1991–95 (Pourcentage)

● Exportateurs de pétrole ● Reste de la région ● Pays de comparaison
● Gros exportateurs de ressources non pétrolières

Sources : UNCTAD—Eora Base de données sur les chaines de valeur mondiales, http://worldmrio.com
/unctadgvc, et des estimations du FMI.
Note : MLI = Mali ; TCH = Chad.

FIGURE 1.11

Influx d'IDE dans les pays MTNG, 2007–2016

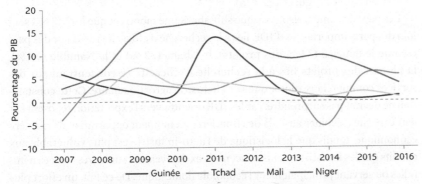

Source : Base de données commerciales de la CNUCED, plusieurs années, CNUCED, Genève, https://
unctad.org/en/Pages/DITC/Trade-Analysis/TAB-Data-and-Statistics.aspx.
Note : Les flux d'IDE s'entendent nets (crédits des transactions en capital moins débits entre
investisseurs directs et leurs affiliés étrangers). IDE = investissement direct étranger ; pays
MTNG = Mali, Tchad, Niger et Guinée ; PIB = produit intérieur brut.

des IDE, (i) le Tchad et le Mali ont attiré globalement le montant d'IDE que l'on pouvait attendre d'économies de leur taille ; (ii) le Niger semble avoir attiré une part des influx d'IDE mondiaux supérieure à ce que sa part du PIB mondial indiquerait ; et (iii) la performance de la Guinée en matière d'IDE a culminé en 2012 et reculé en deçà d'un niveau de parité depuis 2014.

Sans surprise, les flux d'investissements étrangers vers les pays MTNG ont suivi le même schéma de concentration de produit et de marché dans les secteurs extractifs, mais avec une tendance à la baisse. Entre 2007 et 2016, tous les projets du Tchad ont porté sur les ressources naturelles, contre 90 % environ des projets de la Guinée, 80 % des projets du Mali et 60 % des projets du Niger. Les principales sources d'IDE destinés au financement de projets ont varié d'un pays à l'autre, mais tous les pays ont reçu des IDE des États-Unis, du Royaume-Uni ou des deux. La première source d'IDE à destination du Tchad et du Niger a été l'Inde ; la plus grande partie des investisseurs en Guinée étaient originaires du Royaume-Uni ; et les investisseurs au Mali étaient originaires du Canada et de France. Dans le même temps, la Chine a été le plus gros investisseur sur la période au Tchad et au Niger. Il est intéressant de noter qu'au cours de la même période, aucun pays MTNG n'a reçu d'investissement pour un projet agricole entièrement nouveau, tandis que ces dernières années (2012-16), la plupart des IDE à destination des MTNG ont été affectés au secteur des services, faisant baisser la part des IDE attribués aux industries extractives sur la période. Le Mali a été l'exception qui confirme la règle au sein du groupe, ses investissements dans les industries extractives ayant à nouveau augmenté ces dernières années (Andersen 2018).

Il est important de souligner qu'aucun pays MTNG n'a reçu d'IDE liés à la recherche d'efficacité au cours des cinq dernières années. Si l'on se base sur une typologie qui compartimente les IDE attribués aux ressources naturelles, aux marchés intérieurs, à la recherche d'efficacité et aux investissements liés à la recherche d'actifs stratégiques,[5] les IDE liés à la recherche d'efficacité sont orientés vers l'exportation et contribuent le plus à la diversification de l'économie au-delà des secteurs extractifs. Andersen (2018) a également constaté que la plupart des projets d'IDE récents dans les pays MTNG étaient soit des investissements liés à la recherche de marchés domestiques dans le secteur des services, soit liés à la recherche de ressources naturelles dans le secteur minier, ce qui représente toujours environ 30 % des investissements au Mali et en Guinée (figures 1.12-1.15).

Les pays de comparaison Afrique subsaharienne montrent que les MTNG sont loin des parts importantes d'IDE liés à la recherche d'efficacité reçus par des pays comme le Sénégal (34 % des projets), le Ghana (32 %) et la Namibie (28 %), la plupart des projets liés à la recherche d'efficacité se concentrant sur des services commerciaux plutôt que sur l'industrie agroalimentaire. Cette constatation ne devrait pas surprendre, car les IDE orientés vers l'exportation reposent sur leur capacité à évoluer au-delà des frontières au moment opportun et de manière économique, tandis que la logistique de l'agro-industrie est plus vulnérable aux conflits que les investissements concentrés exclusivement sur les ressources naturelles ou servant principalement l'économie domestique. De ce fait, un effort plus ciblé des pays MTNG pour attirer des IDE, utilisés pour faire face à des risques de sécurité, expérimentés dans des pays fragiles est devenu une nécessité.

FIGURE 1.12

Typologie des IDE : Part des IDE de nouveaux projets au Mali, par type, 2012–2016

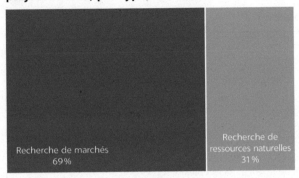

Recherche de marchés
69 %
Recherche de ressources naturelles
31 %

Sources : Andersen 2018. Calcul à partir de la base de données UN COMTRADE, Nations unies, https://comtrade.un.org/, et la Base de données EORA de la CNUCED sur les chaînes de valeur mondiales, https://worldmrio.com/unctadgvc/.
Note : Données basées sur la somme des projets de création de nouveaux sites annoncés au cours de la période. Le Mali a reçu un total de 13 nouveaux projets entre 2012 et 2016. IDE = Investissements directs étrangers.

FIGURE 1.13

Typologie des IDE : Part des IDE de nouveaux projets au Mali, par type et secteur, 2012–2016

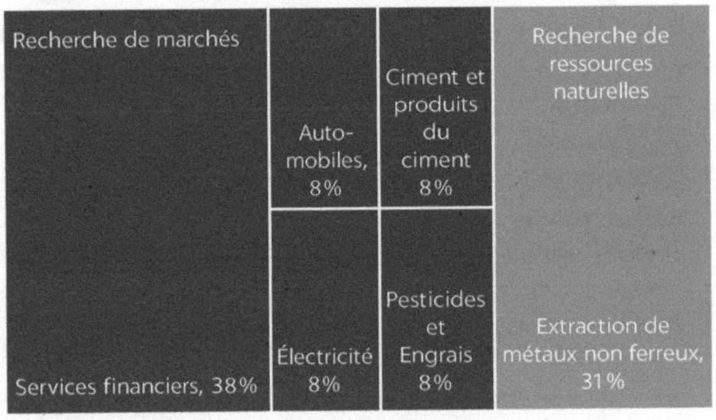

Recherche de marchés
Services financiers, 38 %
Automobiles, 8 %
Ciment et produits du ciment 8 %
Électricité 8 %
Pesticides et Engrais 8 %
Recherche de ressources naturelles
Extraction de métaux non ferreux, 31 %

Sources : Andersen 2018. Calcul à partir de la base de données UN COMTRADE, Nations unies, https://comtrade.un.org/, et la Base de données EORA de la CNUCED sur les chaînes de valeur mondiales, https://worldmrio.com/unctadgvc/.
Note : Données basées sur la somme des projets de création de nouveaux sites annoncés au cours de la période. Le Mali a reçu un total de 13 nouveaux projets entre 2012 et 2016. IDE = Investissements directs étrangers.

FIGURE 1.14

Typologie des IDE : Part des IDE de nouveaux projets en Guinée, par type, 2012–2016

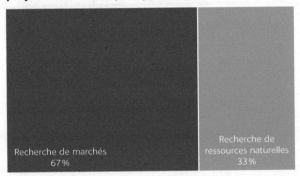

Recherche de marchés
67 %
Recherche de ressources naturelles
33 %

Sources : Andersen 2018. Calcul à partir de la base de données UN COMTRADE, Nations unies, https://comtrade.un.org/, et la Base de données EORA de la CNUCED sur les chaînes de valeur mondiales, https://worldmrio.com/unctadgvc/.
Note : Données basées sur la somme des projets de création de nouveaux sites annoncés au cours de la période. La Guinée a reçu un total de 12 nouveaux projets entre 2012 et 2016. IDE = Investissements directs étrangers.

FIGURE 1.15

Typologie des IDE : Part des IDE de nouveaux projets en Guinée, par type et par secteur, 2012–2016

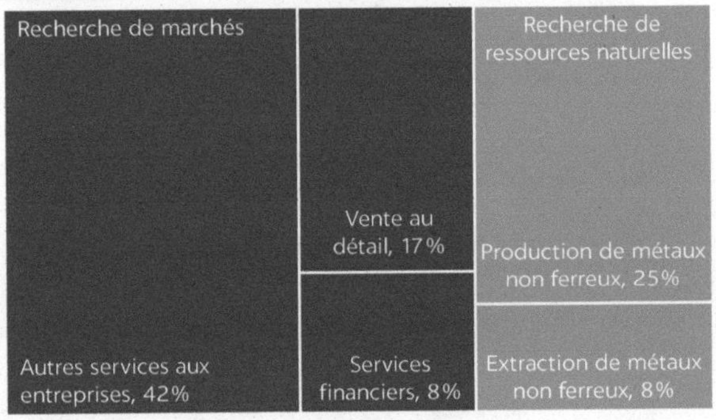

Recherche de marchés
Autres services aux entreprises, 42 %
Vente au détail, 17 %
Services financiers, 8 %
Recherche de ressources naturelles
Production de métaux non ferreux, 25 %
Extraction de métaux non ferreux, 8 %

Sources : Andersen 2018. Calcul à partir de la base de données UN COMTRADE, Nations unies, https://comtrade.un.org/, et la Base de données EORA de la CNUCED sur les chaînes de valeur mondiales, https://worldmrio.com/unctadgvc/.
Note : Données basées sur la somme des projets de création de nouveaux sites annoncés au cours de la période. La Guinée a reçu un total de 12 nouveaux projets entre 2012 et 2016. IDE = Investissements directs étrangers.

ANNEXE 1A

CARTE 1A.1

Niger : Chaîne de valeur de la viande et des oignons, octobre 2018

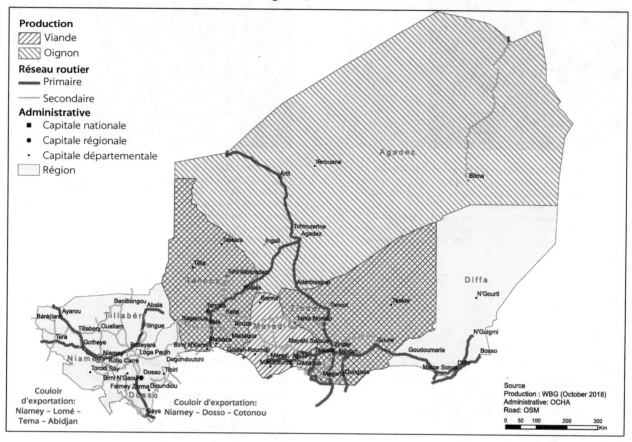

Source
Production : WBG (October 2018)
Administrative: OCHA
Road: OSM

CARTE 1A.2

Tchad : Chaîne de valeur de la gomme arabique et du sésame, octobre 2018

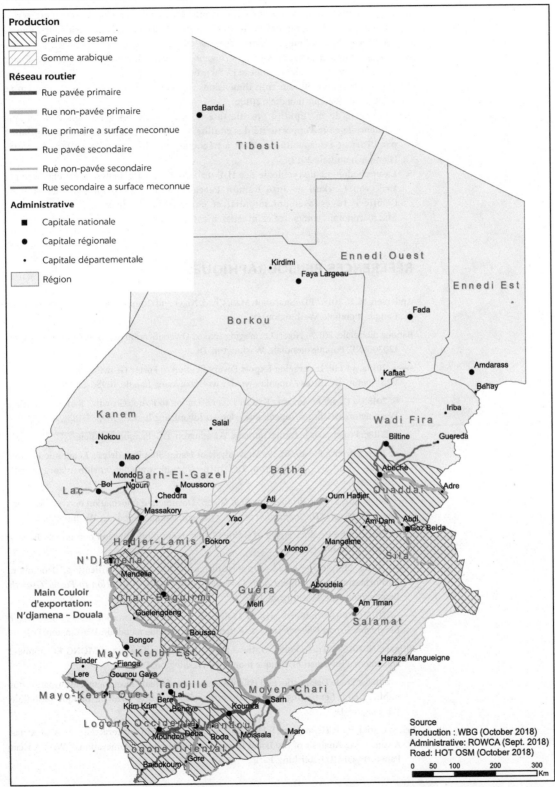

Source : FCV Global Themes/GEMS Team, Nelly Bachelot, nbachelot@worldbank.org.
Note : Km = kilomètres.

NOTES

1. On ne saurait trop insister sur l'importance du Marché unique du transport aérien africain lancé par l'Union africaine par l'intermédiaire de la Commission africaine de l'aviation civile pour intégrer le marché ouest-africain actuellement fragmenté.
2. Des cartes similaires pour la viande et l'oignon au Niger et la gomme arabique et le sésame au Tchad sont présentées en annexe 1A du présent chapitre.
3. L'indice ICH se fonde sur trois dimensions : survie, santé et éducation d'un enfant né aujourd'hui (Banque mondiale 2018c).
4. La théorie de la cupidité postule que la croissance des avantages économique influence le coût d'opportunité des conflits, les soulève gains tirés de l'appropriation par l'État et la capacité de l'État à négocier avec les insurgés ou les combattre (Banque mondiale 2019).
5. La méthodologie de typologie des IDE utilisée dans cette analyse a été élaborée par Erik von Uexkull et José Ramón Perea, économistes principaux au sein de l'Unité « Investissement mondial et concurrence » de la pratique mondiale Macroéconomie, commerce et investissement.

RÉFÉRENCES BIBLIOGRAPHIQUES

Andersen, M. R. 2018. "FDI Snapshot: Mali, Chad, Niger and Guinea." Document d'information, Banque mondiale, Washington, DC.

Banque mondiale. 2017. « Niger: Leveraging Export Diversification to Foster Growth. » Rapport 120306-NE, Banque mondiale, Washington, DC.

——. 2018a. « Mali: Leveraging Export Diversification to Foster Growth. » Banque mondiale, Washington, DC. https://openknowledge.worldbank.org/handle/10986/31829.

——. 2018b. « Chad: Leveraging Export Diversification to Foster Growth. » Banque mondiale, Washington, DC. https://openknowledge.worldbank.org/handle/10986/31839.

——. 2018c. Projet pour le capital humain. Washington, DC: Banque mondiale.

——. 2019. "Africa's Pulse, No. 19: An Analysis of Issues Shaping Africa's Economic Future." Banque mondiale, Washington, DC. https://openknowledge.worldbank.org/handle /10986/31499.

Khebede, E. 2017a. "The Product Space of Niger." Document d'information non publié, *Niger: Leveraging Export Diversification to Foster Growth*, Banque mondiale, Washington, DC.

——. 2017b. "The Product Space of Guinea." Document d'information non publié, Banque mondiale, Washington, DC.

——. 2018a. "Exploring Chad's Opportunities for Export Diversification." Document d'information non publié, *Chad: Leveraging Export Diversification to Foster Growth*, Banque mondiale, Washington, DC.

——. 2018b. "The Product Space of Mali." Document d'information non publié, *Niger: Leveraging Export Diversification to Foster Growth*, Banque mondiale, Washington, DC.

Pitigala, N. 2018a. "Trade Policy Options for Export Diversification of MCNG Economies." Document d'information, Banque mondiale, Washington, DC.

——. 2018b. "Trade Diagnostics and Policy Assessment of Chad." Document d'information non publié, *Chad: Leveraging Export Diversification to Foster Growth*, Banque mondiale, Washington, DC.

Prieto Curiel, R., P. Heinrigs, et I. Heo. 2017. « Cities and Spatial Interactions in West Africa: A Clustering Analysis of the Local Interactions of Urban Agglomerations. » West African Papers 05, OECD Publishing, Paris.

2 Pourquoi la diversification des exportations est-elle importante pour les pays MTNG ?

SYNTHÈSE

- *Au cours de la dernière décennie, des faits concluants ont démontré que les pays d'Afrique subsaharienne fragiles et basés sur les ressources naturelles affichaient une croissance inférieure à celle des pays non fragiles et diversifiés (non basés sur les ressources).*

- *Les efforts de diversification déjà déployés au Mali, au Tchad, au Niger et en Guinée ont échoué pour au moins l'une des trois raisons suivantes : (i) la fréquence élevée de conflits violents ayant non seulement empêché l'investissement privé, mais aussi détruit les infrastructures, perturbé le commerce et orienté la consommation publique vers des dépenses militaires; (ii) l'essor éphémère des matières premières qui ne s'est pas traduit par une croissance soutenue à moyen terme ; et (iii) la dépendance excessive à l'égard des ressources naturelles, qui a rendu les économies des pays MTNG moins compétitives et plus vulnérables aux chocs.*

- *Les MTNG ont également trois raisons importantes de diversifier leurs exportations : (i) pour maintenir une croissance accélérée et réduire l'instabilité budgétaire ; (ii) pour créer des emplois dans le secteur agricole, avec des taux de population et de pauvreté plus élevés et un potentiel de création d'emplois inexploité ; et (iii) pour promouvoir des investissements privés et une insertion accrue sur les marchés mondiaux, leurs marchés nationaux étant trop petits pour attirer les IDE nécessaires pour suivre l'évolution technologique et les gains de productivité.*

- *En fin de compte, la diversification des exportations est bonne pour accélérer une croissance durable et inclusive. Une simulation montre qu'une plus grande ouverture des échanges, résultat souhaitable de la diversification des exportations, contribuerait effectivement à la croissance. Les macro-scénarios de la modélisation EGC corroborent également cette constatation.*

POURQUOI LES EFFORTS ANTÉRIEURS ONT-ILS ÉCHOUÉ ?

Pour comprendre l'importance de la diversification des exportations vers les pays MTNG, il est essentiel de comprendre d'abord pourquoi les efforts antérieurs ont échoué. Plusieurs raisons sont proposées.

- Premièrement, l'instabilité politique et les conflits violents très fréquents ont empêché les investissements privés, détruit les infrastructures et perturbé le commerce. L'Indice du classement des États fragiles 2016 – qui combine des indicateurs politiques et socioéconomiques tels que la fragmentation des élites, les griefs collectifs, la présence de réfugiés et de populations déplacées à l'intérieur de leur propre pays (PDI), un développement inégal, la pression démographique et la pauvreté (entre autres) – a permis de classer ces pays dans la catégorie « En Alerte » (figure 2.1). En outre, il existe une forte relation positive et endogène entre fragilité et forte croissance démographique qui, malgré tous les efforts de ces pays, laisse penser que le dividende démographique se transformera en malheur démographique (Goldstone et coll. 2010).

- Deuxièmement, il existe des preuves empiriques concluantes de la piètre performance économique des pays africains fragiles et riches en ressources par rapport à leurs pairs entre 2008 et 2017 (Banque mondiale 2019). Premièrement, la croissance économique moyenne dans les pays fragiles reste inférieure à celle des pays non fragiles (2,4 % contre 2,7 %). Deuxièmement, la croissance par habitant dans les pays non dotés de ressources est supérieure à celle des pays riches en ressources, quelle que soit leur situation de fragilité, ce qui plaide en faveur de la diversification. Troisièmement, la croissance des pays fragiles et non dotés de ressources (2,3 %) reste inférieure à celle des pays non fragiles et non dotés de ressources (3,2 %), ce qui montre les aspects positifs de la sortie du statut de fragilité. Enfin, en 1998-2007 et 2008-2017, la croissance a connu un ralentissement dans les pays non fragiles et riches en ressources (de 2,2 %), tandis qu'elle s'est accélérée dans les pays fragiles et riches en ressources (de 1,0 % à 2,4 %). Dans ce dernier cas, cependant, selon l'hypothèse du grief, la probabilité de conflit peut encore augmenter si des ressources supplémentaires sont appropriées par des élites étroites.[1]

FIGURE 2.1

Depuis 2016, le Mali, le Tchad, le Niger et la Guinée sont classés « En Alerte » dans l'Indice du classement des états fragiles

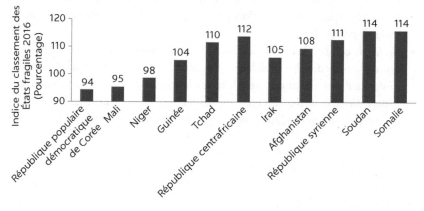

Sources : Calculs effectués par services de la Banque Mondiale sur la base de données de Fund for Peace 2016.

- Troisièmement, les épisodes de croissance stimulés par les ressources naturelles ont été de courte durée et leurs taux de croissance n'ont pas convergé avec ceux des économies à revenu intermédiaire moyen et de l'Afrique subsaharienne. Les MTNG ont ainsi raté d'importantes occasions de transformer des recettes minières ou pétrolières inattendues en investissements accrus dans le capital humain et les infrastructures.

Ainsi, en 1990-2014, les revenus du PIB par habitant du Niger, du Tchad et, dans une moindre mesure, du Mali, ont globalement stagné (sauf en 2002, à la suite des découvertes de gisements de pétrole au Tchad, pour augmenter légèrement plus tard) (figure 2.2). Par ailleurs, les faibles ratios décroissants de PIB par habitant n'ont pas suivi les tendances observées dans les économies Afrique subsaharienne et à revenu intermédiaire, comme le montre le cas de la Guinée. En 2016, le revenu du PIB par habitant de la Guinée était égal à 11 % et 35 %, respectivement, du niveau de 1994 pour les économies à revenu intermédiaire moyen et les économies d'Afrique subsaharienne (Banque mondiale, 2018c).

- Quatrièmement, dans ces pays, la dynamique du « syndrome hollandais » a déplacé les ressources vers les secteurs non échangeables, les services non productifs (peu qualifiés) et les dépenses militaires, tout en nuisant à la compétitivité extérieure dans les secteurs échangeables et en biaisant les interventions gouvernementales contre les secteurs agricoles sujets à la diversification. Pour aggraver la situation, les rentes économiques (profits anormaux) provenant des ressources naturelles sont plus élevées dans les pays fragiles que non fragiles (Banque mondiale 2019). D'autre part, les dépenses liées à la sécurité dans les pays MTNG oscillent à elles seules entre 3 % et 5 % du PIB (Banque mondiale 2017, 2018a et 2018b).

Ces niveaux sont quasi identiques, par exemple, au budget de l'agriculture du Tchad, qui représentait en moyenne environ 4 % du PIB en 2003-2012, l'un des plus bas en Afrique subsaharienne. Des sous-allocations budgétaires similaires ont contribué à une faible productivité agricole et à une participation limitée du secteur privé dans le secteur agricole clé de ces pays.

FIGURE 2.2

Les revenus du PIB par habitant du Niger, du Mali et du Tchad ont globalement stagné pendant 35 ans

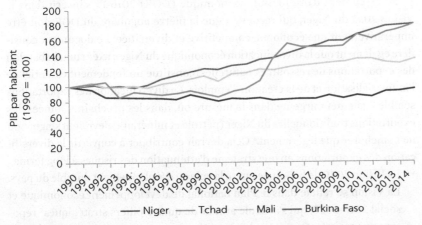

Source : Banque mondiale 2017.
Note : PIB = produit intérieur brut.

Malgré ces difficultés, tous les gouvernements des pays MTNG s'accordent à reconnaître que la diversification économique est essentielle pour leurs ambitions de croissance accélérée soutenue, et le présent rapport fournit une justification solide à cette position.

- La Vision 2025 du Mali considère la diversification économique comme une priorité pour parvenir à une croissance soutenue et plus rapide (Gouvernement du Mali, 1999). Pour ce faire, elle propose quatre piliers stratégiques : (i) valoriser le potentiel agropastoral du Mali ; (ii) renforcer le programme d'investissement dans les infrastructures de base ; (iii) promouvoir le secteur privé ; et (iv) investir dans les ressources humaines. Ces piliers orientent la mise en œuvre du Cadre stratégique pour la relance économique et le développement durable (CREDD 2018), qui souligne la nécessité de diversifier les exportations d'or et de coton en développant d'autres secteurs, d'attirer les investissements privés dans l'industrie agroalimentaire et de promouvoir le commerce extérieur et intérieur. Le CREDD vise également à améliorer la gouvernance et la transparence de ses industries extractives.

- La Vision 2030 du Tchad vise une économie émergente tirée par des sources de croissance diversifiées et durables. Son objectif est de tripler le PIB moyen par habitant, en passant de 730 USD en 2014 à 2 300 USD en 2030 aux prix courants, tout en réduisant considérablement le taux de pauvreté de 46,7 % en 2011 à 8 % sur la même période. Cela serait possible grâce à la mise en œuvre effective de trois plans quinquennaux consécutifs de développement national (2017-2021 ; 2022-2026 ; 2027-2030), l'instrument de mise en œuvre du pays. Aujourd'hui, la récente chute dramatique des prix du pétrole et la diminution des réserves pétrolières rendent la diversification des exportations encore plus urgente, les réserves pétrolières estimées du Tchad devant s'épuiser au cours des 17 prochaines années.[2] Sans surprise, le premier Plan de développement national quinquennal (2017-2021) voit la diversification économique du Tchad centrée sur ses avantages comparatifs hors pétrole, et sur le développement de chaînes de valeur orientées vers l'extérieur dans l'agriculture et l'élevage.

- La Vision 2035 du Niger consiste à faire du pays une nation prospère à l'horizon 2035. Cela signifie non seulement un pays dont la croissance économique est nettement supérieure au taux de croissance démographique, à savoir une croissance égale ou supérieure à 6 %, mais aussi un pays inclusif, dont la majeure partie de la population bénéficie des avantages.

Le Document d'orientation économique (DOE) 2016-19 s'inscrit dans la Vision 2035 du Niger, qui reconnaît que la pierre angulaire du DOE doit être impérativement une économie compétitive et diversifiée. Le document considère également que la diversification économique du Niger, axée sur un abandon des exportations de ressources naturelles, constitue un fondement essentiel de l'industrialisation et de la création d'emplois. La diversification des exportations semble également urgente dans la mesure où, dans les prochaines années, les exportations traditionnelles du Niger (pétrole et minéraux) devraient stagner ou ne s'améliorer que légèrement.[3] Cela devrait contribuer à convertir la diversification des exportations en une stratégie d'atténuation des risques à long terme.

- La Vision 2040 de la Guinée ouvre la voie au développement durable du pays. La Vision se reflète dans le Plan national de développement économique et social 2016-2020, qui s'articule autour de quatre piliers stratégiques[4] reposant sur trois facteurs : (i) des investissements catalytiques et une bonne gouvernance dans le secteur minier ; (ii) une augmentation de la productivité dans le secteur agropastoral et de la pêche ; et (iii) une diversification industrielle non minière liée aux chaînes de valeur agroéconomiques régionales et l'ouverture au commerce et aux capitaux étrangers.

Avec les échéances qui approchent à grands pas, dans quelques années seulement, tous les gouvernements des pays MTNG sont aujourd'hui à la croisée des chemins. Ils peuvent persévérer dans leur trajectoire axée sur les matières premières, qui semble assez accidentée, ou commencer à diversifier leurs exportations de produits miniers ou pétroliers non transformés pour devenir des pays à revenu intermédiaire, exportateurs et compétitifs. Aucune trajectoire n'est facile, mais l'expérience internationale montre une forte corrélation entre la diversification des exportations et l'accélération de la croissance, cette dernière option étant tout à fait réalisable, car elle a bien fonctionné pour les pays africains aux caractéristiques similaires, et cela semble être l'option retenue. En plus de stimuler l'esprit d'entreprise et l'investissement privé, la diversification des exportations attire les investissements étrangers et favorise l'investissement privé intérieur. Le marché intérieur de ces pays étant trop petit et sous-développé, il n'est pas attrayant pour les investissements étrangers ni pour un secteur privé naissant dominé par des petites et moyennes entreprises (PME). Par exemple, plus de 90 % du secteur privé guinéen se compose de micro ou petites entreprises informelles travaillant dans l'agriculture, le commerce ou les services, avec des salaires et des compétences peu élevés (BAD 2018).

JUSTIFICATION DE LA DIVERSIFICATION DES EXPORTATIONS

Malgré les échecs passés, ces pays ont de solides raisons de diversifier leurs exportations. Ces raisons sont abordées ci-après.

- *Renforcer la stabilité macroéconomique.* Une forte concentration des exportations s'apparente à une forte instabilité budgétaire et externe, empêchant une accélération régulière et soutenue de la croissance. Même dans des pays comme le Tchad, où le PIB par habitant et la réduction de la pauvreté ont progressé rapidement depuis la découverte du pétrole au début des années 2000, des épisodes d'effondrement des prix du pétrole ont entraîné des ajustements budgétaires sans précédent, avec de graves retombées négatives sur la croissance et l'emploi (figure 2.3). Les chocs météorologiques liés aux précipitations ont également affecté les économies du Mali et du Niger (figure 2.4).
- *Déployer le potentiel de création d'emplois.* La diversification des exportations crée des emplois, y compris pour les jeunes et les femmes. Les activités minières et pétrolières sont des activités à forte intensité de capital et il est bien connu que leur impact sur l'emploi domestique est faible, ce qui les empêche de résorber le boom démographique de ces économies. En échange, les exportations agroalimentaires offrent un potentiel inexploité de création d'emplois qualifiés et non qualifiés.
- *Favoriser les liens positifs entre la diversification des exportations, la croissance économique et les IDE.* Au moins trois canaux méritent d'être mentionnés : (i) l'exposition au commerce international, qui permet une réallocation efficace des facteurs de production des entreprises à faible productivité aux

FIGURE 2.3

La chute des prix du pétrole a considérablement détérioré la situation budgétaire du Tchad

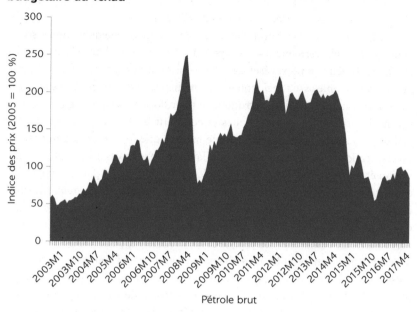

Sources : Banque mondiale 2017, 2018a.
Note : M = mois x de l'année.

FIGURE 2.4

Précipitations et croissance du PIB – La croissance du Niger a été marquée par de larges périodes d'expansion et de contraction, dues en grande partie à la dépendance de l'économie envers les précipitations et le prix de l'uranium

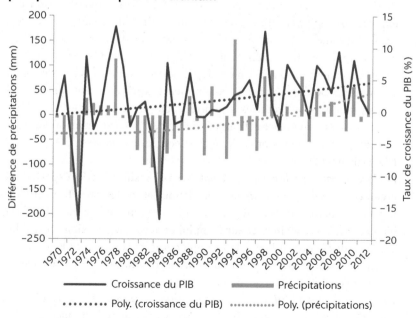

Sources : Banque mondiale 2017, 2018a.
Note : mm = millimètres ; PIB = produit intérieur brut ; Poly. = variable de substitution de l'économie politique.

entreprises à forte productivité, augmentant ainsi la productivité globale ; (ii) l'entrée d'entreprises multinationales, qui accroît la concurrence sur les marchés des intrants et des produits dans l'économie d'accueil ; et (iii) la présence d'entreprises étrangères, qui favorise la transmission des connaissances et de la technologie aux entreprises nationales et, partant, augmente leur productivité.

En outre, la raison la plus importante pour laquelle les pays MTNG doivent opter pour la diversification est peut-être son impact sur l'accélération de la croissance soutenue et inclusive. Les simulations effectuées sur les quatre économies montrent qu'une plus grande ouverture commerciale, conséquence directe de la diversification des exportations, renforcerait la croissance en générant des gains de croissance significatifs pour ces pays (tableau 2.1).

Sur la base d'un modèle de régression transnational bien connu, élaboré pour expliquer la croissance à long terme, il est possible d'évaluer quantitativement l'impact potentiel des réformes commerciales sur la croissance économique des pays MTNG.[5] Plus précisément, ces pays ont été comparés à d'autres pairs d'Afrique subsaharienne identifiés comme tels et à d'autres pays ambitieux. Des scénarios ont ensuite été simulés dans lesquels l'écart dans l'ouverture commerciale (tel que représenté par les ratios échanges/PIB) par rapport à un pays de référence est comblé.[6] Les pairs des MTNG en Afrique subsaharienne sont des pays présentant des caractéristiques structurelles similaires, notamment une géographie, des niveaux de revenu et une expérience de développement comparables. Deux de ces pays ont été inclus : la Côte d'Ivoire et le Burkina Faso. En parallèle, les pairs ambitieux des MTNG comprenaient deux pays asiatiques dont les trajectoires de développement valaient la peine d'être imitées : le Vietnam et la Malaisie. Toutefois, pour éviter de fixer des objectifs irréalistes ou irréalisables, les valeurs des MTNG pour 2010-16 ont été comparées aux valeurs moyennes des pays aspirant au même stade de développement que le Mali, le Tchad, le Niger et la Guinée. Cela est plus pertinent que de s'appuyer sur les lacunes des politiques pour la période la plus récente, à savoir 2016. Les résultats sont détaillés ci-après (tableau 2.2).

TABLEAU 2.1 Valeurs moyennes du ratio échanges-PIB

Pourcentage

TCHAD	GUINÉE	BURKINA FASO	MALI	CÔTE D'IVOIRE	NIGER	VIETNAM	MALAISIE
			2010–2016			Années 90	Années 60
75,2	78,1	64,3	54,8	76,3	61,2	82,9	71,2

Source : Estimations basées sur Haile 2016.
Note : PIB = produit intérieur brut.

TABLEAU 2.2 Impact potentiel sur la croissance du PIB par habitant du Tchad, du Mali et du Niger

Pourcentage

	BURKINA FASO	CÔTE D'IVOIRE	VIETNAM	MALAISIE
Tchad	−1,29	0,43	0,71	1,17
Mali	0,99	2,06	2,57	1,63
Niger	0,26	1,32	1,83	0,89

Source : Estimations basées sur Haile 2016.
Note : PIB = produit intérieur brut.

- Si le Niger s'ouvrait au commerce international (c'est-à-dire s'il avait le même ratio échanges- PIB) autant que le Burkina Faso et la Côte d'Ivoire, son taux de croissance du PIB par habitant augmenterait respectivement de 0,26 et 1,32 point de pourcentage. Le ratio échanges-PIB du Niger dépasserait celui des pays d'Afrique de l'Est comme l'Ouganda, la Tanzanie et l'Éthiopie. Cela reflète une intégration commerciale plus étroite au sein de l'Afrique de l'Ouest, qui est soutenue par une union monétaire. Si le ratio des échanges commerciaux du Niger était comparable à celui du Vietnam et de la Malaisie, la croissance de son PIB par habitant augmenterait d'environ 1,8 point et de 0,9 point de pourcentage, respectivement.
- De même, si le Mali comblait les écarts dans le ratio échanges-PIB avec le Burkina Faso et la Côte d'Ivoire, son taux de croissance du PIB par habitant s'accélérerait à 1,0 et 2,1 points de pourcentage respectivement, alors que si le ratio des échanges du Mali était égal à celui du Vietnam ou de la Malaisie, sa croissance du PIB par habitant augmenterait respectivement de 2,6 et 1,6 points de pourcentage environ.
- Enfin, si le Tchad était aussi ouvert au commerce international que la Côte d'Ivoire, son taux de croissance annuel du PIB par habitant augmenterait d'environ 0,43 point. Notons que le ratio échanges-PIB du Tchad dépasse déjà celui de nombreux pairs subsahariens, très probablement en raison de sa forte composante d'exportation de pétrole. Si le ratio échanges-PIB du Tchad était égal à celui du Vietnam ou de la Malaisie, deux économies asiatiques que le Tchad pourrait aspirer à imiter, la croissance de son PIB par habitant augmenterait d'environ 0,7 et 1,2 point de pourcentage, respectivement. Les avantages de l'ouverture sont bien connus : bien soutenue par des réformes structurelles, elle apporte des actifs et des investissements diversifiés, de meilleures institutions, de la compétitivité et moins d'appropriation des revenus pétroliers.

Toutefois, les résultats de cette simulation doivent être interprétés avec précaution, même s'ils sont confirmés par une modélisation plus sophistiquée. L'approche de l'analyse comparative met en lumière l'augmentation potentielle de l'ouverture commerciale résultant de la diversification des exportations. Par conséquent, la simulation est quelque peu mécanique et ne montre les résultats de la croissance que si l'ouverture du pays comble son écart par rapport au pays de référence.

Pourtant, des macroscénarios complémentaires plus complets basés sur la modélisation en équilibre général calculable (EGC) appliquée au Niger et au Mali font état d'impacts très positifs sur la croissance des politiques de diversification des exportations (Banque mondiale 2017, 2018b). Le modèle montre d'abord que sans diversification des exportations, les économies du Niger et du Mali devraient croître à des taux annuels moyens de 4,6 et 4,7 %, respectivement, jusqu'en 2025, taux modestes au mieux en termes de PIB par habitant compte tenu des taux de croissance démographique très élevés. De plus, cette conclusion ne tient pas compte d'une crise positive sur les termes de l'échange. En effet, dans un environnement extérieur positif, simulant une hausse du prix des produits miniers actuellement exportés (voire une baisse du prix des produits importés, c'est-à-dire un choc positif des termes de l'échange), l'effet de croissance ne serait que temporaire et ne modifierait pas fondamentalement ces modestes taux moyens de croissance à moyen terme.[7]

En revanche, des impacts plus importants sur la croissance résulteraient de politiques de diversification en faveur de l'exportation qui stimuleraient la productivité de l'agriculture ou la facilitation du commerce. Grâce à leur impact sur la productivité, les investissements dans l'irrigation ont le potentiel d'augmenter la croissance moyenne du PIB du Niger de 4,6 à 5,3 % par an. L'augmentation de la consommation réelle est encore plus forte, la croissance moyenne de la consommation augmentant de 1 point de pourcentage, passant de 4,6 à 5,7 % par an. Cela s'explique par le fait que l'amélioration de la productivité agricole bénéficierait aux revenus des travailleurs ruraux peu qualifiés, contribuant ainsi à la réduction de la pauvreté, ainsi qu'à ceux des propriétaires terriens. De même, l'amélioration des politiques de facilitation du commerce aurait des effets plus importants sur la croissance, quoique moins prononcés que dans le cas précédent. Les résultats pour le Mali montrent des effets similaires sur la croissance, même si leur ampleur varie.

NOTES

1. « L'hypothèse du grief » suggère qu'une plus grande disponibilité des ressources résultant de la croissance économique pourrait réduire (ou augmenter) la probabilité de conflit selon la manière dont ces ressources sont réparties ou accaparées par des élites restreintes.
2. Le Tchad dispose d'environ 1,5 milliard de barils de réserves prouvées, soit environ 145 barils par habitant. Cette quantité est modeste si on la compare aux 502 barils pour l'Angola et aux 243 barils pour le Nigeria. Avec des taux d'extraction annuels d'environ 8 %, les réserves de pétrole devraient être épuisées vers 2035. Les résultats éventuels d'autres domaines ne modifient pas de manière significative ce résultat.
3. Bien que le grand projet d'uranium d'Imouraren soit temporairement suspendu, les perspectives d'expansion de la production de pétrole et d'or sont favorables, mais limitées aux champs existants. Les exportations d'or devraient connaître une baisse des prix à moyen terme.
4. Ces piliers sont : (i) la promotion de la bonne gouvernance au service du développement durable ; (ii) une transformation économique durable et inclusive ; (iii) le développement inclusif du capital humain ; et (iv) une gestion durable du capital naturel.
5. L'analyse utilise principalement le modèle de régression de la croissance entre pays de Brueckner (2016). Voir Araujo et coll. (2014), Moller et Wacker (2015), et Haile (2016) pour des applications dans le contexte de l'Amérique latine, de la Tanzanie et de l'Éthiopie, respectivement.
6. Cette simulation suppose que le taux d'ouverture commerciale augmente avec la diversification des exportations, non seulement en abaissant les droits de douane (puisque certains pays africains ont des tarifs extérieurs similaires), mais aussi en abaissant les coûts commerciaux, les barrières non tarifaires, les prélèvements, etc. Toutefois, la diversification des exportations ne peut pas être la seule raison d'une telle augmentation éventuelle, car elle pourrait résulter d'une plus forte concentration des exportations.
7. Ce résultat confirme que le modèle de croissance actuel basé sur l'exploitation minière de ces pays a atteint ses limites et que, dans des conditions exceptionnelles, seuls les propriétaires des matières premières et les travailleurs hautement qualifiés bénéficieraient d'une telle amélioration des termes de l'échange.

RÉFÉRENCES BIBLIOGRAPHIQUES

Araujo, J. T., E. Vostroknutova, M. Brueckner, M. Clavijo, et K. M. Wacker. 2014. *Beyond Commodities: The Growth Challenge of Latin America and the Caribbean.* Latin American Development Forum. Washington, DC: Banque mondiale.

BAD (Banque africaine de développement). 2018. "Guinea Economic Outlook." AfDB, Abidjan.

Banque mondiale. 2017. « Niger: Leveraging Export Diversification to Foster Growth." Rapport 120306-NE, Banque mondiale, Washington, DC.

——. 2018a. « Chad: Leveraging Export Diversification to Foster Growth." Banque mondiale, Washington, DC.

——. 2018b. « Mali: Leveraging Export Diversification to Foster Growth." Banque mondiale, Washington, DC.

——. 2018c. "Country Partnership Framework for the Republic of Guinea for the Period FY2018–FY23." World Bank, Washington, DC. https://openknowledge.worldbank.org /handle/10986/29906.

——. 2019. "Africa's Pulse, No. 19: An Analysis of Issues Shaping Africa's Economic Future." Banque mondiale, Washington, DC. https://openknowledge.worldbank.org/handle/10986/31499.

Brueckner, J. K. 2014. "National Income and Its Distribution." IMF Working Paper WP/14/101, IMF, Washington, DC.

CREDD 2016–2018. 2016. « Cadre Stratégique pour la relance économique et le développement durable ». Gouvernement du Mali, Bamako.

Fonds pour la paix. 2016. Indice du classement des États fragiles, Washington, DC. https:// fundforpeace.org/wp-content/uploads/2018/08/fragilestatesindex-2016.pdf.

Goldstone, J. A., R. H. Bates, D. L. Epstein, T. R. Gurr, M. B. Lustik, M. G. Marshall, J. Ulfelder, et M. Woodward. 2010. "A Global Model for Forecasting Political instability." *American Journal of Political Science* 54 (1): 190–208.

Gouvernement du Mali. 1999. « Vision du Mali ». Gouvernement du Mali, Bamako.

Haile, F. 2016. "Global Shocks and Their Impact on the Tanzanian Economy." Document de travail 2016–47, Kiel Institute for the World Economy, Kiel.

Moller, L. C., et K. M. Wacker. 2015. "Ethiopia's Growth Acceleration and How to Sustain It: Insights from a Cross-Country Regression Model." Policy Research Working Paper 7292, World Bank, Washington, DC.

3 Approche conceptuelle
ÉCHELLE DE DIVERSIFICATION DES EXPORTATIONS ET TRANSFORMATION STRUCTURELLE

SYNTHÈSE

- *La documentation montre une forte corrélation entre la diversification des exportations et l'accélération de la croissance. Elle confirme également que la dépendance à l'égard des exportations de ressources naturelles ne permet pas d'obtenir une croissance durable, comporte de nombreuses lacunes et ralentit la transformation structurelle, reflet de la diversification des exportations.*
- *Les pays MTNG (Mali, Tchad, Niger et Guinée) devraient envisager de franchir les quatre étapes d'une stratégie de diversification des exportations : (i) exporter davantage les mêmes produits ; (ii) ouvrir de nouveaux marchés étrangers, aussi bien au niveau régional que mondial ; (iii) identifier les produits agroalimentaires d'exportation gagnants, émergents et plus sophistiqués ; et (iv) participer pleinement à l'industrie agroalimentaire.*
- *La diversification des exportations entraînera (entre autres) une accélération des processus de transformation structurelle dans les pays MTNG.*
- *Toutes les économies MTNG présentent un schéma de changement structurel positif, bien que lent, différent de la tendance essentiellement négative observée en général en Afrique subsaharienne, caractérisée également par une désindustrialisation. Ainsi, dans les pays MTNG, la main-d'œuvre rurale se déplace vers les secteurs urbains productifs, notamment la finance, la construction et les services publics, et proportionnellement moins vers les secteurs associés à l'informalité.*

CE QUE DIT LA THÉORIE SUR LA DIVERSIFICATION ET LA CROISSANCE DES EXPORTATIONS

La théorie affirme que la dépendance à l'égard des richesses générées par les ressources naturelles ne permet guère d'accélérer durablement la croissance et que, loin d'être une bénédiction, elle présente de nombreuses lacunes, notamment :

- Une tendance à dépasser le potentiel en période de prospérité (surchauffe) : Dans les phases initiales de l'essor des matières premières, la demande intérieure tend à croître trop rapidement, et la politique budgétaire expansionniste a souvent un impact inflationniste. Les dépenses supplémentaires affectent tant les biens échangeables que les bien non échangeable.

La production accrue de matières premières augmente l'offre à l'exportation et, grâce à l'utilisation des devises ainsi générées, elle sert à financer les importations, tandis que les biens non échangeables augmentent également pour répondre à la demande intérieure excédentaire du pays. Par conséquent, la demande de biens non échangeables générée par le boom des matières premières s'accompagne généralement de déficits du compte courant plus importants que d'habitude, entraînant une surchauffe de l'économie.

- Forte volatilité de la croissance du produit intérieur brut (PIB). Les prix des matières premières sont très volatils, c'est-à-dire qu'ils présentent des écarts types élevés (souvent supérieurs à 30 % par an). En outre, les chocs des termes de l'échange tendent à être persistants, voire structurels, comme ce fut le cas du dernier choc pétrolier. Ces chocs des termes de l'échange s'accompagnent d'importantes baisses de prix qui créent des contractions majeures et une incertitude dans l'économie. Cela provoque un boom extrêmement volatil de la croissance du PIB basé sur les ressources et amène le PIB non basé sur les ressources à suivre le même schéma. Ce mécanisme de transmission est en soi un obstacle majeur à l'accélération durable de la croissance.

- Le « syndrome hollandais » (avec des taux de change ayant tendance à s'apprécier en termes réels). Le boom des matières premières permet de faire baisser le prix des biens non échangeables en raison de la demande excessive de biens importés, voire même d'une baisse due à une appréciation du taux de change favorisant les biens non échangeables. La perte de compétitivité qui en résulte frappe les secteurs des biens échangeables, entravant davantage le potentiel de diversification des exportations et rendant plus attrayants les investissements dans bien non échangeable échangeables (comme la construction).

- Des priorisations budgétaires biaisées en faveur d'activités de recherche de rente, non concurrentielles. Les recettes publiques générées par les matières premières ont tendance à être mal réparties et affectées de façon disproportionnée à la satisfaction de besoins non prioritaires, à la suite d'un processus politique manquant souvent de transparence et motivé par des intérêts personnels. Une telle politique discrétionnaire privilégie les dépenses publiques non productives consacrées à des activités portant sur des biens non échangeables plutôt que sur des biens échangeables à plus forte valeur ajoutée et favorisant la productivité agricole.

Certains de ces effets indésirables peuvent être atténués par des mécanismes de stabilisation budgétaire bien appliqués (tels que des règles fiscales ou des fonds de stabilisation). Cependant, malgré leur conception appropriée, les institutions fiscales nationales ou régionales ne sont pas encore suffisamment fortes sur le plan institutionnel dans les pays MTNG pour appliquer ces règles.[1] En fait, leur fragilité est associée à la faiblesse des institutions, notamment en ce qui concerne l'État de droit et la stabilité politique et ne peut garantir la stabilité macro-économique ou la capacité d'attirer davantage d'investisseurs et d'activités commerciales.

La théorie affirme également l'existence d'une corrélation positive aux niveaux national et international entre la diversification des exportations et une croissance plus forte. Si une corrélation en soi n'implique pas que la diversification engendre la croissance, une abondante documentation démontre cette relation positive. Il est clairement établi que la diversification des exportations rend l'économie moins vulnérable aux chocs des termes de l'échange et réduit l'instabilité de la croissance, favorisant ainsi la croissance à long terme (voir Imbs et Wacziarg, 2003 ; de Ferranti et coll., 2002 ; Jansen, 2004 ; Bachetta et coll., 2007 ; et Lederman et Maloney, 2012, entre autres, tandis que des traitements complets du sujet se trouvent dans Newfarmer, Shaw et Walkenhorst 2009 et Al-Marhubi 2000). On peut donc en conclure que les pays dont les structures de production et d'exportations sont plus concentrées ont généralement des niveaux de revenu inférieurs à ceux des pays plus diversifiés. Plus récemment, McIntire et coll. (2018) ont constaté que, parmi les petits États, ceux dont les exportations sont plus diversifiées présentent une instabilité de la production plus faible et des taux de croissance moyens supérieurs à ceux des pays moins diversifiés. Pour leur part, Calderón et Cantu (2018) ont étudié les effets de l'ouverture commerciale, de la diversification et du rôle des ressources naturelles sur la croissance dans les) pays de la CEMAC, y compris le Tchad.

Deux conclusions importantes ressortent de cette analyse : (i) l'ouverture des échanges a un lien de causalité positif et significatif avec la croissance ; et (ii) inversement, la concentration des produits d'exportation (et la part des exportations de ressources naturelles dans les exportations totales) a une relation négative et significative avec la croissance.

L'ÉCHELLE DE DIVERSIFICATION DES EXPORTATIONS

Bien qu'il n'existe pas de recette unique de diversification des exportations appropriée à tous les pays, de nombreuses options non mutuellement exclusives s'offrent aux pays MTNG. Sur la base des enseignements tirés de l'expérience internationale, une typologie simple de la diversification des exportations permet de définir les grands choix politiques auxquels ces pays sont confrontés. Cette typologie ne devrait pas être considérée comme une recette fixe, mais comme un outil organisationnel qui leur permettra de combiner plusieurs trajectoires de diversification des exportations. Chaque gouvernement devrait considérer chaque option comme faisant partie d'un ensemble de politiques personnalisées menant à la conception de sa propre stratégie. La typologie proposée comporte quatre étapes, dans l'ordre du contenu à valeur ajoutée du paquet d'exportation conçu pour gravir l'échelle de la diversification des exportations (figure 3.1).

- À la première étape, un pays vise simplement à exporter plus de volume de ce qu'il produit déjà en tant que produits non liés aux ressources naturelles, ou à accroître sa marge intensive.
- À la deuxième étape, le pays exporte ce qu'il produit comme exportations non liées aux ressources vers de nouveaux marchés, ou à accroître sa marge extensive.

FIGURE 3.1

Échelle de diversification des exportations

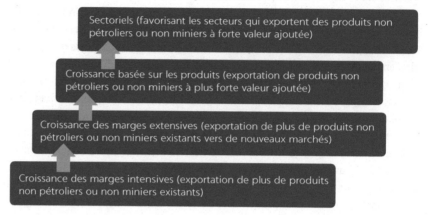

- En échange, à la troisième étape, le pays se tourne vers des produits émergents hors ressources naturelles, souvent pilotes et à plus forte valeur ajoutée. C'est le cas lorsque des pays ciblent la promotion de quelques exportations non traditionnelles (ou paris stratégiques), généralement basées sur les chaînes de valeur de l'agroalimentaire en Afrique de l'Ouest. Cela se traduit non seulement par une moindre concentration des exportations sur un nombre restreint de matières premières, mais également par un processus d'apprentissage par la pratique à moyen terme.
- Enfin, à la quatrième et dernière étape, les nouveaux biens d'exportation émergents hors ressources naturelles et à plus forte valeur ajoutée (et, à terme, de services) entraînent une recomposition du PIB sous-sectoriel, qui favorise une part plus importante de produits hors ressources naturelles à plus forte valeur ajoutée, conduisant finalement à une diversification sectorielle de l'économie.

Il convient de garder à l'esprit deux mises en garde importantes. Premièrement, les étapes 1 et 2 sont les mieux adaptées aux pays MTNG présentant des exportations dynamiques à faibles complexité et valeur ajoutée (ce dernier concept sera développé dans les chapitres 4 et 5).

À ces étapes, des actions simples telles que la facilitation des transactions transfrontalières ou de nouveaux débouchés peuvent revêtir une importance particulière dans un contexte de fragilité. En revanche, les étapes 3 et 4 nécessitent de passer progressivement à des biens (ou services) plus complexes et à plus forte valeur ajoutée. Cela implique l'interaction d'un ensemble plus complet de politiques traitant des principaux défis ou obstacles rencontrés dans l'environnement des affaires initial spécifique à chaque chaîne de valeur de l'agro-industrie sélectionnée avant d'élargir, plus tard, la portée de ces politiques. De plus, ces deux dernières étapes devraient être accompagnées d'un déplacement de la main-d'œuvre, passant de biens ou secteurs à faible productivité à des secteurs à productivité élevée dans le cadre d'un processus appelé « transformation structurelle», dont le statut est examiné plus en détail ci-dessous. Deuxièmement, même si le gouvernement de chaque pays MTNG est censé personnaliser l'ordre et la hiérarchisation des priorités de la liste des mesures stratégiques figurant à la fin de chacun des chapitres suivants, ce rapport présente également des principaux catalyseurs de changement dans les domaines d'intervention, ainsi que leur emplacement idéal sur l'échelle de diversification des exportations (voir tableau 8.5).

DIVERSIFICATION ET DYNAMIQUE DE TRANSFORMATION STRUCTURELLE

Comme indiqué ci-dessus, plusieurs pays d'Afrique subsaharienne, dont les pays MTNG, ont élaboré des plans visant à atteindre le statut de pays à revenu intermédiaire à l'horizon 2030-2035, ce qui nécessitera (entre autres) une accélération du processus de transformation structurelle, reflet de la diversification des exportations. Le changement structurel (ou transformation) consiste en une réaffectation dynamique de la main-d'œuvre des secteurs moins productifs vers des secteurs à plus forte productivité. En général, les transformations structurelles sont associées au processus d'industrialisation. Toutefois, le terme a fait l'objet d'un examen poussé, car de nombreux pays, dont les pays MTNG, semblent être encore nettement sous-industrialisés (par rapport à une moyenne de 10 à 12 % du PIB dans les pays Afrique subsaharienne) ou même en cours de désindustrialisation. Toutefois, certains progrès sont observés grâce à l'investissement public dans la construction de raffineries de pétrole et de cimenteries et au développement des industries agroalimentaires, le changement structurel expliquant une part nettement positive de la croissance de la productivité du travail des pays MTNG. Ainsi, contrairement à ce qui semble être une structure régionale en Afrique subsaharienne, des transformations structurelles se produisent effectivement, quoique lentement, dans les économies des pays MTNG.

En règle générale, il y a un lien entre industrialisation et transformation structurelle. Les deux processus tendent à converger, car les pays qui ont réussi à atteindre des niveaux élevés de transformation structurelle ont également été caractérisés par la réaffectation de la main-d'œuvre agricole et d'autres ressources vers des activités urbaines modernes, souvent dans le secteur manufacturier ou les services, entraînant une augmentation générale de la productivité et des niveaux de revenus. En général, dans les années 1970 et 1980, les pays d'Asie de l'Est ont réussi à transformer leur économie agraire en une économie manufacturière. En revanche, les économies d'Afrique subsaharienne, notamment les pays MTNG, sont généralement spécialisées dans l'agriculture et les activités axées sur les ressources naturelles. Par conséquent, leur transformation structurelle escomptée, qui devrait mettre l'accent sur la génération d'économies d'échelle, l'adoption de nouvelles technologies et le développement de capacités centrées sur la fabrication ou les services, s'est également produite à un rythme très lent. En fait, la rapidité avec laquelle la transformation structurelle se produit est un facteur déterminant du succès du processus (McMillan, Rodrik et Verduzco 2014).

Le modèle de transformation structurelle tend également à être associé à une courbe de la production manufacturière (en part du PIB) en forme de cloche, dans un phénomène appelé « désindustrialisation prématurée ». En général, le tournant semble se produire à des niveaux de revenu beaucoup plus bas pour les pays en développement, de sorte que leur déclin dans le secteur manufacturier commence à des niveaux de revenu qui ne représentent qu'une fraction de ceux auxquels les économies avancées commencent à se désindustrialiser.

Ainsi, les pays en développement devraient en principe passer à une économie de services plus tôt que les économies développées. Cela semble être le cas des pays d'Afrique subsaharienne, qui ont connu une baisse importante de la part de l'industrie manufacturière dans le PIB en passant de 15 % dans les années 1980 à environ 11 % en 2015, avec des baisses parallèles de l'emploi et de la valeur ajoutée réelle. En tant que réponse politique visant à prévenir la désindustrialisation prématurée, il est communément admis que les perspectives de diversification dépendent encore étroitement de la promotion de nouvelles industries manufacturières (Rodrik 2016). Dans le cas des MTNG, cet argument devrait être affiné, car le potentiel d'accélération de la transformation structurelle pourrait plutôt résider dans la promotion de l'agroindustrie et des services connexes.

La difficulté à trouver un modèle commun de transformation structurelle en Afrique est liée au facteur de fragilité. Des recherches récentes (Banque mondiale 2019) pour la période 2008-2017 ont montré que : (i) il existe encore une très grande proportion de travailleurs employés dans l'agriculture dans les pays fragiles ; (ii) la part de l'emploi dans les services dans les pays fragiles est nettement inférieure à celle des pays non fragiles ; (iii) la réduction de la part de l'emploi agricole est plus rapide dans les pays non fragiles que les pays fragiles ; (iv) l'augmentation de la part de l'emploi dans les services au cours de la même période est plus rapide dans les pays non fragiles ; et (v) il n'y a pas de différence marquée dans la part de l'emploi industriel entre économies fragiles et non fragiles.

À cet égard, l'industrialisation traditionnelle ancrée dans un fort protectionnisme dans les pays MTNG aboutit à de nombreux échecs. Le cas de l'industrialisation stagnante du Tchad en est une illustration. Centrée sur ses entreprises publiques, dont la viabilité financière est très discutable, la part du secteur manufacturier tchadien dans le PIB a régulièrement augmenté de 2005 à 2012, atteignant la moyenne de l'Afrique subsaharienne, avant de rompre la tendance et de diminuer, avec de légères fluctuations entre 2013 et 2015 (figure 3.2). La découverte de gisements de pétrole au début des années 2000 a d'abord été suivie par la création ou l'expansion d'entreprises publiques dans le raffinage du pétrole, la fabrication de ciment, l'assemblage de tracteurs, la transformation du fer, l'assemblage de bicyclettes, la production de jus de fruits, et la relance des industries du textile et du cuir. Cofinancés par le gouvernement au moyen de son propre budget et de prêts de la Chine et de l'Inde, ces investissements ont initialement eu des répercussions positives importantes sur la création d'emplois et la diversification économique.

FIGURE 3.2

Valeur ajoutée manufacturière du Tchad versus moyenne Afrique subsaharienne

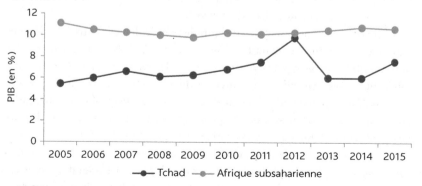

Sources : Indicateurs du développement dans le monde, Banque mondiale, Washington, DC, https://datacatalog.worldbank.org/dataset/world-development-indicators; autorités tchadiennes.
Note : PIB = produit intérieur brut.

Toutefois, leur rentabilité a été affectée non seulement par une mauvaise gestion et un environnement des affaires défavorable, mais également par la baisse des subventions à la suite de la chute des prix.[2] Une étude du FMI (2017) a révélé que les subventions aux entreprises publiques étaient répandues et avaient augmenté à 4,8 % du PIB non pétrolier en 2012, ce qui a lourdement pesé sur le budget. Pour sa part, l'industrialisation du Niger ne fait pas exception à la règle : sa part dans le PIB a stagné autour de 6 % du PIB depuis le début des années 1990, avec une légère augmentation au milieu des années 2010. De même, la part moyenne de l'industrie manufacturière dans le PIB au Mali a stagné autour de 10-11% depuis plus de trois décennies. Entre-temps, sa croissance dans tous les sous-secteurs a été volatile et terne au cours de la même période (figure 3.3). Enfin, le secteur manufacturier guinéen est également petit, stagnant en dessous de 9 % du PIB, et il est principalement concentré à Conakry (Banque mondiale 2017b)

Le reste de cette section évalue le rythme et le type de changement structurel dans les pays MTNG au cours de la période 1990-2015.[3] Les précédentes analyses montrent que dans tous ces pays, si le secteur agricole enregistre le plus faible niveau de productivité de la main-d'œuvre, il a néanmoins la plus grande part d'emploi et de contribution au PIB, bien qu'en déclin. Ainsi, on peut légitimement se demander s'il existe un flux de main-d'œuvre du secteur agricole à faible productivité vers les secteurs à forte productivité. En ce qui concerne le rythme, il est utile de se concentrer sur cette période pour deux raisons : (i) il s'agit de la période la plus récente pour laquelle des données sont disponibles et au cours de laquelle des changements importants se sont produits ; et (ii) il s'agit de la période couverte par un échantillon plus large de pays en développement disponible dans la base de données sectorielle du Centre de Groningue pour la croissance et le développement – Afrique.

En ce qui concerne son type, les résultats ci-dessous confirment que les secteurs extractifs ou miniers plus productifs n'ont pas créé d'emplois en abondance, ce qui reflète une faible complémentarité et de faibles retombées entre les économies minières et non minières.[4] Qui plus est, l'analyse révèle un modèle positif commun de changement structurel pour tous les pays du MTNG

FIGURE 3.3

Stagnation de l'industrialisation du Mali

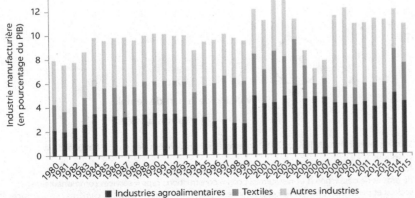

Source : Gouvernement du Mali, 2017.
Note : PIB = produit intérieur brut.

à travers diverses périodes, qui diffère des modèles régionaux en déclin dans le monde entier, y compris ceux observés dans les économies d'Afrique subsaharienne.[5]

- La transformation structurelle positive de la Guinée s'est accompagnée de flux de main-d'œuvre non seulement de l'agriculture vers les secteurs à forte productivité, mais aussi vers les secteurs à faible productivité. Comme le montre la figure 3.4, la trajectoire de transformation structurelle situe l'agriculture (caractérisée par une faible productivité et une baisse des parts de la main-d'œuvre) dans le quadrant inférieur gauche, et les secteurs les plus dynamiques, tels que les mines et les carrières, les services publics, la construction et l'industrie manufacturière (caractérisées par une forte productivité et une part de la main-d'œuvre très faible, mais croissante) dans le quadrant supérieur droit. Fait intéressant à noter : bien que la main-d'œuvre guinéenne ait quitté l'agriculture, elle s'est surtout tournée vers d'autres secteurs à faible productivité, tels que les services communautaires et gouvernementaux, ainsi que les commerces de gros et de détail. En outre, un flux négligeable de main-d'œuvre a été enregistré dans des secteurs à productivité relativement élevée tels que les finances, les transports et les télécommunications, une dynamique encourageante qui facilite la transformation structurelle.
- Le Niger connaît également des changements structurels positifs accompagnés de flux de main-d'œuvre provenant de l'agriculture vers des secteurs à forte productivité, mais aussi vers des secteurs à faible productivité.

FIGURE 3.4

Guinée : Corrélation entre la productivité sectorielle et l'évolution de la part de l'emploi, 2006–2015

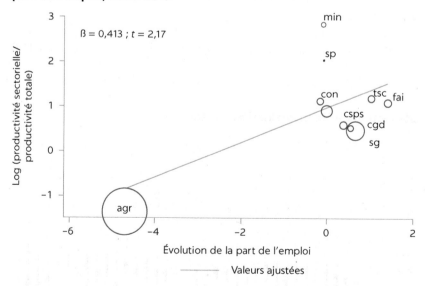

Source : Les calculs de Mijiyawa (2018) sont basés sur les données de l'Institut National de la Statistique (INS).
Note : La taille du cercle représente la part de l'emploi en 2006. agr = agriculture ; cgd = commerce de gros et de détail, hôtels et restaurants ; con = construction ; csps = services communautaires, sociaux et personnels ; fai = finance, assurance et immobilier ; min = mines et carrières ; sg = services gouvernementaux ; sp = services publics ; tsc = transports et télécommunications ; *b* = coefficient de la variable indépendante dans la régression ; *t* = statistique *t*, test standard de la signification de l'estimation bêta. Ln *(p/P)* = *a* + *b*Δ part de l'emploi.

La trajectoire de transformation structurelle au Niger situe également l'agriculture et le commerce de gros (caractérisés par une faible productivité et une part décroissante de la main-d'œuvre) dans le quadrant inférieur gauche et les secteurs relativement plus dynamiques, tels que les services publics et les industries extractives (caractérisés par une productivité élevée et une part de main-d'œuvre en hausse) dans le quadrant supérieur droit (figure 3.5a). La main-d'œuvre nigérienne a quitté l'agriculture et s'est surtout tournée vers les services communautaires (principalement l'éducation et les soins de santé) et, dans une moindre mesure, vers les services de fabrication et de transport, qui ont connu une légère amélioration de la productivité.

- Les derniers changements sont positifs bien que de petite envergure. Il va sans dire que l'impact de ces changements sur la productivité globale (et finalement sur la croissance) aurait été beaucoup plus important si la main-d'œuvre avait été délocalisée dans des secteurs plus productifs, ce qui pour diverses raisons (manque de marge de manœuvre budgétaire, faible investissement privé dû à un environnement des affaires défavorable, et chute des prix des matières premières) semblait avoir atteint un plafond en termes de potentiel de création d'emplois.

- Pour sa part, le Tchad a connu une transformation structurelle modeste, mais positive. La figure 3.5b montre que l'évolution structurelle du Tchad situe également l'agriculture (caractérisée par une faible productivité et une part décroissante de la main-d'œuvre) dans le quadrant inférieur gauche et le secteur relativement plus dynamique, notamment les industries extractives et

FIGURE 3.5

Corrélation de la productivité des secteurs et évolution de l'emploi au Niger et au Tchad, 1990-2015 et 2005–2015

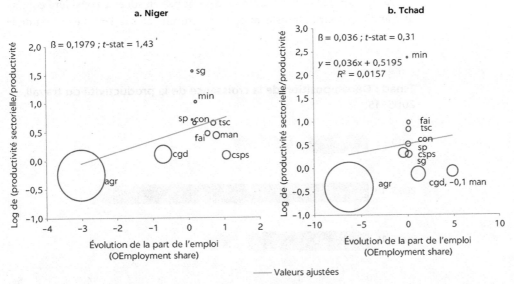

Source : Daki, S. et López-Calix 2017.
Note : La taille du cercle représente la part de l'emploi en année initiale. agr = agriculture ; cgd = commerce de gros et de détail, hôtels et restaurants ; con = construction ; csps = services communautaires, sociaux et personnels ; fai = finance, assurance et immobilier ; man = industrie manufacturière ; min = mines et carrières ; sg = services gouvernementaux ; sp = services publics ; tsc = transports et télécommunications ; β = coefficient de la variable indépendante dans la régression ; t = statistique t, test standard de la signification de l'estimation bêta. Ln $(p/P) = \alpha + \beta\Delta$ part de l'emploi.

les services financiers (caractérisés par une productivité élevée et une part croissante de la main-d'œuvre) dans le quadrant supérieur droit, mais avec peu de création d'emplois.

- De ce fait, lorsque la main-d'œuvre au Tchad a quitté l'agriculture, elle s'est principalement tournée vers le secteur manufacturier et le commerce de gros et de détail (informel), moins productifs, ainsi que vers les services d'hôtellerie et restauration.

Ainsi, le schéma de changement structurel positif, bien que lent, dans les pays de la MTNG diffère du schéma dominant pour la moyenne des pays d'Afrique subsaharienne. Lorsque les résultats sont basés sur des moyennes régionales pour quatre groupes de pays – l'Amérique latine et les Caraïbes, les pays à revenu élevé, Afrique subsaharienne et Asie — sont présentés, il est possible de corroborer que la décomposition de la productivité du travail des pays MTNG en une composante interne intrasectorielle due au changement technologique, à l'accumulation de capital et à la réduction des mauvaises allocations, et une composante due au changement structurel diffère de celle qui est dominante dans d'autres pays d'Afrique subsaharienne La figure 3.6 montre que le changement structurel a représenté environ 35 % de la croissance de la productivité du travail au Tchad sur l'ensemble de la période 2005-2015. La figure 3.7 montre que le changement du Niger structurel a représenté environ 30 % de la croissance de la productivité du travail sur l'ensemble de la période 2005-2015. Mijiyawa (2018) a également constaté que le changement structurel représentait environ 40 % de la croissance de la productivité du travail au cours de la période 2006-2015. Ces parts sont non négligeables, même si on les compare à celles de l'Asie, la région où la contribution du changement structurel a été la plus importante.[6]

Enfin, il faut garder à l'esprit deux importantes mises en garde : d'une part, le fait de privilégier l'agriculture ne signifie pas que l'on minimise le potentiel d'expansion des services et, d'autre part, le fait d'avoir un important excédent de travailleurs dans l'agriculture ne devrait pas en soi être considéré comme un handicap pour la transformation structurelle en soi. Pour ce qui est de la

FIGURE 3.6

Tchad : Décomposition de la croissance de la productivité du travail, 2005–15

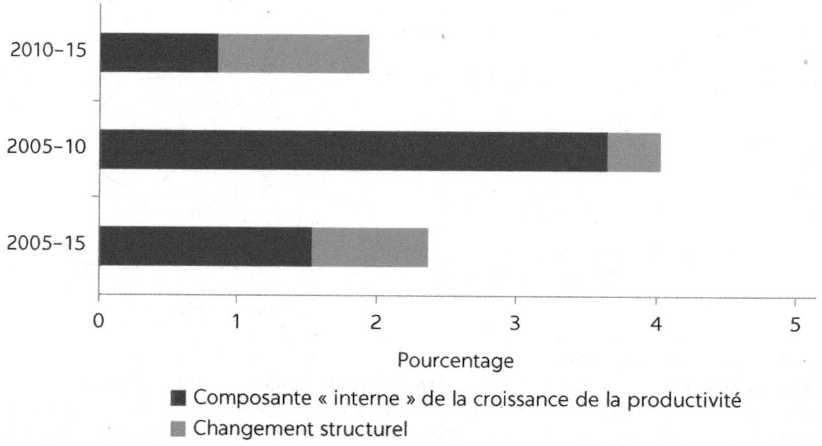

Pourcentage

■ Composante « interne » de la croissance de la productivité
■ Changement structurel

Source : Estimations initiales basées sur les travaux de Daki et López-Càlix 2017.

FIGURE 3.7

Décomposition de la croissance de la productivité du travail au Niger, 1990–2015, et les régions du monde, 1990–2005

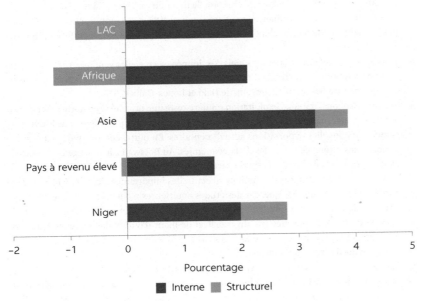

Sources : Niger : Comptes nationaux et statistiques du travail ; moyennes régionales pour l'Amérique latine et Caraïbes, l'Afrique, l'Asie et les pays à haut revenu : Daki et López-Cálix (2017), sur la base des travaux de McMillan, Rodrik et Verduzco (2014).
Note : LAC = Région Amérique latine et Caraïbes.

première mise en garde, comme nous le verrons plus loin, certains services de TIC et de voyage ont révélé des avantages comparatifs positifs. Pour le deuxième point, on peut noter que les pays qui entament le processus de transformation structurelle avec une main-d'œuvre abondante et disponible, comme les MTNG, partagent une condition initiale commune, à savoir un grand nombre de travailleurs non qualifiés prêts à se lancer dans des activités relativement plus productives que les activités de subsistance développées dans les zones rurales, notamment l'industrialisation de l'agroindustrie ou les services d'appui. À cet égard, travailler sur les complémentarités entre l'expansion des chaines de valeur de l'agroindustrie dans une agriculture commerciale initialement orientée vers le marché intérieur pour atteindre ensuite des marchés extérieurs constitue une première étape naturelle. En fin de compte, ce qui est vraiment important pour le processus de transformation structurelle, c'est la capacité de l'économie rurale à générer des emplois abondants et modernes grâce au développement d'activités de la chaîne de valeur de l'agroindustrie plus productives, concurrentielles et axées sur l'exportation.

NOTES

1. De ce fait, ces institutions fiscales ne peuvent garantir ni la stabilité macroéconomique ni la capacité d'attirer plus d'investisseurs et d'activités commerciales. Après de nombreuses tentatives infructueuses, les pays de l'UEMOA et de la CEMAC ont convenu d'un cadre de surveillance multilatérale amélioré, comprenant l'engagement d'atteindre un déficit budgétaire de 3 % du PIB (de base, y compris les dons) à l'horizon 2019. López-Cálix (2017) examine la mise en œuvre antérieure de ces mesures.

2. Dans le cas des cimenteries et de la raffinerie de pétrole, ces subventions étaient nécessaires car le gouvernement avait imposé un plafond sur les prix de vente de leurs produits pour les rendre plus abordables. La raffinerie, inaugurée en juin 2011, a été fermée en janvier 2012 après le refus de la société chinoise de livrer du carburant à des prix inférieurs au coût de production. La raffinerie, inaugurée en juin 2011, a été fermée en janvier 2012 en raison du refus de la société chinoise de distribuer le carburant à des prix inférieurs au coût de production.

3. Tous les pays, sauf le Mali, pour lesquels des données sectorielles ventilées sur le travail ne sont pas disponibles. Le Tchad dispose de données sur le travail pour 2005 uniquement. Cette section est basée sur les travaux de Daki et López-Calix (2017).

4. Malgré cette constatation, l'exploitation minière reste une priorité (c'est-à-dire l'amélioration de sa gouvernance), car elle est probablement plus facile et plus rapide que le développement de nouvelles exportations agroalimentaires. En outre, certains pays ont réussi à renforcer les retombées entre les deux économies. Au Botswana, le passage de l'industrie du diamant à celle du bœuf en est une parfaite illustration.

5. Rien n'indique que des transformations structurelles importantes aient été à la base de la croissance récente de l'Afrique, car des études antérieures n'ont révélé aucune évolution structurelle dans les pays d'Afrique subsaharienne. McMillan et coll. (2014) couvre la période 1990-2005, marquée par un transfert de main-d'œuvre des secteurs ayant une productivité supérieure à la moyenne vers des secteurs dont la productivité est inférieure à la moyenne d'Afrique subsaharienne.

6. Les résultats pour les pays MTNG ne sont pas exactement comparables à ceux d'autres régions en raison de lacunes dans les données, d'une différence au niveau de la période de référence et des données par habitant appliquées lors du calcul de la décomposition utilisée dans McMillan, Rodrik et Verduzco (2014).

RÉFÉRENCES BIBLIOGRAPHIQUES

Al-Marhubi, F. 2000. "Export Diversification and Growth." *Applied Economics Letter* 7 (9): 559–62.

Bachetta, M., M. Jansen, C. Lennon, et R. Piermartini. 2007. "Exposure to External Shocks and the Geographical Distribution of Exports." In *Breaking Into New Markets: Emerging Lessons for Export Diversification*, edited by Richard Newfarmer, William Shaw, and Peter Walkenhorst, 81–100. Washington, DC : Banque mondiale.

Banque mondiale. 2017. " Guinea: Systematic Country Diagnostic." Banque mondiale, Washington, DC.

——. 2019. "Africa's Pulse, No. 19: An Analysis of Issues Shaping Africa's Economic Future." Banque mondiale, Washington, DC. https://openknowledge.worldbank.org/handle/10986/31499.

Calderon, C., et C. Cantu. 2018. "Foreign Trade and Growth in CEMAC: Intensity and Concentration." Unpublished background paper, *CEMAC: Country Economic Memorandum*. Banque mondiale, Washington, DC.

Daki, S., et J. R. López-Cálix. 2017. "Structural Change in Niger." Document d'information, *Niger : Leveraging Export Diversification to Foster Growth*, Banque mondiale, Washington, DC.

De Ferranti, D., G. E. Perry, D. Lederman, W. F. Maloney. 2002. *From Natural Resources to the Knowledge Economy: Trade and Job Quality*. Washington, DC : Banque mondiale.

FMI (Fonds monétaire international). 2017. " Chad: Request for a Three-Year Arrangement Under the Extended Credit Facility and Cancellation of the Current Arrangement." Country Report 17/246, IMF, Washington, DC.

Gouvernement du Mali. 2017. *Comptabilité nationale 2017*. Bamako : Institut national de la statistique.

Imbs, J., et R. Wacziarg. 2003. "Stages of Diversification." *American Economic Review* 93 (1): 63–86.

Jansen, M. 2004. *Income Volatility in Small and Developing Economies: Export Concentration Matters*. Genève : World Trade Organization.

Lederman, D., et W. F. Maloney. 2012. *Does What you Export Matters? In Search of Empirical Guidance for Industrial Policies*. Washington, DC : Banque mondiale.

López-Cálix, J. R. 2017. "Fiscal Rules in CEMAC Countries." Background paper to the Biannual Meeting of Finance Ministers, French Treasury, Paris, April, 13.

McIntire, A., M. Xin-Li, K. Wang, et H. Yun. 2018. "The Economic Benefits of Export Diversification." IMF Working Paper IMF WP 18/86, IMF, Washington, DC.

McMillan, M., D. Rodrik, et I. Verduzco-Gallo. 2014. "Globalization, Structural Change, and Productivity Growth, with an Update on Africa." *World Development* 63: 11–32.

Mijiyawa, A. 2018. "Structural Change in Guinea." Document d'information non publié, Banque mondiale, Washington, DC.

Newfarmer, R., W. Shaw, P. Walkenhorst, eds. 2009. *Breaking Into New Markets: Emerging Lessons for Export Diversification*. Washington, DC : Banque mondiale.

Rodrik, D. 2016. "Premature Desindustrialization." *Journal of Economic Growth* 21: 1–33.

4 Fondements microéconomiques (1)
IDENTIFIER LES OPPORTUNITÉS DE DIVERSIFICATION DES EXPORTATIONS

SYNTHÈSE

- *Au niveau microéconomique, le développement d'une stratégie de diversification des exportations nécessite tout d'abord d'identifier les opportunités potentielles d'exportation de produits (ou de services) non pétroliers.*

- *Ces opportunités sont rares au Mali, au Tchad, au Niger et en Guinée (MTNG), qui figurent parmi les pays dont la production est la moins diversifiée et enregistrent les ratios d'exportation les plus concentrés sur le marché de l'Afrique subsaharienne, ces ratios se détériorant même dans certains cas.*

- *Deux approches paramétriques mesurant la compétitivité des produits – l'avantage comparatif révélé (ACR) et les taux de croissance (TC) sur 5 ans – permettent d'identifier les produits émergents.*

- *Deux approches complémentaires – l'aire et la complexité du produit – déterminent la pertinence de toute option de modernisation d'un produit en fonction de sa compétitivité dans les domaines des technologies et des compétences et de sa proximité par rapport aux marchés étrangers pour les produits présentant des capacités de production similaires.*

- *De façon générale, la position dans l'espace produit des biens les plus compétitifs des pays MTNG (minéraux, végétaux et textiles) est très dispersée et périphérique, ce qui ne favorise guère leur diversification.*

- *Cependant, le succès des paris stratégiques repose toujours sur une grande sélectivité et sur la fourniture des intrants publics actuellement manquants pour lever les obstacles à leur développement.*

- *Par conséquent, la stratégie à court terme (étapes 1 et 2 de l'échelle) devrait se concentrer sur les quelques rares produits pour lesquels chaque pays dispose déjà d'un avantage comparatif important et dont les exportations sont déjà dynamiques.*

- *La stratégie à moyen terme (étapes 3 et 4 de l'échelle, associées à un changement structurel) devrait accroître progressivement les efforts déployés en faveur de produits d'exportation plus sophistiqués (à plus forte valeur ajoutée), principalement des produits agroalimentaires et des textiles, tout en soutenant les services de technologies de l'information et de la communication (TIC) et de transport.*

EFFORTS PRÉCÉDEMMENT DÉPLOYÉS POUR IDENTIFIER DE NOUVELLES EXPORTATIONS

Le Mali, le Tchad, le Niger et la Guinée (MTNG) font partie des pays ayant les taux de concentration des exportations les plus élevés au monde, ce qui ralentit leur potentielle croissance. Comme évoqué plus haut, plus de 80 % (moyenne) des recettes d'exportation de ces pays provenaient en 2015 de seulement un ou deux produits primaires, et cette tendance a perduré depuis les années 1970. Leurs recettes d'exportation sont, par conséquent, hautement volatiles, car largement impactées par la demande et les prix mondiaux. Pour pallier cet inconvénient, de nombreux efforts ont été déployés à l'origine pour diversifier leurs exportations.

Le Mali, le Tchad, le Niger et la Guinée (Pays MTNG) s'emploient déjà activement à identifier les produits potentiellement gagnants à l'exportation.

- Au *Niger*, l'Agence nigérienne pour la promotion des exportations (ANIPEX) a préparé un rapport analysant le potentiel d'exportation du pays (ANIPEX, 2016). Ce rapport fournit de nombreuses informations sur la capacité potentielle de production et les principales contraintes au développement des exportations. Selon ce rapport, le Niger détient un potentiel élevé d'exportation pour 8 produits : niébé, gomme arabique, produits de l'artisanat, cuirs et peaux, bétail et viande, oignons, graines de sésame et souchet.

- Au *Mali*, le Centre du commerce international (CCI) a préparé pour l'Agence de promotion des exportations (APEX) un rapport qui analyse le potentiel d'exportation du Mali (CCI 2014). Plus récemment, le ministère de l'Agriculture a défini un profil stratégique pour le développement du Programme pour la compétitivité et la diversification de l'agriculture (PCDA) du Mali. Les deux rapports ont identifié 11 produits pour lesquels le Mali avait un potentiel élevé d'exportation : coton, engrais, poissons, haricots verts, gomme arabique, karité, mangues, pommes de terre, riz, graines de sésame et sucre.

- L'ANIPEX, au *Tchad*, et l'Agence Guinéenne de Promotion des Exportations (AGUIPEX) ont réalisé des analyses similaires. Leurs résultats sont précieux, car ils offrent à ces pays un point de départ solide. Chaque analyse, reposant en grande partie sur l'avantage comparatif de chaque pays et sur sa base actuelle de connaissances, ne filtre pas seulement ces résultats, mais montre également que les pays MTNG disposent de possibilités supplémentaires de diversification de leur portefeuille d'exportation, non seulement de produits, mais aussi de services, comme l'avaient initialement montré ces agences. Sur la base de ces résultats, une approche sélective de ciblage des produits émergents est proposée.

APPROCHE PAR L'ANALYSE DES AVANTAGES COMPARATIFS RÉVÉLÉS

Les deux analyses séquentielles présentées ci-dessous (potentiel d'exportation d'un pays et espace produit) se fondent sur le concept de capacités cachées. La première méthode utilise un indicateur pour estimer la capacité du pays à être compétitif à l'échelle mondiale, appelé avantage comparatif révélé (ACR). L'ACR mesure la compétitivité relative des pays en ce qui concerne l'exportation de différents produits (annexe 4A). La structure des échanges des produits de base reflète les différences entre pays en termes de coûts relatifs ainsi que de facteurs hors prix (Balassa 1986). L'avantage d'utiliser l'indice ACR est qu'il est cohérent avec les changements dans la dotation relative en facteurs de l'économie d'un pays ainsi que l'évolution de sa productivité.[1] L'inconvénient de cet indice est que la fiabilité et la robustesse de ses résultats sont discutables lorsqu'il y a des barrières à l'importation et des contraintes à l'exportation (French 2017). Pour prendre en compte cette limite, des indicateurs complémentaires sont nécessaires. Idéalement, dans de tels cas, les ACR devraient être estimés sur la base des flux commerciaux bilatéraux. Cependant, la mauvaise qualité des statistiques officielles sur les flux bilatéraux dans les pays MTNG – compte tenu de la part élevée du commerce non enregistré – minimise les gains de fiabilité présumés d'une telle approche. Une approche alternative plus pragmatique (appliquée ici) consisterait à estimer également la croissance moyenne passée des exportations sur cinq ans – une approche souvent utilisée comme indicateur indirect pour identifier les découvertes d'exportation. montre que cette approche permet d'augmenter le nombre de produits de base ayant un potentiel à l'exportation tout en détectant ceux qui ont connu récemment un déclin. Ci-dessous sont présentées les principales conclusions de l'analyse ACR (les Rapports Pays donnent de plus amples détails).[2]

Pour commencer, des indices ACR spécifiques aux produits, au niveau sectoriel, sont estimés afin d'évaluer la compétitivité sectorielle de ces pays (tableau 4.1). L'analyse se concentre sur les produits d'exportation dont la valeur atteint 1,9 milliard USD en 2015. Il est intéressant de noter que tous semblent avoir un fort avantage comparatif (ACR > 1) dans les produits végétaux. En effet, le Tchad et la Guinée jouissent des avantages comparatifs les plus importants dans le domaine des productions végétales, tandis que le Mali dispose notamment d'un avantage comparatif dans la production de cuirs et peaux. En revanche, les avantages comparatifs relatifs du Niger n'étaient pas aussi importants dans ses exportations que chez les trois autres pays. En effet, l'indice ARC le plus élevé du Niger n'est que de 1,9, pour les légumes.[3]

Dans un deuxième temps, les indices ACR spécifiques aux produits révèlent la compétitivité de quelques produits seulement. Les résultats groupés pour tous les produits MTNG compétitifs sont présentés dans le tableau 4.2, accompagnés de la croissance moyenne de leurs exportations sur cinq ans. La liste n'est pas exhaustive, et quelque peu sélective. Le pays présentant le plus grand nombre de produits compétitifs est le Niger (et cela comprend ses exportations traditionnelles). Cela laisse penser que si les pays ont le potentiel exporter des dizaines de produits, la plupart de ces produits ne présenteraient qu'un potentiel d'exportation très faible. Par exemple, en 2015, le Tchad a exporté un peu plus de 120 produits de base (pour des montants allant de seulement 1000 USD à

TABLEAU 4.1 **Avantage comparatif moyen révélé par secteur au Tchad, en Guinée, au Mali et au Niger, 2015**

	TCHAD	GUINÉE	MALI	NIGER
	2015	2015	2014	2014
Produits végétaux	63,8	100,22	64,4	1,9
Métaux	31,9	13,79	n.d.	0,1
Produits minéraux	2,1	7,83	n.d.	0,4
Animaux et produits d'origine animale	1,6	4,17	3,5	1,3
Textiles	1,4	3,18	8	0,3
Cuirs, peaux et cuirs bruts, et fourrures	0,6	2,89	175,5	0,8
Bois et produits du bois	0,1	1,76	n.d.	0,1
Pierres et verre	0,1	0,38	28,8	0,1
Plastiques et caoutchouc	0,04	0,36	1,7	0,03
Chimie et industries connexes	0,02	0,34	20,8	0,04
Denrées alimentaires	0,01	0,16	n.d.	0,5
Chaussures et chapellerie	0,001	0,02	1,7	0,1

Sources : Observatory of Economic Complexity (base de données), https://oec.world/en/ ; Khebede 2018a, 2018b.
Note : Données normalisées. n.d. = non disponible.

1,9 milliard d'USD), alors qu'il ne présente un avantage comparatif relatif que pour 11 d'entre eux. Cela signifie que la part du Tchad dans les exportations mondiales de ces 11 produits de base est supérieure à ce que l'on pourrait attendre, compte tenu de l'importance de ses exportations et de la taille du marché mondial de ces produits. De plus, cette liste n'est pas rallongée de beaucoup même si l'on y inclut les produits dont la croissance des exportations a été positive (de préférence à deux chiffres) au cours des cinq dernières années.[4] Par conséquent, les avantages comparatifs les plus élevés du Tchad résident dans les produits végétaux, en particulier la gomme arabique, les graines de sésame, le coton et la farine de maïs. Les autres exportations agro-industrielles hautement compétitives concernent les cuirs ; cuirs bruts et peaux ; et les produits textiles manufacturés.[5]

Les services spécifiques ont également beaucoup progressé dans les exportations émergentes des pays MTNG. Deux secteurs en particulier, les technologies de l'information et des communications (TIC) et les voyages, présentent des ACR positifs. Au Niger et au Mali, le secteur des TIC a connu une croissance respective moyenne de 33 % et 12,5 %. dans lesquels ces pays ont un avantage comparatif relatif.

En dehors des TIC et des voyages, et en supposant que les problèmes de sécurité s'atténuent à moyen terme, la relance du secteur du tourisme offrirait une autre possibilité de diversification. Enfin, tous les pays MTNG pourraient tirer parti de l'expansion de leurs services de transport, un secteur à faible complexité. Le développement d'infrastructures complémentaires de transport est primordial pour soutenir les activités d'exportation, comme souligné ci-dessous.

TABLEAU 4.2 Résumé d'une sélection de produits présentant un potentiel de diversification des exportations plus important

	TCHAD			GUINÉE			MALI			NIGER	
DESCRIPTION PRODUIT	ACR 2015	CGR SUR 5 ANS (POUR CENT)	DESCRIPTION PRODUIT	ACR 2015	CGR SUR 5 ANS (POUR CENT)	DESCRIPTION PRODUIT	ACR 2015	CGR SUR 5 ANS (POUR CENT)	DESCRIPTION PRODUIT	ACR 2015	CGR SUR 5 ANS (POUR CENT)
Farine de maïs	17,4	100	Minerais d'aluminium et concentrés	1,152	n.d.	Cuir de peau de chèvre ou de chevreau (hors préparation ultérieure)	592	-37,0	Minerais d'uranium et concentrés	875,9	n.d.
Graines de sésame	57,1	7 051	Timbres neufs, documents avec impression de timbres, billets de banque	324	n.d.	Cuir de peau de mouton ou d'agneau (hors préparation)	395	10,4	Uranium naturel et composé	622,7	n.d.
Gomme arabique naturelle	625,7	83,5	Salmonidés frais ou réfrigérés (hors HS-0302,11)	104	440,9	Graines de sésame	379	27,2	Graines de sésame	78,7	231
Huile de pétrole et huile de bitume	19,7	-9,4	Autres caoutchoucs naturels (sous forme primaire ou plastique)	100	99,7	Coton (non cardé ni peigné)	278	2,1	Chèvres vivantes	72,5	-30
Cuirs et peaux de reptiles (frais ou conservés)	2,7	-32,9	Noix de cajou (fraîches ou séchées)	80	3,4	Gomme naturelle, résine, résine-gomme et baumier	123	69,7	Coton tissé uni ou imprimé (>85 % coton)	48,3	48,3
Cuir de reptile	1,1	674	Poissons plats congelés (hors flétans, plies et soles)	57	13,8	Gomme arabique naturelle	91	33,0	Riz (brun) décortiqué	27,8	27,8
Coton (non cardé ni peigné)	22,0	3,1	Minerais de nickel et concentrés	45	n.d.	Engrais minéraux ou chimiques (azotés)	86	n.d.	Vêtements d'occasion et autres articles	25,9	n.d.
Tissus teints (<85% % de fibres synthétiques + coton)	3,8	3 800	Or sous forme semi-manufacturée (non monétaire)	37	n.d.	Goyave, mangue et mangoustan (frais ou séchés)	86	-3,0	Graisses et huiles végétales et leurs fractions	22,1	2,6
Ouate en fibres artificielles (articles)	1,8	37,9	Fèves de cacao (entières ou cassées, crues ou grillées)	29	28,9	Peaux de moutons ou d'agneaux (sans laine, non sélectionnées)	48	30,4	Pommes de terre (congelées)	20,1	2,2
			Salmonidés congelés (hors Pacifique, Atlantique)	28	5,9	Or sous forme brute (non monétaire)	35	n.d.	Autres produits minéraux	19,5	n.d.
			Cire d'abeille, autres cires d'insectes et spermaceti	25	-33,7	Tissus tissés (<85 % de fibres synthétiques discontinues)	30	150,3	Légumes utilisés principalement pour la consommation humaine	16,6	9,7

la suite ci-après

TABLEAU 4.2, *suite*

	TCHAD			GUINÉE			MALI			NIGER		
	DESCRIPTION PRODUIT	ACR 2015	CGR SUR 5 ANS (POUR CENT)	DESCRIPTION PRODUIT	ACR 2015	CGR SUR 5 ANS (POUR CENT)	DESCRIPTION PRODUIT	ACR 2015	CGR SUR 5 ANS (POUR CENT)	DESCRIPTION PRODUIT	ACR 2015	CGR SUR 5 ANS (POUR CENT)
				Poissons congelés	19	19,5	Fil de coton (hors couture)	22	31,8	Oignons et échalotes (frais ou réfrigérés)	15,5	-9
				Or sous forme brute (non monétaire)	17	n.d.	Autres fruits, préparés ou conservés	17	25,9	Racines et tubercules à haute teneur en amidon (frais)	15,5	n.d.
				Poissons séchés (non fumés, sauf morues)	16	16,2	Bois (brut, hors traitement)	15	n.d.	Chevaux vivants (autres que pure race)	11,9	-10
							Autres confitures, gelées de fruits, marmelades	13	321			

Source : Base de données du commerce international BACI basée sur des données à HS-6, http://www.cepii.fr/CEPII/en/publications/wp/abstract.asp?NoDoc=2726.
Note : Une valeur ACR au-dessus de 1 indique un plus grand potentiel d'exportation. Ce tableau doit être interprété avec prudence en raison de la mauvaise qualité des données ainsi que du rôle de la contrebande et des réexportations. Les pays MTNG importent des vêtements d'occasion plutôt que de les exporter. Le Mali ne peut pas produire ou exporter de fil de coton. Les exportations de pétrole du Niger ainsi que ses exportations de tissu en coton uni ou imprimé et de vêtements d'occasion pourraient en réalité être des réexportations. ACR = Avantage comparatif révélé ; CGR = taux de croissance composés ; HS = code du système harmonisé; MTNG = Mali, Tchad, Niger et Guinée ; n.d. = non disponible.

L'ANALYSE DE L'ESPACE PRODUIT : UNE APPROCHE COMPLÉMENTAIRE

L'analyse de l'espace produit détermine le degré de difficulté attaché aux différentes options de diversification et de modernisation d'un produit. L'approche de l'espace produit utilise la production économique comme un indicateur des dotations d'un pays (à savoir l'ensemble de ses capacités). Si un pays veut concurrencer au niveau mondial d'autres fournisseurs d'un produit donné, il doit posséder les compétences nécessaires pour fabriquer ce produit. L'analyse de l'espace produit utilise une mesure unique appelée « densité », qui évalue la proximité de ce bien dans l'espace produit international. La densité nous permet de déterminer la relation existant entre une nouvelle activité potentielle et l'ensemble des capacités du pays (c'est-à-dire les produits que le pays exporte déjà de façon compétitive). En substance, cette analyse affiche visuellement et pour un pays l'expansion possible générée par l'offre de nouveaux produits ou services. L'idée sous-jacente est que le processus d'accumulation des connaissances productives n'est pas aléatoire, mais qu'il dépend du chemin pris lui-même selon les capacités existantes. En d'autres termes, les produits qu'un pays produit aujourd'hui définissent les produits qu'il pourra développer dans un futur proche. Dès lors, un pays pourra facilement développer un nouveau produit s'il possède déjà l'ensemble ou la plupart des capacités requises pour la production de ce produit. Si les technologies ou les compétences requises ne sont pas encore présentes dans le pays, il sera beaucoup plus difficile d'y installer cette activité. En termes simples, il est plus facile pour un pays qui fabrique des chaises de passer à la fabrication de canapés plutôt qu'à la fabrication de voitures.

La figure 4.1, panneau a – d, affiche la représentation visuelle de l'espace produit des quatre pays en utilisant les données commerciales sur les exportations pour 2014-2015. Les nœuds de couleur vive représentent les produits exportés par les pays MTNG avec un ACR (>1) en 2014-2015. Les nœuds de couleur pâle identifient les produits pour lesquels les pays MTNG n'étaient pas significativement présents (ACR<1) en 2014-2015. Un lien unit deux produits différents selon la probabilité qu'ils ont d'être « co-exportés » par le pays étudié. L'ensemble de ces liens définit la structure de l'espace produit et c'est cette structure qui influe sur la capacité du pays à passer à de nouveaux produits. Dans cette structure, des produits voisins partagent une part importante des capacités et des compétences nécessaires à leur production et il est alors relativement facile pour le pays de passer à des produits voisins proches.

Les produits des pays MTNG occupent une position peu dense, périphérique et très dispersée dans l'espace produit. Ces pays exportent très peu de produits ayant un ACR et leur position actuelle dans l'espace produit est très handicapée. Dans tous les cas, les produits minéraux représentent la plus grande part en valeur de leurs exportations, mais n'occupent qu'une position périphérique dans l'espace produit, ce qui ne facilite guère la diversification vers d'autres biens. Le Tchad est le moins diversifié des quatre pays, avec un espace produit dispersé et composé de produits végétaux, de graines de sésame et de gomme arabique naturelle. En ce qui concerne la Guinée, le minerai d'aluminium et les produits aurifères, principaux secteurs d'exportation en valeur du pays, occupent une position périphérique dans l'espace produit (à l'extrême gauche et en bas à droite), ce qui ne facilite guère la diversification vers d'autres produits. Dans ce pays, les secteurs de la pêche et du bois offrent un fort potentiel

FIGURE 4.1

Espace produit pour le Tchad, la Guinée, le Mali et le Niger, 2014

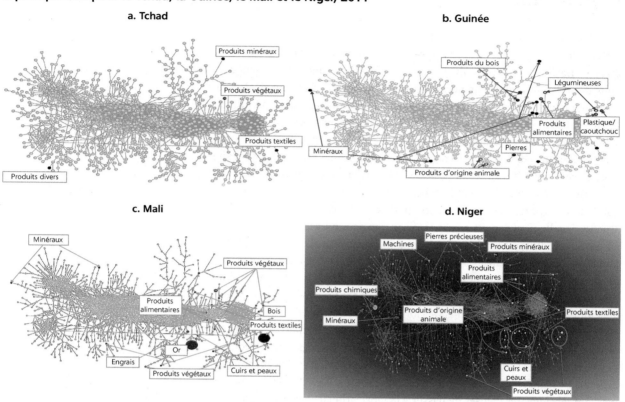

Sources : Observatoire de la complexité économique (base de données), https://oec.world/en/, et analyse originale.

de diversification. En ce qui concerne le Mali, ses principales exportations de graines de sésame, goyaves, mangues et mangoustans, ainsi que d'autres fruits et légumes, sont positionnées en relative périphérie et dispersées autour du centre du graphique. Quelques produits végétaux transformés et non périssables (légumineuses séchées, huile végétale, fruits tropicaux, confitures et gelées, fruits séchés et pâtes), ainsi que quelques produits d'origine animale (moutons et chèvres vivants, cuirs et peaux) sont positionnés en haut du graphique. Les exportations de produits d'origine animale et de produits alimentaires transformés (pâtes alimentaires, confitures et gelées, jus de fruits, etc.) suggèrent par ailleurs qu'il existe des possibilités de diversification dans ces secteurs. Comme les trois autres pays, l'espace produit du Niger est dominé par les produits de base exportés. Toutefois, et comme évoqué plus haut, le Niger a un fort potentiel de développement de ses activités de transformation agroalimentaire et dans le secteur des textiles.

L'ANALYSE DE L'APTITUDE ÉCONOMIQUE : UNE AUTRE APPROCHE COMPLÉMENTAIRE

L'analyse de l'aptitude économique d'un pays repose également sur le concept de capacités cachées. Largement utilisée par la Société financière internationale (SFI) du GBM et s'appuyant sur le concept antérieur de complexité, l'analyse de l'aptitude économique utilise également la production économique comme indicateur des dotations d'un pays (autrement dit l'ensemble de ses capacités). Un produit est complexe si seuls quelques pays, généralement plus avancés, peuvent le produire. L'aptitude économique représente la diversité des produits exportés d'un pays pondérée par leur complexité. L'hypothèse est que si un pays doit concurrencer au niveau mondial les autres producteurs d'un produit donné, il doit posséder les compétences nécessaires pour le produire. Utilisant également l'indice ACR pour évaluer le degré de compétitivité d'un produit donné, la complexité d'un produit montre le niveau de capacité requis pour le produire. Dans le même ordre d'idées, l'aptitude économique évalue l'évolution de l'ensemble des capacités d'un pays en examinant la diversité des produits que ce pays peut produire et leur complexité. Un pays est réputé avoir un haut niveau de complexité et d'aptitude économique s'il peut produire un seul produit (ou un ensemble de différents produits) exclusif, c'est-à-dire que seuls quelques autres pays possèdent la capacité nécessaire pour produire ce ou ces produits de façon compétitive (Tacchella et coll., 2013). En général, et bien que l'espace produit et l'aptitude économique soient des concepts étroitement liés, la mesure de l'aptitude économique est jugée préférable à la notion d'espace produit, car ses paramètres sont quantifiés.

À l'exception des secteurs bien connus axés sur l'exportation qui semblent avoir perdu du terrain, l'analyse de l'aptitude économique des pays MTNG ne présente pas de surprises majeures pour la période 2012-2017 (figure 4.2). L'aptitude économique du Mali dans les métaux (or) et les produits du règne animal (viande et bétail) s'est améliorée, tandis que son aptitude dans les produits agricoles (coton), très élevée en 2012, a diminué. De même, l'aptitude du Tchad dans les secteurs de la foresterie (bois), des produits agricoles, du pétrole et du gaz s'est améliorée, contrairement au secteur du cuir où elle a considérablement diminué. De son côté, l'aptitude du Niger a diminué dans ses secteurs les plus compétitifs (produits du règne animal, viande et bétail, exploitation minière (uranium), produits agricoles et machinerie, alors qu'elle s'est améliorée dans les secteurs du pétrole et du gaz suite aux récentes découvertes de gisements. De façon générale, l'aptitude des trois pays semble vaciller ou disparaître dans des secteurs importants qui représentaient auparavant un potentiel d'exportation. À moins de renverser cette tendance en favorisant certains produits émergents identifiés ci-dessus, leurs schémas sectoriels laissent présager une diminution de leurs capacités et une difficulté croissante à diversifier leurs exportations et passer à l'avenir à des produits plus complexes. Enfin, un pays peut facilement développer un nouveau produit s'il possède déjà toutes les capacités (ou la plupart des capacités) requises pour sa production ou, en d'autres termes, si l'évolution projetée se caractérise par une forte faisabilité (et un faible niveau de complexité). Cependant, il sera beaucoup plus difficile d'installer localement l'activité correspondante si les technologies et les compétences requises ne sont pas encore présentes dans le pays.

OPPORTUNITÉS DE DIVERSIFICATION DES EXPORTATIONS

Alors que l'on débat encore des avantages et des inconvénients des approches alternatives de diversification des exportations centrées sur le choix des produits gagnants ou sur un menu ouvert, la liste extrêmement limitée de produits présentant un potentiel d'exportation pour les pays MTNG – quelques dizaines par pays – rend ce débat presque inutile. Du point de vue du secteur

FIGURE 4.2

L'aptitude économique du Mali, du Tchad et du Niger, 2012–17

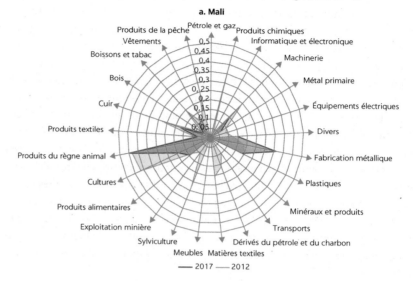

a. Mali

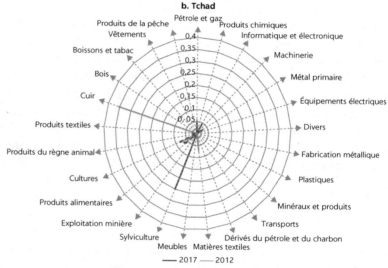

b. Tchad

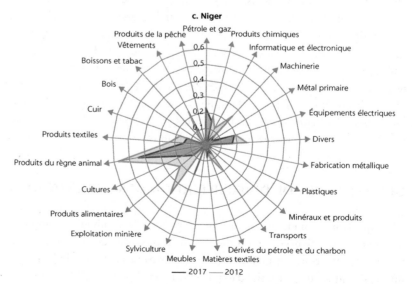

c. Niger

Source : Calculs d'origine basés sur Cader 2019.
Note : Les valeurs de la figure sont des valeurs de secteur normalisées de 0 à 1.

public, le choix des produits gagnants permet en théorie de concentrer explicitement les politiques et les maigres ressources fiscales sur un nombre limité de produits soigneusement identifiés. Cette approche est particulièrement adaptée aux économies des pays fragiles tels que les pays MTNG, qui supportent une lourde charge budgétaire pour répondre à leurs besoins militaires et sécuritaires. En revanche, un menu ouvert d'options est préférable pour le secteur privé, car ce dernier, petites et moyennes entreprises (PME) et organisations agricoles incluses, dispose d'une plus grande marge de manœuvre pour saisir les opportunités du marché. Cela est particulièrement évident quand les producteurs de nouveaux produits peu présents dans les statistiques, comme le fonio en Guinée ou le karité au Niger, profitent non seulement des capacités nationales pour augmenter leur production, mais aussi de la hausse de la demande des marchés extérieurs (souvent régionaux) pour éventuellement exporter leur production.

En réponse, l'objectif à court terme devrait être de développer les produits concurrentiels existants et de leur trouver de nouveaux marchés, c'est-à-dire les étapes 1 et 2 sur l'échelle de la diversification des exportations. Comme évoqué plus haut, et à l'exception des industries extractives (pétrole et minéraux), la compétitivité des pays MTNG repose principalement sur certains produits agricoles et d'élevage. Par conséquent, la stratégie à court terme devrait donner la priorité à la promotion de quelques produits pour lesquels les pays disposent d'un fort avantage concurrentiel et qui présentent un fort potentiel de création d'emplois en raison de leur localisation rurale. Comme l'analyse précédente suggère de privilégier environ une dizaine de produits par pays, les produits agricoles suivants ont été identifiés pour au moins deux pays : noix de cajou, graines de sésame, farine de maïs, gomme arabique naturelle, mangues, oignons, viande bovine et produits textiles existants tels que les tissus teints en coton brut et la ouate de fibres artificielles. Notez que ces produits ne sont pas essentiellement différents de ceux précédemment identifiés par les gouvernements eux-mêmes. Par exemple, le CCI a déjà dressé une liste des principaux produits pour le Mali, à savoir les mangues, la gomme arabique, les graines de sésame, les *haricots verts*, les *pommes de terre*, le *riz*, le *karité*, le *sucre* et les *produits de la pêche* (les produits en italique ont déjà été identifiés dans l'analyse précédente).

Cela s'applique également au Niger, où un rapport de l'ANIPEX a identifié les produits suivants : graines de sésame, gomme arabique, cuirs et peaux, bétail et viande de bovins, *niébé, oignons, souchet, cuirs et peaux* et *objets d'artisanat*. Enfin, pour la Guinée, le gouvernement guinéen a de la même façon identifié le fonio, le riz, l'ananas, le cacao, les noix de cajou et les produits de la pêche (Khebede, 2017;b ; Banque mondiale, 2017,. Pour tous ces produits, des volumes d'exportation plus importants devraient naturellement conduire à une recherche plus active de nouveaux marchés (régionaux et mondiaux).

En s'appuyant sur les meilleures pratiques et en ciblant quelques produits plus sophistiqués, les pays MTNG devraient progressivement intensifier leurs efforts de diversification des exportations à moyen terme, de la phase pilote à l'intégration (étapes 3 et 4). Dans ce domaine, le défi le plus important est de constituer localement un réservoir suffisamment important de compétences et de capacités industrielles qui ne peuvent être ni importées ni développées à court terme. Ces pays doivent par conséquent encourager la modernisation et l'expansion des petites entreprises à faible productivité qui alimentent principalement le marché national (ou au mieux régional) en produits peu complexes. Dans un premier temps (étape 3), quelques industries piloteront des points d'entrée et des moyens destinés à la production de certains produits. À un stade plus avancé, quelques industries auront acquis les connaissances suffisantes et développé des activités à forte intensité capitalistique qui devraient raisonnablement inciter les entreprises étrangères à investir localement (étape 4). Compte tenu des modèles standard de production, l'accent devrait être mis sur les deux catégories de produits peu complexes suivants :

- *Les produits textiles :* En supposant que les pays acquièrent les connaissances et les compétences nécessaires à la fabrication de vêtements (tels que les étoffes tissées), les entreprises nationales pourraient clairement accroître leur intervention sur les marchés internationaux du textile. L'avantage considérable que représente le coût de la main-d'œuvre offre aux pays MTNG la possibilité de transformer la fabrication de vêtements en production de tissus de haute qualité.
- *Les produits agroalimentaires.* Le développement dans les pays MTNG de chaînes de valeur agricoles destinées à l'exportation de produits à plus forte valeur ajoutée (pâtes, jus de fruits et huile végétale, par exemple) a été jusqu'à présent entravé par l'incapacité de produire ou de transformer des produits agroindustriels, limitant de ce fait les possibilités d'industrialisation. Des investissements directs étrangers (IDE) sélectionnés peuvent stimuler ces agroindustries, d'abord en augmentant la productivité agricole et en minimisant les pertes post-récolte dues à l'insuffisance des installations de stockage, d'emballage et de transport, puis en élargissant progressivement leur base de connaissances afin de produire des produits agroalimentaires plus sophistiqués. Les chaînes de valeur mondiales (CVM) plus spécifiques sont examinées au chapitre 5.

ANNEXE 4A : DÉFINITIONS TECHNIQUES

Avantage comparatif révélé

L'indice ACR pour le pays c et le produit i est calculé comme suit :

$$ACR(c,i) = \frac{x(c,i) \Big/ \sum_i x(c,i)}{\sum_c x(c,i) \Big/ \sum_{i,c} x(c,i)}$$

où $x(c,i)$ est la valeur des exportations du pays c pour le produit i. L'indice de l'avantage comparatif révélé ($ACRic$) est facilement interprétable. S'il est supérieur à 1, le pays possède un avantage comparatif révélé pour ce produit. Inversement, le pays c n'est pas un exportateur compétitif du produit i lorsque ACR(c,i) < 1, (Balassa, 1986).

Densité de l'espace produit

La densité correspond à la proximité moyenne d'un nouveau produit potentiel j avec les produits dont les exportations du pays k sont actuellement concurrentielles (Hidalgo et coll., 2007) :

$$\omega_j^k = \frac{\sum_i x_i \phi_{ij}}{\sum_i \phi_{ij}}$$

où ω_j^k est la densité du bien j pour le pays k. ϕ_{ij} est la proximité du produit i avec le produit j. La proximité est définie comme la plus faible probabilité conditionnelle par paires d'exportation par un payx exportant le produit i étant donné qu'il exporte déjà le produit j.

Aptitude économique et complexité

L'aptitude économique des pays et la complexité des produits sont spécifiées dans un système dynamique, comme suit (Tacchella et coll., 2013) :

$$\tilde{F}_c^{(n)} = \sum_p M_{cp} Q_p^{(n-1)}$$

$$\tilde{Q}_p^{(n)} = \frac{1}{\sum_c M_{cp} \dfrac{1}{F_c^{(n-1)}}}$$

où $F_c^{(n)}$ est l'aptitude du pays c à la nième itération de l'algorithme. Par ailleurs, $Q_p^{(n)}$ est la nième itération de la complexité du produit p. M_{cp} représente la matrice des valeurs binaires des indices ACR indiquant si le pays c est un exportateur concurrentiel ou non du produit p. Les valeurs F et Q sont normalisées à chaque étape.

Les conditions de départ de l'algorithme sont $F_c = 1$ et $Q_p = 1$.

NOTES

1. Un avantage comparatif est révélé si l'ACR > 1. Si l'ACR est inférieur à 1, le pays est réputé avoir un désavantage comparatif dans ce produit ou cette industrie. Alternativement, l'indice ACR est souvent présenté de manière pratique sous forme binaire selon que l'indice ACR du pays pour ce produit ou cette industrie est supérieur ou inférieur à 1, indiquant ainsi si le pays est un exportateur compétitif (ACR = 1) ou non (ACR = 0) de ce produit.
2. La liste complète des produits d'exportation présentant en moyenne une croissance (composée) des exportations sur les cinq dernières années et leurs indices ACR figurent dans chacun des rapports pays pour le Mali, le Niger, le Tchad, et dans Khebede (2017) pour la Guinée. Ils sont également disponibles sur demande auprès des auteurs. Notez également que certains rapports pays incluent d'autres indicateurs, notamment l'attractivité (complexité) (voir les rapports pays du Tchad, de la Guinée et du Niger).
3. Grâce aux ACR sectoriels, il a également été possible de confirmer que certains pays ont perdu leur compétitivité au cours des deux dernières décennies dans un certain nombre de secteurs clés. Les indices ACR sectoriels ont également permis de confirmer que certains pays avaient perdu leur compétitivité dans plusieurs secteurs clés au cours des deux dernières décennies. Notons en particulier le Tchad, où la plus forte baisse a été observée dans les secteurs des textiles et des cuirs et peaux bruts et où seuls les secteurs des métaux et des minéraux ont enregistré des gains marginaux de compétitivité.
4. Voir Banque mondiale (2018). Notez que cette liste n'inclut pas les produits tels que le bétail, pour lequel le commerce informel est important et recèle un potentiel élevé. En outre, certaines exportations agricoles existent en combinaison, notamment le riz et l'huile de palme ou le sorgho et le coton.
5. Les indices ACR estimés pour la liste complète des exportations par pays sont inclus dans les rapports de chaque pays, rapports dont les analyses incluent également deux autres paramètres : la complexité des produits et les derniers taux de croissance combinés des exportations sur cinq ans.

RÉFÉRENCES BIBLIOGRAPHIQUES

ANIPEX (Agence Nigérienne de Promotion des Exportations). 2016. « Étude sur les potentialités des exportations du Niger. » Ministère du commerce, Gouvernement du Niger, Niamey.

Balassa, B. 1986. "Comparative Advantage in Manufactured Goods: A Reappraisal." *Review of Economic and Statistics* 68 (2): 315–19.

Banque mondiale. 2017. "Niger: Leveraging Export Diversification to Foster Growth." Report 120306-NE, World Bank, Washington, DC.

——. 2018a. "Chad: Leveraging Export Diversification to Foster Growth." World Bank, Washington, DC. https://openknowledge.worldbank.org/handle/10986/31839.

——. 2018b. "Mali: Leveraging Export Diversification to Foster Growth." World Bank, Washington, DC. https://openknowledge.worldbank.org/handle/10986/31829.

Cader, M. 2019. "Economic Fitness for Mali, Chad, and Niger." Unpublished paper, World Bank, Washington, DC.

French, S. 2017. "Revealed Comparative Advantage: What Is It Good For?" *Journal of International Economics* 106 (C): 83–103.

Hidalgo, C. A., B. Klinger, A.-L. Barabási, and R. Hausmann. 2007. "The Product Space Conditions the Development of Nations." *Science* 317 (5837): 482–87.

ITC (International Trade Centre). 2014. "Mali Country Report." UNCTAD, Geneva.

Khebede, E. 2017. "The Product Space of Guinea." Unpublished background paper, World Bank, Washington, DC.

——. 2018a. "Exploring Chad's Opportunities for Export Diversification." Unpublished background paper, *Chad: Leveraging Export Diversification to Foster Growth*, World Bank, Washington, DC.

——. 2018b. "The Product Space of Mali." Unpublished background paper, *Niger: Leveraging Export Diversification to Foster Growth*, World Bank, Washington, DC.

Tacchella, A., M. Cristelli, G. Caldarelli, A. Gabrielli, and L. Pietronero. 2013. "Economic Complexity: Conceptual Grounding of a New Metrics for Global Competitiveness." *Journal of Economic Dynamics and Control* 37 (8): 1683–91.

5 Fondements microéconomiques (2)
MODERNISATION DES CHAÎNES DE VALEUR AGRICOLES

SYNTHÈSE

Les leçons tirées de l'expérience internationale en matière de modernisation des chaînes de valeur mondiales (CVM) révèlent que les simples changement de politique et les stratégies graduelles tendent à échouer. Les chaînes de valeur mondiales (et régionales) performantes reposent plutôt sur la combinaison de divers éléments clés :

- *Développement de pôles agricoles dans le cadre d'une approche par grappes, c'est-à-dire une stratégie multidimensionnelle de modernisation des CVM, avec des programmes simultanés associant des organisations de producteurs, des politiques globales flexibles spécifiques aux CVM axées en priorité sur la commercialisation et les investissements étrangers.*
- *Adoption d'une nouvelle approche de gestion des exploitations portant en priorité sur l'amélioration de la qualité des produits et l'application des normes dans l'ensemble de la chaîne, ainsi que sur le développement de l'action collective des producteurs en vue d'accroître la production et les revenus des agriculteurs.*
- *Recherche d'investissements étrangers spécialisés auprès d'entreprises multinationales dédiées qui sont des champions mondiaux confirmés de la modernisation des chaînes de valeur par produit, avec la participation active des producteurs et des transformateurs, et de l'exploration de trajectoires connectant les produits agricoles de base à des industries à plus forte valeur ajoutée.*
- *Application de l'appui à la politique agricole en alignant les besoins des producteurs sur la correction des échecs sociaux, environnementaux et économiques, conformément aux exigences des marchés mondiaux et régionaux, c'est-à-dire une refonte de la politique de développement industriel productive favorisant les CVM dans l'agroalimentaire avec une participation accrue du secteur privé.*

Sur la base de cette analyse, voici six grandes recommandations de politique générale :

- *Renforcer les capacités des acteurs dans l'industrie et les organisations d'agriculteurs, ainsi que la coordination.*
- *Renforcer la fiabilité des produits en augmentant à la fois la quantité et la qualité, et concernant la qualité, en dispensant une formation intensive et en appliquant les normes requises par la demande régionale et mondiale.*

- *Explorer la demande externe croissante de cultures par des entreprises étrangères et améliorer l'infrastructure nécessaire au renforcement de leurs liens avec les marchés.*
- *Garantir des interventions politiques ciblées pour réduire les coûts de production et surveiller les liens exacts entre les différents projets en cours de modernisation.*
- *Augmenter l'efficacité, l'intégrité et la fiabilité de la chaîne de valeur en transférant autant que possible les décisions et la coordination de l'industrie au niveau de l'entreprise.*
- *Fournir des services de vulgarisation soutenant le développement des CVM tels que des programmes de recherche et développement et des programmes d'éducation et de formation.*

INTRODUCTION

Ce chapitre détermine les trajectoires de modernisation possibles pour le Tchad, le Mali, le Niger et, dans une moindre mesure, la Guinée, afin d'accroître leur participation aux chaînes de valeur mondiales (et régionales) et d'améliorer leurs perspectives de croissance et de diversification économique.[1] En partenariat avec des responsables gouvernementaux et d'autres acteurs nationaux et sur la base d'analyses précédentes, les industries prioritaires suivantes ont été identifiées : bovins (Niger), noix de cajou (Mali), gomme arabique (Tchad), oignon (Niger) et graine de sésame (Tchad et Mali). Ces travaux devraient avoir pour but de comprendre les tendances des chaînes de valeur mondiales (CVM) dans les domaines de la gomme arabique, des oléagineux, des noix, de l'élevage et de l'horticulture afin d'identifier les entreprises dominantes, la structure de gouvernance et la dynamique du marché. En outre, il convient d'identifier les principaux concurrents régionaux et les impacts des chaînes de valeur et les obstacles à leur développement afin d'optimiser la stratégie de développement des secteurs agricoles. Des enseignements sont aussi tirés d'expériences positives.

Suivant une méthodologie de comparaison des CVM (encadré 5.1), cinq questions sont abordées :

- Quelle est la position du Mali, du Tchad, du Niger et de la Guinée dans la typologie des CVM ?
- Comment sont organisées les CVM dans le secteur agricole clé concentré sur la gomme, les oléagineux, les noix, le bétail et l'horticulture ? Quelles sont les principales tendances qui influencent les échanges ?
- Comment les chaînes de valeur diffèrent-elles dans chaque pays ? Quels sont les produits concernés ? Comment les marchés finaux diffèrent-ils ?
- Quels sont les acteurs pertinents à l'échelle nationale et à l'échelle régionale ? Comment les grandes entreprises régissent-elles la chaîne ? Comment la production et le commerce sont-ils coordonnés ?
- Compte tenu des principaux obstacles économiques, sociaux et environnementaux à la modernisation, quelles sont les stratégies spécifiques susceptibles d'aider le Tchad, le Mali et le Niger (MTNG) à se moderniser dans les CVM sélectionnées ?

Méthode de classification des CVM sur la base de l'analyse comparative

Les CVM se réfèrent à la séquence d'activités à valeur ajoutée telles que la création, la fourniture et l'utilisation finale de sous-secteurs économiques, produits ou services. Appliqué au secteur agroalimentaire, ce cadre examine les acteurs, les activités, les politiques et les transformations des réseaux agricoles mondiaux et locaux et leurs effets sur les résultats en matière de sécurité alimentaire (Ahmed et coll. 2017). La gouvernance est une pièce maîtresse de l'analyse. Elle explore la manière dont l'autorité et les relations de pouvoir façonnent la répartition des profits et des risques dans un secteur, et identifie les acteurs qui exercent ce pouvoir (Gereffi 2014). Sept types de trajectoires de modernisation sont examinées (De Marchi et coll. 2013 ; Humphrey et Schmitz 2002 ; Barrientos, Gereffi et Rossi 2012) :

- *Modernisation des processus*, en améliorant l'efficacité du processus de production grâce à la réorganisation d'activités productives, l'adoption de technologies et le perfectionnement de la main-d'œuvre ;
- *Modernisation des produits*, en développant des produits plus sophistiqués et de plus grande valeur grâce à la certification et au développement de produits, les produits biologiques certifiés ayant une plus forte valeur que les produits non certifiés ;
- *Modernisation fonctionnelle*, en investissant dans le capital humain et technologique pour entreprendre de nouvelles activités et fournir un produit ou un service unique et de plus grande valeur ; les activités de recherche et développement, de valorisation de la marque et de distribution sont des exemples de ce type de modernisation des produits ;
- *Modernisation de la chaîne ou intersectorielle*, en pénétrant de nouvelles industries qui souvent ne sont pas liées, par exemple en passant de la production agricole au développement d'un réseau de transport et de logistique.
- *Modernisation du marché*, en trouvant de nouveaux marchés et canaux de distribution, par exemple, en passant des marchés de villages à des marchés régionaux.
- *Modernisation sociale*, en renforçant le bien-être des travailleurs dans la chaîne de valeur grâce à l'éducation, aux soins de santé, à la formation et autres services qui améliorent les connaissances, la rémunération et la qualité de vie des travailleurs.
- *Modernisation de l'environnement*, en réduisant l'impact des dommages environnementaux. Les économies d'eau, la gestion des terres, la réduction des produits agrochimiques, l'aménagement et le reboisement sont des exemples d'amélioration de l'environnement.

Grâce aux données primaires et secondaires collectées entre janvier 2017 et avril 2018, 13 industries agricoles ont été évaluées dans 13 pays africains, principalement au Tchad, au Mali et au Niger. Plus de 60 entretiens sectoriels structurés et semi-structurés ont été menés dans ces trois pays, auprès d'acheteurs mondiaux.

Ces données ont été comparées à des résultats de cas pour la Côte d'Ivoire, l'Égypte, l'Éthiopie, le Mozambique, la Namibie, le Nigeria, le Sénégal, la Tanzanie et le Soudan, qui ont également évalué la participation régionale aux CVM. Les entreprises et les parties prenantes du secteur ont été identifiées grâce à des recherches en ligne, des rapports sectoriels, un échantillonnage par référence, des bases de données du secteur et des rapports. En ce qui concerne le commerce mondial, les données sur la production et les politiques ainsi que plusieurs bases de données nationales et internationales ont été consultées, notamment celles de la Banque mondiale, du Fonds monétaire international (FMI), de la FAO et du Comtrade (Commerce des matières premières) des Nations Unies. Enfin, un cadre standard d'analyse des CVM a été utilisé pour effectuer des diagnostics spécifiques au secteur et identifier les trajectoires de modernisation. Cela a été complété par l'utilisation de l'analyse de gestion des risques de Wry et coll. (2013) et les études de Neilson, Pritchard, et Wai-Chung Yeung (2014) ainsi que Pfeffer J. et G. Salancik (1978) sur l'influence des entreprises pour comprendre les dépendances à l'égard des acheteurs mondiaux.

POSITION DU MALI, DU TCHAD, DU NIGER ET DE LA GUINÉE DANS LA TYPOLOGIE DES CHAÎNES DE VALEUR MONDIALES

L'engagement de la majorité des pays de l'Afrique subsaharienne dans les chaînes de valeur régionales (CVR) est timide et, à cet égard, il en va de même pour les pays MTNG. Les pays de l'Afrique subsaharienne ont tendance à exporter des produits situés en amont, c'est-à-dire éloignés du consommateur final, en raison de leur spécialisation dans les produits agricoles ou produits de base nécessitant peu de création de valeur ajoutée nationale.

En 2015, l'agriculture représentait une part importante de la valeur ajoutée au Tchad (52 %), au Niger (26 %) et au Mali (41 %), et une part moyenne en Guinée (20 %) (tableau 5.1). Dans le même temps, le secteur manufacturier contribuait en moyenne à moins de 7 % de la valeur ajoutée globale dans ces pays. En revanche, la part de la valeur ajoutée du secteur manufacturier au Vietnam dépassait 13 %, malgré sa dépendance relativement forte à l'égard de la valeur ajoutée produite par l'agriculture (17 %).

La participation des CVM, en particulier du côté des acheteurs, aide ces pays à bénéficier des retombées mondiales du savoir et de la productivité. Le dialogue avec les acheteurs et les producteurs mondiaux constitue un canal de transmission important pour apprendre sur les CVM et les moderniser. Pour qu'une entreprise soit en mesure d'approvisionner des marques qui se vendent sur les marchés mondiaux, elle doit importer des technologies, des compétences et des intrants intermédiaires étrangers afin de respecter les normes de qualité élevées requises pour ces marchés. De telles retombées peuvent accélérer le développement économique et social des pays (Taglioni et Winkler 2016).

TABLEAU 5.1 **Population, revenus et parts de valeur ajoutée, 2015 versus 2000 : Mali, Niger, Tchad, Guinée et pays similaires**

PAYS	POPULATION 2015	PIB PAR HABITANT (DOLLARS US) 2015	PARTS DE LA VALEUR AJOUTÉE 2015					PARTS DE LA VALEUR AJOUTÉE 2000				
			AGR.	PR.B.	IND.	MF.	SERVICES.	AGR.	PR.B.	IND.	MF.	SERVICES.
Burkina Faso	18 105 570	631	32,9	15,7	21,9	6,2	45,2	32,8	8,4	21,5	13,2	45,7
Cameroun	23 344 179	1 309	23,9	14,5	27,8	13,4	48,2	22,1	15,2	36,0	20,8	41,8
Côte d'Ivoire	22 701 556	1 492	23,7	8,9	21,5	12,5	55,5	25,0	4,3	21,5	17,2	53,5
Éthiopie	99 390 750	486	41,0	12,2	16,3	4,1	42,8	47,8	6,2	12,2	6,0	40,0
Guinée	12 608 590	417	20,2	30,2	37,0	6,7	42,9	22,4	29,4	33,5	4,0	44,2
Malaisie	30 331 007	10 877	8,4	16,3	39,1	22,8	44,3	8,6	17,5	48,3	30,9	43,1
Mali	17 599 694	903	41,0	n.d.	19,3	n.d.	39,8	35,9	n.d.	23,5	n.d.	40,6
Niger	19 899 120	384	36,4	11,9	17,6	5,7	37,3	37,8	11,0	17,8	6,8	44,4
Ouganda	39 032 383	673	24,7	11,7	20,4	8,7	54,9	29,4	15,3	22,9	7,6	47,7
Tchad	14 037 472	952	52,4	11,3	14,2	2,9	33,4	42,3	2,4	11,3	8,9	46,3
Vietnam	91 703 800	1 685	17,0	19,6	33,3	13,7	39,7	22,7	17,1	34,2	17,1	43,1

Sources : Taglioni 2018 ; Indicateurs du développement dans le monde, Banque mondiale, Washington, DC, https://databank.worldbank.org/source/world-development-indicators.

Note : Vert = valeur élevée ; jaune = valeur moyenne à élevée ; orange = valeur moyenne ; rouge = faible valeur. AGR. = agriculture ; COMM. = commerce ; IND. = industrie ; MF. = fabrication ; n.d. = non disponible ; PIB = produit intérieur brut ; SERV. = services.

Cependant, une grosse partie de la production et des exportations des MTNG ne semble pas avoir utilisé ce canal de transmission. Le faible pourcentage de valeur ajoutée étrangère intégrée dans les exportations brutes de ces pays montre la faiblesse de leur intégration du côté des acheteurs, variant de seulement 6 % au Tchad à 11 % en Guinée et au Mali et à 17 % au Niger en 2011. Au Vietnam, en revanche, la part de valeur ajoutée étrangère par exportation (foreign value added by exports, FVAX) a dépassé 43 %, témoignant de sa très forte intégration en tant qu'acheteur. L'Éthiopie fait également partie des acheteurs de chaînes de valeur mondiales malgré sa part de valeur ajoutée agricole relativement élevée (41 %) (tableau 5.2).

Parallèlement, une grande partie de la valeur ajoutée nationale du Tchad, de la Guinée, du Niger et du Mali est intégrée dans les exportations de pays tiers, laissant présager une intégration moyenne à forte de ces pays en tant que vendeurs. Son pourcentage dans les exportations (appelé ici DVA3X) est extrêmement élevé en Guinée, atteignant presque 70 % en 2011, tandis que la part dépasse un tiers des exportations au Niger et au Tchad et représente un peu plus du quart des exportations au Mali (tableau 5.2). En revanche, le Vietnam ou l'Éthiopie affichent la plus faible part de valeur ajoutée nationale intégrée dans les exportations de pays tiers.

Ces statistiques contrastées et le succès récent de ces pays dans la poursuite d'une forte croissance prouvent que l'intégration dans les marchés internationaux est une stratégie supérieure de substitution des importations, en particulier pour les pays à faible développement dotés d'un secteur privé national relativement superficiel et petit.

La tendance décrite ci-dessus est confirmée par la distance moyenne (le fait d'être en amont) entre les exportations et importations et le consommateur final. Le Mali, le Niger, le Tchad et la Guinée se spécialisent dans la

TABLEAU 5.2 Part des CVM en tant qu'acheteur et vendeur, 2000 versus 2011, au Mali, au Niger, au Tchad, en Guinée et dans les pays similaires

PAYS	TYPE DE CVM 2011	FVAX (% DES EXPORTATIONS)		DVA3X (% DES EXPORTATIONS)	
		2000	2011	2000	2011
Burkina Faso	Vendeur_agr	7,2	24,3	30,1	24,6
Cameroun	Vendeur _agr_mf	8,6	8,5	41,0	49,5
Côte d'Ivoire	Vendeur _agr_mf	7,4	8,3	31,4	36,4
Éthiopie	Acheteur_agr_mf	54,3	46,1	12,7	20,2
Guinée	**Vendeur_agr**	**6,5**	**11,4**	**63,3**	**69,6**
Malaisie	Acheteur_mf	40,3	37,8	23,1	28,6
Mali	**Vendeur_agr**	**13,5**	**11,1**	**26,7**	**26,8**
Niger	**Vendeur_agr**	**10,2**	**17,0**	**37,1**	**34,6**
Ouganda	Vendeur_agr	10,6	14,2	26,2	26,9
Tchad	**Vendeur_agr**	**9,4**	**6,2**	**32,2**	**35,5**
Vietnam	Acheteur_agr_mf	23,7	43,6	21,4	18,7

Sources : Taglioni 2018 ; Base de données mondiale CNUCED-Eora sur les chaînes de valeur, https://worldmrio.com/unctadGVC/.

Note : Vert = valeur élevée ; jaune = valeur moyenne à élevée ; orange = valeur moyenne ; rouge = faible valeur.

agr = agriculture ; CVM = chaîne de valeur mondiale ; DVA3X = valeur ajoutée nationale intégrée dans les exportations des pays tiers ; FVAX = valeur ajoutée étrangère par exportation ; MF = manufacture.

production et l'exportation de produits mobilisant des ressources considérables et nécessitant peu de transformation dans le pays. Ces pays ont tendance à afficher une grande distance par rapport à la demande finale (montant en amont) de leur panier moyen d'exportations, en fait le niveau le plus élevé en amont de leurs exportations moyennes dans l'échantillon (tableau 5.3).

Par ailleurs, ces pays ont tendance à afficher une distance beaucoup plus courte par rapport à la demande finale d'importations, ce qui reflète leur dépendance vis-à-vis des importations de produits finis, y compris de biens de consommation et d'équipement. Cela est confirmé par les données, qui suggèrent que le panier d'importation moyen au Tchad, en Guinée, au Mali et au Niger affiche la distance la plus courte jusqu'au consommateur final (tableau 5.3). L'écart entre l'amont des importations et celui des exportations peut donc donner une indication du potentiel de transformation et de captage de la valeur ajoutée d'un pays. Les pays qui achètent des intrants, des composants et des machines importés et qui exportent en aval ont tendance à afficher un écart positif (par ex., le Vietnam), tandis que les pays qui achètent des produits finis et des produits d'exportation affichent un écart négatif. C'est le cas pour les quatre pays qui nous intéressent en Afrique de l'Ouest, et particulièrement pour le Tchad.

S'appuyant sur les trois types de mesures décrits ci-dessus, une nouvelle taxonomie des CVM classe l'intégration d'un pays dans les CVM selon une perspective macroéconomique (Taglioni et Winkler, 2016). La taxonomie des CVM classe 132 pays dans quatre grands groupes : les vendeurs de produits agricoles, les vendeurs de produits de base, les autres vendeurs et les acheteurs. Cela est basé sur le degré de participation aux chaînes de valeur mondiales d'un pays du

TABLEAU 5.3 Importations et exportations en amont et écart, 2000 versus 2014 au Mali, Niger, Tchad et en Guinée, et pays similaires

PAYS	IMPORTATIONS EN AMONT		EXPORTATIONS EN AMONT		ÉCART	
	2000	2014	2000	2014	2004	2014
Burkina Faso	2,06	2,18	3,26	2,44	−1,21	−0,25
Cameroun	2,38	2,34	3,03	2,91	−0,65	−0,57
Côte d'Ivoire	2,50	2,37	2,07	2,13	0,43	0,24
Éthiopie	2,23	2,23	1,87	2,18	0,36	0,05
Guinée	2,07	2,10	2,96	2,89	−0,89	−0,79
Malaisie	2,50	2,50	2,32	2,54	0,18	−0,04
Mali	2,17	2,08	2,89	3,02	−0,72	−0,94
Niger	1,98	2,01	3,03	2,89	−1,05	−0,88
Ouganda	2,13	2,17	1,93	2,07	0,20	0,09
Tchad	1,82	1,94	3,76	3,35	−1,94	−1,41
Vietnam	2,37	2,41	2,07	1,80	0,30	0,61

Sources : Taglioni 2018. Données : Antràs et Chor 2018 ; Base de données COMTRADE de l'ONU, Nations Unies, https://comtrade.un.org/.
Note : L'amont signifie la distance moyenne par rapport à l'utilisation finale en termes d'étapes de production d'un produit particulier. Vert = valeur élevée ; jaune = valeur moyenne à élevée ; orange = valeur moyenne ; rouge = faible valeur. Écart = importations en amont moins exportations en amont.

côté des acheteurs et des vendeurs, sur la distance moyenne de ses paniers d'importation et d'exportation jusqu'au consommateur final et de sa structure économique en termes de valeur ajoutée.

Les quatre groupes de CVM se composent de plusieurs sous-types de CVM et sont caractérisés comme suit :

- *Les vendeurs agricoles* sont les pays qui participent à travers l'agroalimentaire et l'agrotransformation (produits manufacturés), notamment au Tchad, en Guinée, au Mali, au Niger et dans la plus grande partie de l'Afrique subsaharienne.
- *Les vendeurs de produits de base* sont les pays qui participent en tant que simples économies de vente de produits de base ou d'une combinaison de denrées à valeur ajoutée et de produits manufacturés, de produits de base à valeur ajoutée et de services, ou de produits à valeur ajoutée, de produits manufacturés et de services.
- *Les autres vendeurs sont les pays qui participent à travers des produits manufacturés et des services (par exemple, l'Europe, la Corée du Sud), notamment les pôles formés par l'Allemagne, le Japon, les États-Unis et, plus récemment, la Chine.*
- Enfin, les *acheteurs* sont les pays qui participent principalement en tant qu'acheteurs dans les chaînes de valeur de l'agroalimentaire et des produits manufacturés, les acheteurs s'intéressant davantage aux produits manufacturés (par exemple, l'Europe de l'Est et l'Asie de l'Est) ou les acheteurs de produits manufacturés ou de services.

En comprenant la transformation structurelle des différentes économies au fil du temps, la taxonomie permet d'identifier les trajectoires de modernisation passées et futures, d'informer les diagnostics pays et secteur et d'identifier les stratégies appropriées aux différents contextes nationaux. Voici les trajectoires d'amélioration classiques observées entre 2000 et 2011 : (i) des vendeurs de produits agricoles exerçant une activité manufacturière qui deviennent acheteurs de divers types de produits manufacturiers ; (ii) des vendeurs de produits de base concentrés qui se diversifient dans l'industrie manufacturière ; (iii) des vendeurs de produits de base plus diversifiés qui deviennent acheteurs de produits manufacturés avec un secteur des services renforcé ; et (iv) des acheteurs de produits manufacturés se diversifiant dans les services, mais restant principalement des acheteurs.

Les pays MTNG étaient considérés comme des vendeurs agricoles entre 2000 et 2011, ce qui suggère qu'ils n'ont pas saisi toutes les opportunités de bénéficier des achats dans les CVM. Le Tchad et le Mali, en particulier, ont vu leur part de la valeur ajoutée étrangère dans les exportations diminuer au cours de la période, tandis que la Guinée et le Niger ont accru leur part de valeur ajoutée étrangère (tableau 5.2). Du côté des ventes, la Guinée a encore accru sa part considérable de valeur ajoutée nationale représentée par les exportations de pays tiers, tandis que le Tchad et le Mali ont enregistré des augmentations moins importantes, et le Niger une légère baisse (tableau 5.1). Cela se reflète également dans l'amélioration en amont des importations et des exportations des pays au fil du temps. Le Tchad, la Guinée et le Niger ont réussi à réduire leur écart négatif entre 2000 et 2014, notamment en réduisant le nombre de leurs exportations en amont. Dans le même temps, la distance de leurs paniers d'importation respectifs jusqu'au consommateur final est devenue plus longue. Seul le Mali a creusé son écart négatif en raison d'exportations plus importantes en amont et d'une distance plus courte jusqu'au consommateur final des importations.

COMMENT LES CHAÎNES DE VALEUR MONDIALES SONT-ELLES ORGANISÉES DANS LE SECTEUR AGRICOLE ?

Le secteur agricole mondial représente plus de 5 000 milliards USD, et les principales entreprises internationales ont des activités dans des segments lucratifs. Certaines entreprises telles que Cargill (céréales et autres produits de base), Olam (céréales, oléagineux, noix et épices) et Nexira (gomme arabique) font le choix d'une intégration verticale et d'une mondialisation approfondie, ce qui constitue un choix stratégique. Cela peut pousser ces entreprises à se moderniser dans des segments à plus forte valeur tels que les produits de marque ou des marchés diversifiés. L'éventail des principaux acheteurs mondiaux s'élargit et comprend des entreprises asiatiques (par ex., la China Oil and Foodstuffs Corporation, COFCO), indiennes (Rallis),[2] turques (Ülker) et saoudiennes (Savola Group). Les marchés de l'agriculture sont très concurrentiels, obligeant les entreprises mondiales à investir dans l'innovation, les risques liés à la chaîne d'approvisionnement, la gestion des ressources, l'analyse des données et la technologie afin de conserver un avantage concurrentiel. Les tendances de consommation telles que des aliments plus sains, l'étiquetage propre et le commerce équitable incitent les transformateurs mondiaux à répondre à ces exigences, y compris les certifications bio et halal. Les principales caractéristiques d'une sélection de CVM sont résumées dans le tableau 5.4.

Les entreprises mondiales ont un pouvoir asymétrique dans la chaîne, car elles sont les acheteuses principales et les modalités de leurs chaînes d'approvisionnement en Afrique ne conduisent pas nécessairement à une modernisation. Ces entreprises développent des produits intermédiaires complexes et entretiennent des liens relationnels et captifs et des échanges d'informations limités avec les exportateurs du Tchad, du Mali et du Niger. D'autre part, les transformateurs mondiaux s'engagent dans des transactions relationnelles et captives nécessitant beaucoup de connaissances, avec des fabricants de produits alimentaires tels que Kellogg. Cela stimule leur modernisation et préserve un savoir-faire à plus forte valeur sur les marchés développés et émergents. Leur domination dans la chaîne de valeur résulte des investissements dans les marchés, du développement de produits et de technologies, et de l'analyse de données, ce qui en fait des fixeurs de prix. D'autre part, les exportateurs d'Afrique de l'Ouest sont des grossistes, qui facilitent les échanges, sont plus opportunistes et moins organisés et vendent des produits agricoles au comptant sur les marchés. Les exportateurs au Tchad, au Mali et au Niger sont des preneurs de prix et opèrent sur des marchés instables, investissant peu ou pas dans la modernisation. Ils n'adoptent pas non plus une approche proactive pour sécuriser et améliorer leur position sur le marché, ce qui les expose à une forte volatilité et à des changements dans les marchés. La contamination par la salmonelle des graines de sésame en est un exemple, qui a entraîné l'interdiction des exportations de sésame africain. La figure 5.1 ci-dessous donne un aperçu de la gouvernance des chaînes de valeur mondiales agricoles pour ces pays.

TABLEAU 5.4 Caractéristiques des chaînes de valeur mondiales sélectionnées

VARIABLE	BOVINS (VIVANTS)	NOIX DE CAJOU (EN COQUE OU SÉCHÉES)	GOMME ARABIQUE	OIGNONS (FRAIS OU RÉFRIGÉRÉS)	GRAINES DE SÉSAME
Commerce[a]	7,7 M USD	2,3 M USD	361 M USD	3,3 M USD	2,6 M USD
Taux de croissance[a]	Mixte (−16 % à +616 %)	2.3 %	1.1 %	Mixte (−21 % à +15 %)	3.6 %
Principaux exportateurs[a]	France, Australie, Canada, Mexique, Allemagne	Ghana, Côte d'Ivoire, Tanzanie, Guinée-Bissau, Burkina Faso	Soudan, France, Tchad, Royaume-Uni, États-Unis d'Amérique	Pays-Bas, Chine, Inde, Mexique, Égypte	Éthiopie, Inde, Soudan, Nigeria, Tanzanie
Principaux importateurs[a]	États-Unis d'Amérique, Italie, Turquie, Indonésie, Espagne	Inde, Vietnam, Singapour, Brésil, Togo	France, États-Unis d'Amérique, Inde, Allemagne, Royaume-Uni	États-Unis d'Amérique, Vietnam, Royaume-Uni, Allemagne, Malaisie	Chine, Turquie, Japon, Corée, Vietnam
Chefs de file régionaux[a]	Éthiopie, Soudan, Namibie	Ghana, Côte d'Ivoire, Tanzanie	Soudan, Tchad, Mali	Égypte, République sud-africaine, Soudan	Éthiopie, Soudan, Nigeria
Entreprises dominantes	Tyson, Cargill, JBS, BRF	Olam, Mondelēz International, Planters, Silk, Ülker, Kellogg	Nexira, Alland & Robert, TIC Gums, Kerry	Olam, McCain Foods, Nestlé, Pepsico	Olam, Wilmar, COFCO, Ülker
Entreprises africaines dominantes	Meatco (Namibie), Allana Group (entreprise indienne en Éthiopie)	Olam (Côte d'Ivoire, Tanzanie, Mozambique)	Gum Arabic Co., Dal Food, Coca-Cola Bottling Co. (Soudan)	Olam (Égypte), Brefoots of Botley (investisseur du R-U au Sénégal)	Olam (Éthiopie, Tanzanie), Wilmar (Éthiopie)
Emplacement des segments de chaînes de valeur supérieurs	Amérique du Nord, Union européenne	États-Unis d'Amérique, Canada, Union européenne, Brésil, Inde, Vietnam	Union européenne, Amérique du Nord	Amérique du Nord, Europe, Asie	Japon, Chine, Singapour, États-Unis d'Amérique, Canada
Facteurs dominants de modernisation	Capital humain, technologie, certifications et normes, traçabilité, qualité, économies d'échelle, secteur privé, infrastructure, marques.				

Source : Ahmed 2018.
Note : M = milliards; m = millions.
a. Données 2016 de Chatham House 2018 extraites de https://resourcetrade.earth/.

FIGURE 5.1

Gouvernance des chaînes de valeur des produits agricoles dans les pays MTNG

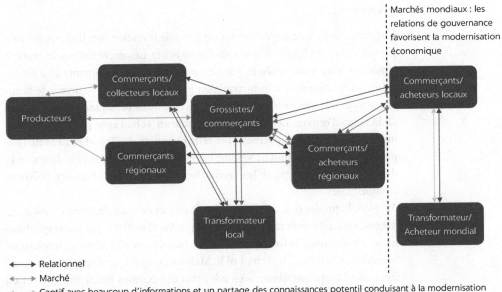

Marchés mondiaux : les relations de gouvernance favorisent la modernisation économique

←→ Relationnel
←→ Marché
←→ Captif avec beaucoup d'informations et un partage des connaissances potentil conduisant à la modernisation
←→ Captif avec un faible partage d'informations

QUELLES SONT LES DIFFÉRENCES ENTRE LES CHAÎNES DE VALEUR DE CHAQUE PAYS ?

Les chaînes de valeur sélectionnées dans ces pays peuvent jouer un rôle important dans leurs stratégies de diversification des exportations et de réduction de la pauvreté. Le Tchad et le Mali sont déjà des acteurs sur les marchés de produits de base du coton brut, mais ils pourraient tirer parti de leur avantage sur d'autres produits stratégiques. Les deux pays sont des acteurs émergents de la gomme arabique et des graines de sésame. La gomme arabique est produite exclusivement dans la ceinture africaine, avec une demande croissante des acheteurs européens et nord-américains. Le sésame complète la production d'autres produits tels que le coton et les arachides tout en fournissant des intrants pour la transformation de l'huile et des aliments pour animaux. Au Niger, l'industrie bovine offre l'occasion de devenir un fournisseur régional et de répondre à la demande locale et régionale de lait dépendant actuellement des importations. Les oignons du Niger, notamment le violet de Galmi, sont une variété appréciée des consommateurs régionaux. Les chaînes de valeur sélectionnées constituent une source d'emplois, les femmes constituant la majorité de la main-d'œuvre dans certains segments tels que les activités de transformation et de tri artisanaux et les ensachages à l'exportation. Le tableau 5.5 ci-dessous donne un aperçu de l'importance des chaînes de valeur restreintes.

Les chaînes de valeur sélectionnées sont sous-développées et leurs échanges se font dans des segments de faible valeur. Le tableau 5.6 présente des facteurs clés pour le Tchad, le Mali et le Niger, et le tableau 5.7 décrit les caractéristiques de leurs chaînes de valeur.

Les pays entrent dans la chaîne au niveau du segment de la production, mais ils ne se modernisent pas. Tous tardent à adopter des normes, à améliorer la qualité et les processus et à développer des produits de plus grande valeur. Les échanges portent sur des segments de produits de base bruts de faible valeur peu transformés, d'animaux vivants et de produits frais dépourvus d'exigences de qualité ou de certification. Comme les trois pays sont enclavés, une coordination accrue de l'industrie, tout en répondant aux exigences de quantité et de qualité, est essentielle au développement des économies d'échelle et à l'amélioration de la compétitivité.

- La gomme arabique au Tchad est un produit forestier non ligneux destiné principalement à l'exportation sous forme brute. Les exportations de gomme à mâcher sont monopolisées par une poignée de commerçants et d'entreprises internationales. L'industrie n'est pas organisée et se heurte à de nombreuses contraintes, notamment la déforestation et le manque de qualifications de la main-d'œuvre. Les graines de sésame au Tchad sont petites, consommées dans le pays et exportées à l'échelle régionale. Au Tchad et au Mali, l'expansion de la production de sésame est liée à la volatilité des prix du coton et des arachides, obligeant les agriculteurs à explorer d'autres cultures commerciales.
- Au *Mali*, la production de graines de sésame et de noix de cajou en est à ses débuts, mais elle croît rapidement (environ 90 % et 316 % par an, respectivement, en réponse à la forte demande des négociants régionaux et internationaux (FAO 2018)). ni le Tchad ni le Mali ne comptaient d'entreprises ayant modernisé leurs installations en adoptant des normes internationales et en

TABLEAU 5.5 **Importance des chaînes de valeur sélectionnées au Tchad, au Mali et au Niger**

VARIABLE	TCHAD		MALI		NIGER	
IMPORTANCE DES CVM	GOMME ARABIQUE	GRAINES DE SÉSAME	NOIX DE CAJOU	GRAINES DE SÉSAME	BÉTAIL (BOVINS)	OIGNONS
% des exportations agricoles (2016)	29	30	0.8	7	12	2.3
Demande mondiale et régionale	Forte	Forte	Forte	Forte	Moyenne à forte	Moyenne à forte
Pour la diversification économique	• Culture de grande valeur	• Culture de rotation de grande valeur • Intrant pour aliments pour animaux et huiles et produits alimentaires riches en protéines	• Culture commerciale de grande valeur	• Culture de rotation de grande valeur • Intrant pour aliments pour animaux et huiles et produits alimentaires riches en protéines	• Potentiel élevé pour exportations de viande, réduction des importations de produits laitiers et exportations laitières régionales • Potentiel pour le cuir de grande valeur	• Potentiel de valeur élevé pour les marchés d'exporta-tion
Activités liées à l'emploi pour les travailleuses	• Tri et ensachage de gomme pour exportation	• Production des huiles artisanales • Tri et ensachage pour exportation	• Ramassage • Tri et ensachage pour exportation • Confiture artisanale	• Culture • Huiles artisanales • Tri et ensachage pour exportation	• Laiterie artisanale	• Oignons séchés artisanaux • Sacs d'oignons en jute pour exportation
Potentiel d'emploi	Forte	Forte	Forte	Forte	Forte	Forte
Incidences sur la sécurité alimentaire	• Des revenus plus élevés	• Des revenus plus élevés • Susceptible de contribuer aux huiles alimen-taires et aux aliments pour animaux	• Des revenus plus élevés	• Des revenus plus élevés • Susceptible de contribuer aux huiles alimen-taires et aux aliments pour animaux	• Des revenus plus élevés • Viande et produits laitiers pour la consommation domestique	• Des revenus plus élevés
Considérations environne-mentales	Forte • Nécessite de l'eau • Possibilité de reboisement	Forte • Nécessite de l'eau • Incidence sur l'usage des terres	Forte • Nécessite de l'eau • Usage des terres	Forte • Nécessite de l'eau • Usage des terres	Forte • Nécessite de l'eau • Usage des terres • Risques de déforestation	Forte • Nécessite de l'eau • Usage des terres

Source : Ahmed 2018.
Note : La part du cheptel officiel du Niger correspond au total des exportations, alors que ses parts de bétail et d'oignons excluent le commerce informel.

passant à une transformation primaire ou secondaire sophistiquée. un seul transformateur au Mali, Promotion du sésame au Mali (PROSEMA), est en train de moderniser ses installations. Il utilise le nettoyage et le tri mécanisés du sésame et cherche à obtenir des certifications internationales.

• Au *Niger*, les chaînes de valeur des bovins et des oignons sont en grande partie orientées vers la région et le pays, sans maximiser la valeur ajoutée et avec des produits dérivés peu développés. Le secteur bovin se heurte à des difficultés liées à son manque d'organisation, à la santé animale et aux liens puissants entre grands propriétaires de troupeaux et grossistes. Les conditions dans les segments des animaux vivants et de la viande ne sont pas propices à un

TABLEAU 5.6 Caractéristiques des chaînes de valeur sélectionnées et contraintes

VARIABLE	BÉTAIL	OIGNONS	GRAINES DE SÉSAME	NOIX DE CAJOU	GOMME ARABIQUE
Orientation primaire	Domestique et régionale	Domestique et régionale	Régionale et mondiale	Régionale et mondiale	Mondiale
Pays	Niger	Niger	Mali, Tchad	Mali	Tchad
Principal importateur	Nigeria	Ghana	Mali, Chine, Tchad, Turquie	Burkina Faso, Inde	États-Unis, France
Position de la chaîne de valeur	Segments de faible valeur	Segments de faible valeur	Segments de faible valeur	Segments de faible valeur	Segments de faible valeur
Liens mondiaux	Aucun	Aucun	Faible	Faible	Faible
Profil de la chaîne de valeur	• Grands troupeaux • Troisième exportation • Exporte uniquement des animaux vivants • Traitement de viande non développé, produits laitiers et cuir	• Variété de violet de Galmi • Premier exportateur d'Afrique de l'Ouest • Baisse des exportations et gaspillage excessif • Traitement non développé	• Rotation des cultures de rente au Mali et au Tchad • Chaîne naissante au Mali et au Tchad • Mali » 450 coopératives ; Tchad : plus de 897 coopératives	• Chaîne à ses débuts • 12 000 petites exploitations • Augmentation de la production : 11 % par an • Transformation non développée	• Deuxième rang des exportations • Offre limitée • Travailleurs non qualifiés dans le secteur • Chaîne non développée
Acteurs puissants de la chaîne	Négociants et chevillards	Négociants et coopératives	Négociants	Négociants	Négociants
Caractère informel	Forte	Forte	Forte	Forte	Forte
Orientation stratégique	Faible	Faible	Faible	Faible	Faible
Normes, certifications	Faible à nul	Faible à nul	Faible à nul	Faible à nul	Faible à nul
Contraintes	• Santé animale • Faible qualité • Manque d'informations sur le marché • Faible niveau d'organisation des acteurs • Manque de certifications • Déficits d'infrastructure • Manque de financement • Producteurs et travailleurs non qualifiés	• Faible qualité • Manque de certifications • Manque d'informations sur le marché • Faible niveau d'organisation des acteurs • Déficits d'infrastructure • Manque de financement • Producteurs et travailleurs non qualifiés	• Faible qualité • Manque de certifications • Manque d'informations sur le marché • Faible niveau d'organisation des acteurs • Déficits d'infrastructure • Manque de financement • Producteurs et travailleurs non qualifiés	• Faible qualité • Manque de certifications • Manque d'informations sur le marché • Faible niveau d'organisation des acteurs • Déficits d'infrastructure • Manque de financement • Producteurs et travailleurs non qualifiés	• Faible qualité • Manque de certifications • Manque d'informations sur le marché • Faible niveau d'organisation des acteurs • Déforestation • Déficits d'infrastructure • Manque de financement • Producteurs et travailleurs non qualifiés

accroissement des exportations en raison des conditions sanitaires et d'hygiène médiocres des animaux. Bien qu'il possède de grands troupeaux de bovins, le pays continue de dépendre des importations de produits laitiers en raison de la faible productivité de son bétail et des contraintes d'infrastructure. Le segment de la viande ne comptait qu'un seul abattoir moderne certifié, mais non opérationnel. Cependant, plusieurs entreprises ont récemment émergé dans les produits laitiers. Une entreprise s'est modernisée en adoptant des normes plus strictes, en mettant en œuvre des mesures novatrices pour sécuriser l'offre locale et en la complétant avec des importations pour répondre à la demande. Une autre entreprise s'est développée dans d'autres produits tels que l'eau en bouteille. Le segment de la tannerie de la chaîne bovine est artisanal et également peu développé.

- La chaîne de valeur de l'oignon au Niger souffre également d'une qualité médiocre et de contraintes de certification, ce qui l'exclut des marchés mondiaux. L'intensification de la concurrence des producteurs régionaux au Sénégal et au Ghana ainsi que les importations d'oignons chinois et néerlandais réduisent les exportations régionales du Niger. Comparée à d'autres chaînes de valeur sélectionnées, l'industrie de l'oignon au Niger est organisée en coopératives et fédérations qui tentent d'améliorer les performances du secteur. La Fédération de l'oignon au Niger a mis au point un certificat commercial régional afin de faciliter le transport national et transfrontalier des exportations d'oignons.

QUELS SONT LES ACTEURS CONCERNÉS AUX NIVEAUX NATIONAL ET RÉGIONAL ?

Les chaînes sélectionnées sont pour la plupart informelles, les grands grossistes agissant en tant que leaders et intermédiaires puissants dans la chaîne (tableau 5.7). La demande mondiale stimule les exportations du Tchad, du Mali et du Niger par le biais d'un réseau de négociants utilisant principalement des canaux informels pour approvisionner les intermédiaires des entreprises internationales et des acheteurs régionaux. Les grossistes sont des exportateurs opérant depuis des capitales, qui sont en compétition avec les négociants informels régionaux pour l'approvisionnement. Ces acteurs disposent d'un réseau d'intermédiaires commerciaux qui fournissent et transportent les produits agricoles. Les grands négociants organisent le transport transfrontalier des marchandises, qui passent par les ports régionaux en direction des

TABLEAU 5.7 **Segments de la chaîne de valeur, acteurs principaux et gouvernance de la chaîne**

PAYS	CHAÎNE DE VALEUR	UTILISATION DES INTRANTS	PRODUCTION	TRANSFORMATION	ENTREPRISES DOMINANTES	SOURCE DE POUVOIR
Niger	Bétail	Faible	Élevée, mais de faible qualité	Faible qualité, artisanal	• Grossistes • Quatre abattoirs publics et SONIPEV (non opérationnels)	Accès aux troupeaux
	Produits laitiers	Faible	Élevée, mais inaccessible	Dépend des importations	Niger Lait, Solani, Laban	Échelle
	Oignons	Faible	Forte	Faible qualité, artisanal	Coopératives	• Échelle • Négociant et acheteur
Mali	Graines de sésame	Faible à nul	Faible	Non développé, principalement artisanal	Prodex	• Échelle • Négociant et acheteur
	Noix de cajou	Faible à nul	Faible	Non développé, principalement artisanal	CTARS (Projet)	• Échelle • Négociant et acheteur
Tchad	Graines de sésame	Faible à nul	Faible	Non développé, principalement artisanal	Seyal Chad, Afrimex, Africa Gums	• Échelle • Négociant et acheteur
	Gomme arabique	Faible à nul	Faibles rendements	Non développé, principalement artisanal	SCCL, Africa Gum, SANIMEX	• Échelle • Négociant et acheteur

Note : SCCL = Société Commerciale du Chari et Logone ; SONIPEV = Société Nigérienne de Production et d'Exportation de Viande.

marchés internationaux. Les transactions dans la chaîne sont effectuées au comptant et de façon opportuniste. Les producteurs ne sont pas organisés dans les chaînes sélectionnées et dépendent du bouche-à-oreille pour recevoir des informations commerciales. Les producteurs sont des preneurs de prix et ont peu de pouvoir dans la chaîne.

- Ce n'est que récemment que des acteurs majeurs tels que Prosema (Mali, sésame) et la Société commerciale du Chari et Logone (Tchad, gomme arabique) ont commencé à améliorer leur avantage concurrentiel sur les marchés mondiaux. Les négociants principaux manifestent un intérêt pour l'adoption de normes et de certifications internationales, mais le manque d'investissement des négociants suggère une approche plus passive de la modernisation.

- La chaîne de valeur bovine au Niger est très informelle et contrôlée par de grands grossistes qui approvisionnent les abattoirs. Ces acteurs ont peu ou pas de connaissance des exigences des acheteurs régionaux ou mondiaux et sont de puissants fournisseurs d'abattoirs. Le gouvernement possède et exploite des abattoirs, qui sont actuellement en très mauvais état. Les investissements dans des intrants tels que l'élevage et la santé animale sont très faibles. La Société nigérienne de production et d'exportation de viande, le seul abattoir privé et sanitaire au Niger, n'est pas opérationnel actuellement, en raison d'un manque de maillage de la chaîne d'approvisionnement.

- Les principaux acteurs du secteur de l'oignon au Niger sont les organisations d'agriculteurs et de négociants qui tentent de faire face à la baisse des exportations. Ces acteurs ont réussi à s'organiser et sont maintenant en concurrence avec les négociants régionaux. Toutefois, leur capacité d'influencer la modernisation est limitée en raison de leur faible connaissance des marchés et des normes mondiales et de leur faible adoption des semences améliorées.

- Niger Lait, dans le segment laitier du secteur bovin nigérien, est la seule entreprise leader qui semble se moderniser avec succès. Fondé par une ingénieure formée en France, Niger Lait s'est doté d'une usine laitière moderne certifiée ISO (Organisation internationale de normalisation). L'entreprise cherche à améliorer le bien-être de ses fournisseurs par la formation et des salaires équitables. L'entreprise est engagée dans la modernisation des processus, des produits, de la chaîne et des conditions sociales.

Les enseignements tirés d'études comparatives par pays révèlent que les économies d'échelle, l'amélioration de la qualité, les investissements du secteur privé (national et étranger) et les politiques nécessaires pour soutenir la croissance du secteur privé et l'organisation de l'industrie sont essentiels à la modernisation. En général, l'adoption rapide de mesures visant à instaurer la confiance dans la qualité des produits par la certification et la traçabilité a permis à Meatco en Namibie d'exporter de la viande en Europe et aux États-Unis. Le renforcement des associations et des politiques sectorielles pour accroître la production et les investissements du secteur privé dans le sésame et l'élevage a été un élément clé de la modernisation de l'Éthiopie et de son accession au rang de premier exportateur. La privatisation du secteur de la gomme arabique au Soudan et le fait d'attirer les investissements d'Olam dans le secteur du sésame en Éthiopie ou de l'oignon en Égypte ont changé la donne pour ces pays, qui ont amélioré leur production et se sont lancés dans la transformation à valeur ajoutée. L'Encadré 5.2 donne des exemples détaillés des meilleures pratiques.

ENCADRÉ 5.2

Apprendre de meilleures pratiques mondiales pour moderniser les processus et les produits

L'Éthiopie associe l'investissement étranger direct (IED) à des politiques actives pour changer la donne dans la mise à niveau du sésame vers la transformation et l'amélioration des normes. Olam est l'un des plus gros acheteurs de café et de sésame éthiopiens. La société étend ses activités dans les chaînes d'approvisionnement du café et du sésame et importe des produits de base essentiels tels que les engrais et le blé en Éthiopie. Les stratégies d'intégration avancées de l'entreprise en Éthiopie ont permis d'améliorer les rendements, la qualité, la gestion et la traçabilité des cultures des agriculteurs. Son implication a fait suite à la création de l'Agence de transformation de l'agriculture (ATA) en 2010 visant à soutenir les changements dans le secteur agricole. Dirigée par un Conseil, l'Agence a pour mission d'introduire de nouvelles technologies et approches pour remédier aux goulots d'étranglement systémiques, faciliter l'exécution des priorités stratégiques et catalyser la transformation du secteur. Les entreprises mondiales du secteur sont, notamment, Wilmar, un groupe agro-industriel asiatique, qui a conclu un accord d'investissement conjoint avec : (i) Repi Soap and Detergent Co en 2014 pour moderniser une usine de fabrication et y installer une raffinerie d'huile comestible et une usine de conditionnement pour les huiles douces spéciales, savons et détergents, et le traitement des graines de sésame ; (ii) East Africa Holdings Ltd, un leader national et régional dans les denrées alimentaires, les cosmétiques, les savons et détergents ; et (iii) l'Impact Angel Network (IAN), qui a lancé ses activités en 2015 en tant qu'entreprise de production de sésame à Addis-Abeba et soutient actuellement plus de 10,000 petits agriculteurs.

Système de qualité de la gomme arabique et développement du secteur privé au Soudan. Pays important pour la production et la commercialisation de la gomme arabique, le Soudan dispose d'un système de classement bien établi pour la gomme arabique. Ce système fournit un point de référence important pour déterminer la valeur de la gomme récoltée et constitue la base d'une tarification appropriée.

Il existe six classes principales, à commencer par la classe 1, la plus chère, cueillie à la main et sélectionnée (CMS), avec les nodules de taille moyenne les plus propres, les plus clairs en couleur, et les plus uniformes. Il existe actuellement plusieurs transformateurs privés au Soudan. La Khartoum Gum Processing Company et plusieurs autres petits transformateurs produisent aujourd'hui de la gomme séchée par pulvérisation et de la gomme concassée.

Plus récemment, le gouvernement a annoncé des investissements américains dans le secteur. En 2017, la plus grande usine de séchage de gomme a ouvert ses portes et dispose d'une capacité de séchage par pulvérisation de 5,500 tonnes, d'une valeur de 37 millions USD. L'usine est affiliée à Dal Food Industry Group, à la société soudanaise Coca Cola Bottling Company, le plus grand fabricant de produits alimentaires et de boissons. L'usine comprend une installation de production de lait en poudre.

En Inde, l'Indian Oilseeds and Produce Export Promotion Council (IOPEPC) a pour mission de développer et promouvoir les exportations de graines oléagineuses, d'huiles et de tourteaux. Officiellement connu sous le nom d'IOPEA, l'IOPEPC répond aux besoins des exportateurs depuis soixante ans. En plus de se concentrer sur les exportations, l'IOPEPC s'efforce également de renforcer les chaînes d'approvisionnement nationales en encourageant les agriculteurs, les décortiqueurs, les transformateurs, les inspecteurs et les exportateurs à améliorer la qualité des oléagineux en Inde. Sous la houlette de son président, l'IOPEPC accorde une grande importance à la mise en valeur des oléagineux, des huiles comestibles, des tourteaux et des autres produits relevant de sa compétence. L'IOPEPC s'efforce d'améliorer les rendements et la qualité des graines oléagineuses produites en Inde pour répondre aux besoins des marchés mondiaux. Les pays importateurs sont en permanence préoccupés par la présence d'aflatoxines (arachides), de résidus de pesticides et d'autres contaminants chimiques et microbiologiques dans les produits agricoles fournis par d'autres pays. L'IOPEPC mène des activités (ateliers, distribution de dépliants, etc.) pour sensibiliser les agriculteurs à la lutte contre les aflatoxines et à l'utilisation de pesticides sûrs et autorisés.

la suite ci-après

Encadré 5.2, *suite*

Au Ghana, AgroCenta a été fondé en 2015 par deux ex-employés d'Esoko, Francis Obirikorang et Michael K. Ocansey, pour améliorer la chaîne de valeur agricole dans le pays. La chaîne de valeur était confrontée à deux problèmes importants : un manque d'accès au marché pour les petits exploitants agricoles des zones rurales, ce qui les rend dépendants d'acheteurs intermédiaires aux pratiques abusives ; et l'absence de système coordonné de livraison par camion pour transporter leur production vers les marchés.

Les problèmes de logistique et de transport ont été résolus grâce à la solution brevetée TrucKR d'AgroCenta, permettant aux petits exploitants agricoles des villages isolés de recevoir des offres d'acheteurs intéressés et d'accéder aux camions en un seul clic, dans une sorte de « service Uber pour camions ». AgroCenta a également augmenté la productivité des petits exploitants agricoles en mettant à profit la technologie pour résoudre les problèmes culturaux.

POSSIBILITÉS DE DIVERSIFICATION : STRATÉGIES SPÉCIFIQUES DE MODERNISATION ET OPTIONS STRATÉGIQUES

Pour identifier les trajectoires possibles, il est pertinent de mieux connaître tout d'abord les capacités actuelles du Mali, du Niger et du Tchad dans les différentes cultures d'intérêt, et ce à quoi ils peuvent s'attendre sur la base de l'expérience de pays pairs qui ont réussi à occuper une bonne position dans ces cultures.

- *Niger*. Les produits d'intérêt du Niger sont la viande bovine et les animaux vivants. Le pays est intéressé par la production de viande congelée destinée à l'exportation au Nigeria. Cependant, les capacités du Niger en produits bovins sont limitées. Les chiffres officiels des exportations de bovins vivants et d'autres animaux sont difficiles à déterminer en raison du caractère très informel du secteur et du nombre important de transports transfrontaliers de sabots d'animaux, en particulier avec le Nigeria, son principal partenaire commercial. En 2009, les recettes d'exportation étaient estimées à environ 20 % des exportations de produits de base, mais seulement la moitié d'entre elles étaient officiellement enregistrées comme exportations (Banque mondiale, 2017). chèvres, moutons, bovins, chameaux, équidés et ânes, dans cet ordre, sont les principaux types de bétail. Traditionnellement, les pays ayant des capacités dans le domaine des bovins vivants de race non pure ont ensuite développé un avantage comparatif pour les bovins vivants de race pure. Si le Niger réussit à développer les infrastructures nécessaires à la production et à l'exportation de viande congelée, de nombreuses autres possibilités de diversification s'ouvriront. L'analyse de l'espace produit suggère que le marché de la viande bovine est fortement interconnecté et offre de nombreuses possibilités de développer d'autres capacités de transformation à l'intérieur et à l'extérieur du secteur de la viande, y compris dans les produits laitiers, l'alimentation animale et les machines agricoles (figure 5.2). L'expérience des pays pairs laisse penser qu'en devenant compétitif dans l'exportation de produits à base d'abats, un pays peut se diversifier vers des produits aux procédés de refroidissement similaires (c'est-à-dire nécessitant la congélation). Les pays ont tendance à devenir compétitifs d'abord dans le secteur des abats

FIGURE 5.2

Trajectoire de diversification classique de la viande de bovins vivants pour les pays ayant les capacités du Niger

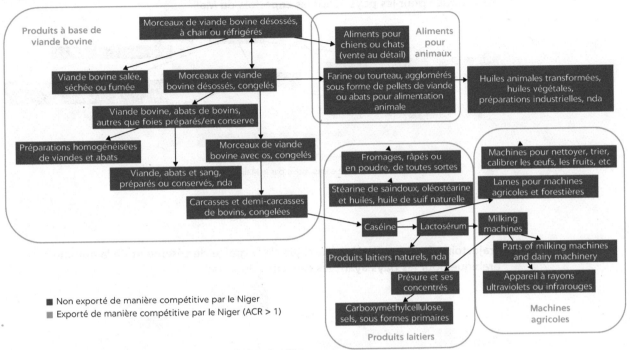

Source : Taglioni 2018.
Note : ACR = Avantage comparatif révélé.

bovins en général, puis dans celui des abats spécialisés tels que le foie ou la langue. Les pays spécialisés dans les abats congelés sont ensuite devenus compétitifs dans les graisses et huiles animales ainsi que dans les machines de tannage des cuirs et peaux. Parmi les autres possibilités offertes par la viande bovine congelée, on peut citer les coupes bovines désossées et congelées, puis les os coupés, puis les carcasses et demi-carcasses, puis les produits laitiers, en particulier les produits transformés tels que la caséine et le lactosérum.

- *Mali.* Le Mali est un producteur et exportateur de plus en plus compétitif de graines de sésame. il exporte déjà de la noix de cajou (en coques et décortiquée), mais son avantage comparatif dans la noix de cajou en coque, de valeur supérieure, est faible. L'aspiration du Mali est de se diversifier dans l'huile de sésame, l'huile de noix de cajou et les noix de cajou conditionnées. Les capacités actuelles de production de sésame et l'expérience de pays pairs suggèrent que le Mali a de bonnes chances de se développer et de devenir compétitif dans l'exportation d'huile de sésame, en partie grâce aux capacités déjà développées dans la production de gomme arabique (figure 5.3). La probabilité de devenir compétitif dans la production de noix de cajou décortiquées et conditionnées est également élevée, en s'appuyant sur le faible niveau actuel des exportations et l'expérience des pays pairs.

- *Tchad.* L'objectif du Tchad est de développer une industrie d'exportation de gomme arabique au-delà des marchés européens et de devenir compétitif dans la production et l'exportation d'huile de sésame (figure 5.4). Le pays est déjà un exportateur prospère de gomme arabique et de graines de sésame, deux produits qui exigent des compétences et des capacités similaires. Ces dotations devraient faciliter l'expansion du pays vers l'huile de sésame et la

FIGURE 5.3

Trajectoire de diversification classique de la graine de sésame et de la noix de cajou décortiquée pour les pays ayant les capacités du Mali

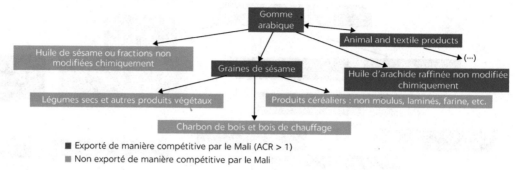

■ Exporté de manière compétitive par le Mali (ACR > 1)
■ Non exporté de manière compétitive par le Mali

Note : ACR = Avantage comparatif révélé.

FIGURE 5.4

Trajectoire de diversification classique de la graine de sésame et de la gomme arabique pour les pays ayant les capacités du Tchad

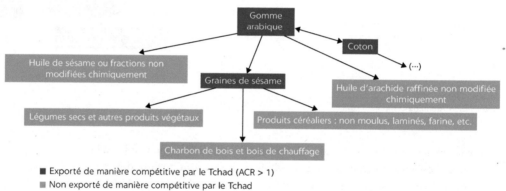

■ Exporté de manière compétitive par le Tchad (ACR > 1)
■ Non exporté de manière compétitive par le Tchad

Note : ACR = Avantage comparatif révélé.

gomme arabique. Ces capacités suggèrent qu'à l'avenir, le Tchad pourrait diversifier sa gamme dans d'autres produits agro-industriels, notamment les légumes secs, le charbon de bois et le bois de chauffage, les produits céréaliers et autres huiles de noix raffinées.

Les enseignements tirés de l'expérience acquise dans la modernisation des CVM montrent que des mesures politiques isolées et des stratégies progressives ont tendance à échouer. En revanche, les chaînes de valeur mondiales (et régionales) prospères reposent sur un mélange de plusieurs ingrédients clés :

• Le développement de pôles agricoles dans le cadre d'une approche groupée, c'est-à-dire une stratégie multidimensionnelle de modernisation de la CVM avec des programmes simultanés impliquant des organisations de producteurs, des politiques globales et flexibles spécifiques à la CVM, de la conception à la commercialisation, et des investissements étrangers.

• L'adoption d'une nouvelle approche de gestion agricole axée sur l'amélioration de la qualité des produits et l'application des normes tout au long de la chaîne et sur le développement de l'action collective des producteurs afin d'augmenter les revenus des agriculteurs. Cette approche est développée dans le tableau 5.8.

TABLEAU 5.8 Modernisation des composantes de l'approche par grappes et options stratégiques

VARIABLE	TCHAD		MALI		NIGER	
CHAÎNE DE VALEUR	GOMME ARABIQUE	GRAINES DE SÉSAME	NOIX DE CAJOU	GRAINES DE SÉSAME	BOVIN	OIGNONS
Principaux éléments de stratégie pour la modernisation des CVM	• Chaîne d'approvisionnement coordination • Économies d'échelle • Main-d'oeuvre development • Certification de la qualité	• Chaîne d'approvisionnement coordination • Économies d'échelle • Perfectionnement de la main-d'oeuvre • Certification de la qualité	• Chaîne d'approvisionnement coordination • Économies d'échelle • Main-d'oeuvre development • Certification de la qualité	• Chaîne d'approvisionnement coordination • Économies d'échelle • Main-d'oeuvre development • Certification de la qualité	• Coordination de la chaîne d'approvisionnement • Santé animale et assainissement • Perfectionnement de la main-d'oeuvre • Certification de la qualité	• Chaîne d'approvisionnement coordination • Main-d'oeuvre development • Certification de la qualité
Exemples de modernisation observés	n.d.	n.d.	Natio-Cajou : transformateur de noix intégré verticalement	Prosema : négociant et premier transformateur à la recherche de certifications mondiales	ONIPEV : abattoir moderne certifié Niger Lait : transformateur laitier intégré verticalement et certifié	Une organisation d'agriculteurs a mis au point un certificat d'exportation

Modernisation économique

- Modernisation des processus et des produits en produits certifiés tels que les produits biologiques et halal. Renforcer la fiabilité des produits en améliorant les données, la traçabilité et la qualité.
- Modernisation des processus et de l'organisation pour augmenter les flux, réduire les coûts et améliorer la coordination de l'industrie.
- Modernisation des processus pour faciliter le renforcement des liens entre les acheteurs locaux, régionaux et mondiaux.

- Modernisation des processus. Développer la capacité des chaînes de valeur de la gomme arabique, des graines de sésame et des noix de cajou à accroître la production et à gérer efficacement la croissance de l'industrie.
- Modernisation des processus et des produits. Développer l'efficacité, l'intégrité et la fiabilité de la chaîne de valeur en transférant les décisions et la coordination de l'industrie au niveau de l'exploitation agricole et en attirant des IDE qui changent la donne.
- Modernisation des processus, des produits et des marchés pour en faire des produits et des marchés de niche à plus forte valeur ajoutée. Améliorer les revenus des producteurs et des récoltants en augmentant la demande extérieure pour les cultures tchadiennes et maliennes et en diversifiant les marchés.
- Modernisation des processus pour intensifier la production. Améliorer les liens entre les projets de production de gomme arabique, de graines de sésame et de noix de cajou et d'autres projets de développement local visant à remédier aux échecs sociaux, environnementaux ou économiques

Colonne BOVIN :
- Modernisation des processus et des produits par l'amélioration de la santé animale et des pratiques d'élevage.
- Modernisation des processus et des produits par la privatisation des abattoirs et le développement des filières lait et cuir.
- Modernisation des marchés par la diversification des marchés d'exportation.

Colonne OIGNONS :
- Modernisation des processus et des produits pour obtenir des semences certifiées, par l'amélioration de la gestion, du stockage et de la logistique de l'exploitation agricole, des conditionnements de plus petite taille, et attirer des IDE qui changent la donne.
- Modernisation des marchés par leur diversification.

Modernisation sociale

En créant des grappes de production et de négoce au niveau de la ferme qui améliorent la production, adoptent la certification, favorisent la transformation et le commerce et encouragent l'entrepreneuriat féminin

Colonne BOVIN : Faisceaux trayeurs autour de Niamey fabrication de sacs plus petits

Colonne OIGNONS : Former les femmes à la

la suite ci-après

TABLEAU 5.8, *suite*

VARIABLE	TCHAD		MALI			NIGER
CHAÎNE DE VALEUR	GOMME ARABIQUE	GRAINES DE SÉSAME	NOIX DE CAJOU	GRAINES DE SÉSAME	BOVIN	OIGNONS
Modernisation environnementale	Formation sur la récolte des arbres, le reboisement et la gestion de l'eau et de l'utilisation des terres.	Gestion de l'eau et de l'utilisation des terres		Gestion de l'eau et de l'utilisation des terres	• Gestion de l'eau et de l'utilisation des terres • Améliorer l'assainissement	• Gestion de l'eau et de l'utilisation des terres • Réduire les déchets
Instruments stratégiques	En plus d'un dialogue public–privé, un dialogue public–public permanent est nécessaire pour créer des politiques cohérentes et un guichet unique pour l'agroalimentaire.					
	• Groupe de travail de l'industrie • Services de vulgarisation • Stratégie industrielle et objectifs de production • Explorer le bloc régional pour attirer des IDE dans une marque • Normes environnementales	• Groupe de travail de l'industrie • Services de vulgarisation • Stratégie industrielle et objectifs de production • Explorer le bloc régional pour attirer des IDE dans une marque • Normes environnementales	• Groupe de travail de l'industrie • Services de vulgarisation • Stratégie industrielle et objectifs de production • Explorer le bloc régional pour attirer des IDE dans une marque • Normes environnementales	• Groupe de travail de l'industrie • Services de vulgarisation • Stratégie industrielle et objectifs de production • Étudier la possibilité d'un bloc régional pour attirer des IDE pour une marque mondiale • Normes environnementales	• Privatiser les abattoirs • Services de vulgarisation et de soutien • Zonage et normes pour animaux • Groupe de travail de l'industrie • Normes environnementales	• Groupe de travail de l'industrie • Services de vulgarisation et de soutien • Marquage • Facilitation de l'exportation et de l'investissement

Note : CVM = chaîne de valeur mondiale ; IDE = investissements directs étrangers ; n.d. = non disponible ; PROSEMA = Promotion du sésame au Mali.

- Recherche d'investissements étrangers spécialisés auprès d'entreprises multinationales dédiées qui sont des champions mondiaux confirmés de la modernisation des chaînes de valeur par produit, avec la participation active des producteurs et des transformateurs, et de l'exploration de trajectoires connectant les produits agricoles de base à des industries à plus forte valeur ajoutée.
- Enfin, l'appui à la politique agricole pour aligner les besoins des producteurs et les échecs sociaux, environnementaux et économiques sur les exigences des marchés mondiaux et régionaux, c'est-à-dire une nouvelle politique de développement industriel productif qui encourage les CVM dans les agroindustries avec une participation renouvelée du secteur privé. Une telle politique doit également s'attaquer aux macro-éléments fondamentaux, en particulier les politiques relatives au commerce et à l'environnement des entreprises. Ce point est développé dans les chapitres suivants du présent rapport.

Pour terminer, notre analyse globale de la chaîne de valeur révèle que le Tchad, le Mali et le Niger font face à des menaces similaires en matière de production, de qualité et de part de marché. Les maillons les plus faibles de la chaîne sont dans la production, avec un impact direct sur la quantité et la qualité des produits sur les marchés mondiaux et régionaux. Le segment de la production n'est pas lié aux spécifications des acheteurs ni à la dynamique mondiale et régionale. Les producteurs subissent une forte pression des grossistes et des exportateurs, qui contrôlent les relations avec les acheteurs et la logistique. Dans le même temps, les exportateurs ne réinvestissent pas leurs bénéfices en se modernisant, n'ont pas les compétences nécessaires ni l'accès au financement et exercent des pressions sur leurs fournisseurs pour qu'ils maintiennent des coûts de transaction bas et des revenus élevés. Ces résultats suggèrent que la modernisation des processus dans l'intensification des produits et l'organisation des parties prenantes ainsi que la modernisation des produits par l'amélioration de la qualité, les certifications et la responsabilisation des producteurs sont les deux trajectoires de modernisation économique les plus critiques et immédiates. Le tableau 5.8 ci-dessus présente les principales composantes de la modernisation à court et moyen terme et les options stratégiques.

NOTES

1. Pour une analyse des CVM à l'échelle nationale et des résultats pertinents pour le Mali, le Niger et le Tchad, voir Ahmed et Fandohan (2017, 2018a, 2018b). De plus amples détails sont également fournis dans les différents chapitres traitant des CVM dans les rapports pays.
2. Filiale du groupe Tata.

RÉFÉRENCES BIBLIOGRAPHIQUES

Ahmed, G. 2018. "Upgrading Agricultural Value Chains in Mali, Niger, and Chad." Unpublished background paper, World Bank, Washington, DC.

Ahmed, G., and B. Fandohan. 2017. "GVC in Niger: Bovine and Onions." Unpublished background paper, *Niger: Leveraging Export Diversification to Foster Growth*, World Bank, Washington, DC.

———. 2018a. "Chad's Value Chains in Sesame Seeds and Gum Arabic." Unpublished background paper, *Chad: Leveraging Export Diversification to Foster Growth*, World Bank, Washington, DC.

———. 2018b. "GVC in Mali: Sesame Seeds and Cashew." Unpublished background paper, *Mali: Leveraging Export Diversification to Foster Growth*, World Bank, Washington, Dc.

Ahmed, G., S. Nahapetyan, D. Hamrick, and J. Morgan. 2017. *Russian Wheat Value Chain and Global Food Security*. Durham: Duke Center on Globalization, Governance & Competitiveness at the Social Science Research institute. https://GVCc.duke.edu/wp-content/uploads/2017/05/cggc-russia-wheat-value-chain.pdf.

Antràs, P., and D. Chor. 2018. "On the Measurement of Upstreamness and Downstreamness in Global Value Chains." NBER Working Paper 24185, National Bureau of Economic Research, Cambridge, MA. https://www.nber.org/papers/w24185.pdf.

Banque mondiale. 2017. "Niger: Leveraging export Diversification to Foster growth." Report 120306-NE, World Bank, Washington, DC.

Barrientos, S., G. Gereffi, and A. Rossi. 2012. "Economic and Social Upgrading in Global Production Networks: A New Paradigm for a Changing World. "*International Labour Review*150 (3–4): 319–40.

De Marchi, V., E. Di Maria, and S. Micelli. 2013. "Environmental Strategies, Upgrading, and Competitive Advantage in Global Value Chains." *Business Strategy and the Environment* 22 (1): 62–72.

FAO (Food and Agriculture Organization). 2018. Food and Agriculture Data. Retrieved from http://www.fao.org/faostat/en/#data.

Gereffi, G. 2014. "Global Value Chains in a Post-Washington Consensus World." Review of *International Political Economy* 21 (1): 9–37.

Humphrey, J., and H. Schmitz. 2002. "How Does Insertion in Global Value Chains Affect Upgrading in Industrial Clusters?" *Regional Studies* 36 (9): 1017–27.

Neilson, J., B. Pritchard, and H. Wai-Chung Yeung. 2014. "Global Value Chains and Global Production Networks in the Changing International Political Economy: An Introduction." *Review of International Political Economy* 21: 1–8.

Pfeffer, J., and G. Salancik. 1978. *The External Control of Organizations: A Resource Dependency Perspective*. New York: Harper & Row.

Taglioni, D. 2018. "The Position of Mali, Niger, Chad, and Guinea in the Typology of GVCs." Unpublished background paper, World Bank, Washington, DC.

Taglioni, D., and D. Winkler. 2016. *Making Global Value Chains Work for Development*. Trade and Development series. Washington, DC: World Bank.

Wry, T., J. A. Cobb, and H. E. Aldrich. 2013. "More than a Metaphor: Assessing the Historical Legacy of Resource Dependence and its Contemporary Promise as a Theory of Environmental Complexity." *Academy of Management Annals* 7 (1): 439–86.

6 Fondements macroéconomiques (1)
RÉEXAMINER LA POLITIQUE COMMERCIALE ET LA LOGISTIQUE

SYNTHÈSE

- *La diversification des exportations devrait tenir compte du cadre de politique commerciale défini par les droits de douane et autres obstacles au commerce déterminant la compétitivité d'une économie. Cela est particulièrement important au vu du caractère enclavé de ces pays (à l'exception de la Guinée), de la dispersion des populations régionales en grappes locales sur un vaste territoire, et de la généralisation du commerce informel.*

- *Trois accords qui se chevauchent (Communauté économique des États de l'Afrique de l'Ouest – CEDEAO–, Union économique et monétaire ouest-africaine – UEMOA – et Communauté économique et monétaire pour l'Afrique centrale – CEMAC) régissent leurs régimes commerciaux sur la base d'un tarif extérieur commun (TEC) caractérisé par une progressivité élevée des droits et des exemptions excessives.*

- *Un réexamen des TEC en vue d'éliminer les exemptions et de renforcer la neutralité tout en améliorant la cohérence des trois régimes de TEC pourrait favoriser la réaffectation des ressources des biens et services non échangeables basés sur les ressources vers des biens et services échangeables, tout en encourageant les échanges sur les corridors sahéliens reliant les quatre pays.*

- *Les retombées attendues des réformes tarifaires risquent de ne pas se concrétiser pleinement face aux multiples obstacles non tarifaires (parafiscaux) qui ont renforcé le caractère informel du commerce régional, conduisant à des coûts de transaction élevés, des faiblesses de la logistique commerciale, et des liens avec le marché médiocres.*

- *Les coûts associés au commerce et aux transports doivent être pris en compte et des efforts régionaux en matière de facilitation des échanges doivent être mis en œuvre si l'on veut promouvoir le commerce transfrontalier et une intégration plus poussée dans les flux commerciaux régionaux plus formels le long des principaux corridors de transit régionaux et sur les marchés mondiaux.*

CONTEXTE

Pour évaluer les options de diversification des exportations dans les économies des pays MTNG, il faut avant tout reconnaître les niveaux élevés de commerce informel qui dominent le commerce intrarégional de produits d'origine agricole (encadré 6.1). dans le cadre du développement des chaînes de valeur mondiales (CVM), les pays MTNG doivent accomplir des progrès dans la promotion de la diversification des exportations et du commerce intrarégional et mondial dans un cadre politique qui, non seulement réduit leur dépendance à l'égard des ressources naturelles et favorise les changements structurels, mais qui facilite aussi l'intégration du commerce informel dans les marchés formels. Ceci, contrairement à un cadre incitatif défini par les droits de douane et autres obstacles au commerce qui déterminent la répartition des ressources. Ce chapitre résume les principaux problèmes politiques associés au commerce, les difficultés de diversification des exportations et les recommandations politiques qui promeuvent une croissance durable des exportations hors ressources dans la région.

Pour déterminer la bonne combinaison de prescriptions de politique commerciale en vue de diversifier les exports formels dans les pays MTNG, in convient de tenir compte de leur intégration régionale. Les quatre pays appartiennent à trois régimes commerciaux différents et qui se chevauchent, définis par leurs Communautés économiques régionales (CER) respectives. Le Niger et le Mali appartiennent à l'Union économique et monétaire ouest-africaine (UEMOA), tout comme le Bénin, le Burkina Faso, la Côte d'Ivoire, la Guinée-Bissau, le Sénégal et le Togo. Parallèlement, la plupart des pays de l'UEMOA, dont le Niger et le Mali, sont membres de la Communauté économique des États de l'Afrique de l'Ouest (CEDEAO), tout comme la Guinée. Les échanges commerciaux du Tchad sont

---

ENCADRÉ 6.1

Une informalité élevée dans les échanges régionaux en Afrique de l'Ouest

Le commerce intrarégional (principalement de produits agricoles) en Afrique de l'Ouest consiste principalement en trois types de flux commerciaux, dont une grande partie reste informelle :

- *Le commerce transfrontalier*, effectué principalement par des commerçants informels autour de marchés naturels sur la base de conditions excédentaires de l'offre et de la demande locales (telles que l'horticulture locale et d'autres produits), et favorisé par des frontières poreuses ;
- *Le commerce d'arbitrage*, en grande partie de la contrebande ou du détournement d'échanges commerciaux avec des pays tiers (par exemple, riz et volaille), destiné à contourner les interdictions commerciales ou les barrières douanières extrêmement restrictives et à tirer parti de la porosité des frontières ; et

- *Le commerce basé sur les complémentarités*, principalement pour les denrées de consommation courante, où des complémentarités existent entre la production et la demande (bétail, céréales et légumineuses, manioc) (Maur et Shepherd, 2015).

Une étude récente estime que près de 84 % des échanges agricoles au Tchad sont informels (Étude diagnostique de l'intégration du commerce [EDIC] 2015). L'économie nigérienne est majoritairement agraire et une grande partie du commerce associé, à savoir les produits agricoles et d'élevage, est informelle et non enregistrée (Raballand 2017). De plus, Hoffmann et Melly (2015) décrivent l'activité économique sur les marchés frontaliers entre le Niger et le Nigeria et estiment que les volumes de produits échangés de manière informelle entre le Nigeria, le Niger et le reste de la région sahélo-sahélienne excèdent largement ceux du commerce formel.

officiellement liés par la Communauté économique et monétaire pour l'Afrique centrale (CEMAC) qui inclut également le Cameroun, la République centrafricaine, la République démocratique du Congo, la Guinée équatoriale et le Gabon, mais pas le Nigéria, qui est membre de la CEDEAO et peut-être le partenaire commercial le plus important, au moins pour le Niger et le Tchad.

Les pays de la CEMAC, dont le Tchad, appartiennent également à la Communauté économique des États de l'Afrique centrale, créée en 1983 mais pratiquement défunte car devant encore être ratifiée. Chacune des trois régions se trouve à différents stades d'intégration, mais toutes ont leurs propres tarifs extérieurs communs (TEC).[1]

Cependant, il existe un potentiel largement inexploité. Malgré un marché fortement concentré (voir Chapitre 1), un modèle de gravité tenant compte de facteurs économiques clés montre un potentiel commercial inexploité. C'est le cas, par exemple, au Tchad et au Niger pour leurs partenaires commerciaux régionaux, la région élargie de l'Afrique subsaharienne et d'autres grandes économies (figures 6.1 et 6.2). Selon les données disponibles pour ces deux économies, le Niger semble sous-exporter vers des membres de la CEDEAO comme le Bénin, le Burkina Faso et le Nigeria, ainsi que vers des marchés plus vastes comme la France et la Chine. En revanche, les exportations du Niger vers le Togo, le Sénégal et la Belgique sont supérieures à ce que l'on pourrait attendre de facteurs géographiques et autres, ce qui s'explique probablement par la complémentarité des proximités et des échanges, ainsi que par son rôle de base de réexportation pour les pays tiers. De même, bien que les États-Unis et l'Inde soient des partenaires

FIGURE 6.1

Partenaires commerciaux du Tchad, exportations prévues versus exportations réelles

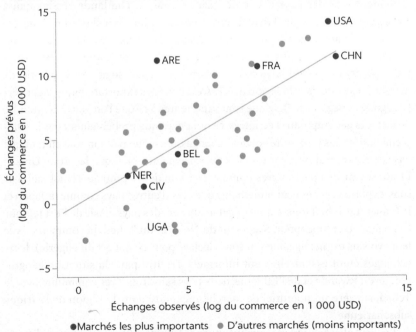

Source : Indicateurs du développement dans le monde, Banque mondiale, Washington, DC, https://databank.worldbank.org/source/world-development-indicators.
Note : ARE = République arabe d'Égypte ; BEL = Belgique ; CHN = Chine ; CIV = Côte d'Ivoire ; FRA = France ; NER = Niger ; UGA = Ouganda ; USA = États-Unis.

FIGURE 6.2

Partenaires commerciaux du Niger

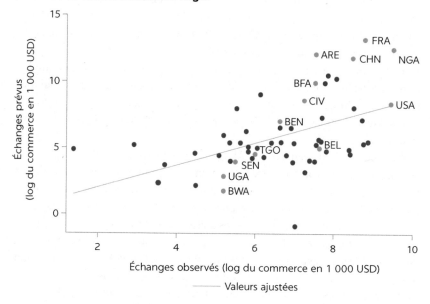

Source : Indicateurs du développement dans le monde, Banque mondiale, Washington, DC, https://databank.worldbank.org/source/world-development-indicators
Note : ARE = République arabe d'Égypte ; BEL = Belgique ; BEN = Bénin ; BFA = Burkina Faso ; BWA = Botswana ; CHN = Chine ; CIV = Côte d'Ivoire ; FRA = France; NER = Niger ; NGA = Nigeria ; SEN = Sénégal ; TGO = Togo ; UGA = Ouganda ; USA = États-Unis.

commerciaux majeurs pour le Tchad, celui-ci sous-exporte vers ces économies ainsi que vers d'autres pays comme le Japon et la France. Le Tchad sous-exporte également vers des pays d'Asie de l'Est tels que la Thaïlande et Singapour. S'agissant du Niger et du Tchad, le commerce avec leurs voisins est négligeable (ou sous-déclaré pour ce qui est du Nigeria), leurs échanges étant essentiellement informels. D'autre part, la situation géographique du Rwanda et de l'Éthiopie, deux pays sans frontières communes avec le Tchad, suggère un potentiel de marché inexploré dans la région ASS. En revanche, les exportations du Niger vers le Togo, le Sénégal et la Belgique sont supérieures à ce que l'on pourrait attendre de facteurs géographiques et autres, ce qui s'explique probablement par la complémentarité des proximités et des échanges, ainsi que par son rôle en tant que base de réexportation pour les pays tiers. De même, bien que les États-Unis et l'Inde soient des partenaires commerciaux majeurs pour le Tchad, celui-ci sous-exporte vers ces économies ainsi que vers d'autres pays comme le Japon et la France. Le Tchad sous-exporte également vers des pays d'Asie de l'Est tels que la Thaïlande et Singapour. S'agissant du Niger et du Tchad, le commerce avec leurs voisins est négligeable (ou sous-déclaré pour ce qui est du Nigeria), leurs échanges étant essentiellement informels. D'autre part, la situation géographique du Rwanda et de l'Éthiopie, deux pays sans frontières communes avec le Tchad, suggère un potentiel de marché inexploré dans la région de l'Afrique subsaharienne.

Les pays africains ont récemment annoncé leur intention de mettre en place un Accord de libre-échange continental (ALEC), qui vise à libéraliser le commerce des biens et des services et à faciliter les investissements à travers le continent africain. Cela présage probablement de l'introduction d'une politique et d'un cadre réglementaire globaux.Les modalités des négociations tarifaires de l'ALEC devront répondre efficacement aux conditions commerciales et de politique commerciale spécifiques au contexte africain. Différents degrés d'intégration des marchés entre les CER ainsi que la structure des échanges intra-africains de chaque pays affecteront la facilité avec laquelle les parties seront en mesure de participer à l'ouverture des marchés dans le cadre de l'ALEC. Il est important de fixer des objectifs crédibles de libéralisation et de trouver le meilleur moyen de réconcilier les processus d'intégration parallèles au niveau des CER, inter-CER et de l'ALEC, notamment en assurant une surveillance, un examen et un suivi continus.

PIÈGES DU CADRE DE POLITIQUE COMMERCIALE DES PAYS MTNG

Les taxes sur les échanges internationaux continuent de peser sur la fiscalité globale des pays MTNG. D'une part, les taxes sur le commerce international, en baisse, représentent toujours 12,8 %, 28,2 % et 14,9 % des recettes fiscales au Mali, au Niger et en Guinée, respectivement. D'autre part, on ne saurait trop insister sur l'importance d'une réforme douanière, car les recettes douanières devraient être en réalité plus élevées : les industries extractives de ces pays, notamment la Guinée et le Niger, sont fortement tributaires d'intrants intermédiaires et de matières premières importées qui sont souvent exemptés de taxes, ce qui explique les déficits à deux chiffres de leurs comptes courants respectifs.

Dans le cadre des réformes douanières régionales, la mise en œuvre des TEC adoptés par l'UEMOA, la CEDEAO et la CEMAC comporte de nombreuses incohérences et exceptions. Par exemple, le tarif extérieur commun de la CEMAC comprend cinq catégories : (i) certains produits culturels et liés à l'aviation (détaxés) ; (ii) des articles essentiels (5 %) ; (iii) les matières premières et biens d'équipement (10 %) ; (iv) les biens intermédiaires et biens divers (20 %) ; et (v) les biens de consommation (30 %) (tableau 6.1). Parallèlement, le tarif appliqué par le Tchad en 2012 contient des exceptions au TEC de la CEMAC pour 45 lignes tarifaires. Cependant, ces exceptions n'introduisent pas de nouveaux taux : les produits sont plutôt reclassés dans une autre catégorie tarifaire. Pour leur part, les membres de la CEDEAO ont adopté un TEC entré en vigueur en 2015, qui est divisé en quatre taux nominaux positifs (5, 10, 20, et 35 %). De plus, le dernier examen de la politique commerciale de l'Organisation mondiale du commerce (OMC) a mis en évidence la présence d'importantes dérogations au TEC dans les pays. Par exemple, les sociétés minières et autres sociétés agréées en vertu du Code des investissements du Mali sont exemptées de droits de douane. Au Niger, les matières premières et les emballages importés sont exemptés en l'absence de production nationale. En 2015, les exemptions de droits de douane au Mali représentaient environ 114 millions USD (OMC 2017). Des estimations récentes indiquent que les recettes fiscales (et douanières pourraient augmenter considérablement si le Niger éliminait toutes les exonérations fiscales et s'appuyait sur les tarifs douaniers (7,3 %) et autres taxes (2,4 %) (Banque mondiale 2017).

En 2015, les membres de la CEDEAO ont adopté le TEC pour 90 % des lignes tarifaires. Le TEC de la CEDEAO était basé sur celui de l'UEMOA, mis en œuvre depuis 2004, mais laissait les 130 lignes tarifaires restantes soumises à un taux de 35 %. Le TEC de la CEDEAO dépasse les règles de l'OMC dans tous les États

TABLEAU 6.1 **Taux tarifaires moyens au Niger**

LIGNE TARIFAIRE	TAUX MOYEN
1. Taux NPF (nation la plus favorisée) moyen simple appliqué	18,1
Produits agricoles (définition OMC)	22,4
Produits non agricoles (définition OMC)	17,4
Agriculture, chasse, foresterie et pêche (CITI 1)	23,6
Industrie extractive (CITI 2)	11,2
Industrie manufacturière (CITI 3)	17,8
2. Tarifs appliqués effectifs	18,6
3. Lignes tarifaires hors taxes (pour cent du total des lignes tarifaires)	0,6
4. Taux moyen simple (lignes passibles de droits)	18,2
5. Droits non ad valorem (pour cent du total des lignes tarifaires)	0,0
6. Contingents tarifaires (pour cent du total des lignes tarifaires)	0,0
7. Pics tarifaires nationaux (pour cent du total des lignes tarifaires)	0,0
8. Pics tarifaires internationaux (% du total des lignes tarifaires)	48,1
9. Écart type global des taux appliqués	9,6
10. « Nuisance » des taux appliqués (% du total des lignes tarifaires)	0,0

Source : Banque mondiale 2017.
Note : CITI = Classification internationale type des industries ; OMC = Organisation mondiale du commerce.

membres, à l'exception de la Guinée-Bissau et du Togo. En outre, la catégorie tarifaire supplémentaire de 35 % mise en œuvre dans le cadre de la CEDEAO (en Guinée, par exemple) va au-delà des règles de l'OMC. Pourtant, selon les estimations, son élimination aurait un impact négligeable sur les recettes (FMI 2015). De nombreux autres droits et taxes imposés par les États membres sont fixés à zéro, ce qui prête à confusion. les dernières informations disponibles pour 2017 au niveau des codes à six chiffres indiquent que le Niger et le Mali appliquent des lignes tarifaires NPF avec de nombreux écarts par rapport au TEC. Cela correspond à plus de 100 taux de droits de douane distincts répartis sur l'ensemble du barème tarifaire, certains ayant des écarts minimes par rapport à la structure à cinq tranches (0, 5, 10, 20, 35 %), tandis que les autres pays présentent des écarts plus importants.

Certaines simulations sur les taux de TEC ajustés dans l'UEMOA révèlent des coûts commerciaux et sociaux élevés. La révision du TEC avec la tranche supplémentaire de 35 % a des conséquences potentiellement importantes, car elle peut engendrer une augmentation de 7 % à 10 % du coût de la vie pour les ménages, et donc réduire leur bien-être de 2 % à 5 % (Gourdon et Maur 2014). Dans le cas de la Guinée, en raison des différences de modèles de consommation entre les ménages et de la nature de la structure tarifaire, les tarifs sont régressifs sur l'ensemble de la répartition des revenus tant pour le tarif UEMOA quatre bandes que pour le TEC CEDEAO. Dans le premier cas, les droits de douane moyens varient d'environ 12 % pour les plus pauvres à 9 % pour les plus riches et de 13 % à 10 % pour le TEC. L'impact sur les ménages est également régressif pour le TEC de la CEDEAO, les ménages pauvres étant affectés de manière disproportionnée et le coût moyen du bien-être pondéré en fonction de la consommation s'élevant à 5 % pour le cinquième centile le plus faible, contre 3 % pour le 95e centile.

Les taux du TEC dans la CEMAC, l'UEMOA et la CEDEAO affichent une structure croissante (différences résultant de droits d'importation plus élevés sur les produits semi-transformés par rapport aux matières premières et encore plus élevés sur les produits finis), ce qui dénature l'activité commercialisable, la rend non commercialisable et empêche ces économies de s'aligner sur des régions comparables. Les droits de la CEMAC sur les biens intermédiaires et les biens d'équipement sont supérieurs à ceux observés dans d'autres régions, et nettement supérieurs à ceux des pays d'Asie de l'Est (PAE) et de régions telles que l'Association des Nations de l'Asie du Sud-Est (ANASE). Profondément intégrée aux chaînes de valeur mondiales (tableau 6.2), cette région fait désormais partie des exportateurs de produits industriels les plus diversifiés et les plus prolifiques. La neutralité croissante vis-à-vis des mécanismes d'incitation et l'alignement étroit sur les prix mondiaux ont été les fondements de sa transformation

TABLEAU 6.2 Comparaison des tarifs douaniers simples et pondérés par groupes régionaux, 2016

RÉGION	TYPE DE BIENS	MOYENNE SIMPLE	MOYENNE PONDÉRÉE
PAE	Primaires	9,64	3,58
PAE	Biens intermédiaires	8,75	5,35
PAE	Consommation	17,07	7,72
PAE	Biens d'équipement	4,97	4,48
CEDEAO	Primaires	13,42	19,11
CEDEAO	Biens intermédiaires	9,96	9,37
CEDEAO	Consommation	18,36	13,78
CEDEAO	Biens d'équipement	7,69	7,79
CEMAC	Primaires	18,09	10,04
CEMAC	Biens intermédiaires	14,87	12,2
CEMAC	Consommation	24,84	19,99
CEMAC	Biens d'équipement	12,68	12,82
CDAA	Primaires	4,37	0,65
CDAA	Biens intermédiaires	4,49	2,26
CDAA	Consommation	11,96	8,71
CDAA	Biens d'équipement	2,82	2,16
UEMOA	Primaires	17,76	25,38
UEMOA	Biens intermédiaires	10,70	11,50
UEMOA	Consommation	17,51	14,47
UEMOA	Biens d'équipement	7,94	7,76
ANASE	Primaires	5,33	2,72
ANASE	Biens intermédiaires	4,49	4,08
ANASE	Consommation	9,39	6,16
ANASE	Biens d'équipement	4,89	1,96
UE	Primaires	5,64	n.d.
UE	Biens intermédiaires	0,03	n.d.
UE	Consommation	2,34	n.d.
UE	Biens d'équipement	0,00	n.d.

Sources : Benjamin et Pitigala 2017; Pitigala 2018a, 2018b.
Note : n.d. = non disponible. ANASE = Association des nations de l'Asie du Sud-Est ; CDAA = Communauté de développement de l'Afrique australe ; CEDEAO = Communauté économique des États de l'Afrique de l'Ouest ; CEMAC = Communauté économique et monétaire pour l'Afrique centrale ; PAE = pays d'Asie de l'Est ; UE = Union européenne ; UEMOA = Union économique et monétaire ouest-africaine.

structurelle. En revanche, le TEC des trois blocs régionaux liés aux MTNG indique des droits beaucoup plus élevés sur les produits finis que sur les intrants primaires et intermédiaires, une structure destinée à promouvoir une substitution obsolète des importations en offrant une protection tarifaire à la production industrielle de produits finis. Les droits de douane TEC élevés sur les biens de consommation, dans le but de créer des incitations à la substitution régionale, peuvent permettre d'accroître la production régionale, mais avec un coût élevé pour les consommateurs et au détriment de la diversification des exportations, tant sur le marché régional que dans les CVM. De plus, bien que la progression soit courante dans la plupart des pays africains, la variation est moins prononcée dans les pays du Sahel que dans les autres pays et régions d'Afrique subsaharienne, ainsi que dans les PAE (figure 6.3).

La grande diversité des obstacles paratarifaires complexes dans les pays MTNG accroît l'imprévisibilité et réduit la transparence tout en exacerbant l'effet protecteur des droits de douane. Par exemple, le Tchad applique divers prélèvements et taxes, comme une taxe pour l'intégration communautaire (TIC), une contribution pour l'intégration communautaire (CIC), une taxe pour l'Organisation pour l'harmonisation en Afrique du droit des affaires (OHADA) et une taxe statistique sur toutes les importations, quelle que soit leur origine, toutes ajoutant entre 5 % à 8 % ad valorem. Au Niger, diverses taxes frontalières s'appliquent : (i) une redevance statistique sur les importations (RSI) : 1 % ; (ii) une taxe sur la valeur ajoutée (TVA) fixée à 19 % dans les directives de l'UEMOA ; (iii) un prélèvement communautaire de solidarité (PCS) de l'UEMOA : 1 % ; (iv) un prélèvement communautaire de la CEDEAO : 1 % ;[2] (v) a taxe spéciale à l'importation sur certains produits agricoles: 10 % du prix plancher ; (vi) un droit d'accise : entre 15 % et 45 %, selon le produit (par exemple, les cigarettes et les boissons alcoolisées) ; (vii) une taxe sur la vérification des importations (TVI) : 1 % de la valeur des biens pour financer les frais payés à cotecna ; (viii) un service d'inspection avant expédition ; (ix) une avance sur l'impôt sur les bénéfices industriels et commerciaux (BIC) : 5 % de la valeur des biens pour les opérateurs sans numéro d'identification fiscale (NIF) ; et (x) une taxe de 3 % pour les exploitants dotés d'un NIF (EDIC 2015). De même, un (xi) prélèvement communautaire de solidarité de 1 %, imposé aux États membres de l'UEMOA sur les importations en provenance de pays extérieurs à la CEDEAO, un (xii) prélèvement de la CEDEAO de 0,5 % et (xiii) une taxe statistique de 1 % sont également imposés par le Niger.

FIGURE 6.3

Tarifs douaniers moyens par étape de production, 2016

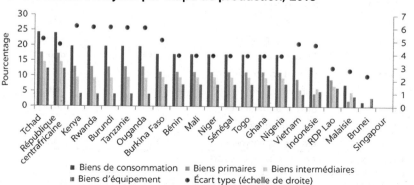

Sources : Benjamin et Pitigala 2017 ; Banque mondiale 2018a, 2018b.
Note : RDP = République démocratique populaire.

L'absence d'équivalent national pour ces droits et prélèvements supplémentaires accroît l'effet protecteur des droits de douane et exacerbe la structure tarifaire majorée, ce qui se traduit par des taux de protection effective encore plus élevés que ceux suggérés par la structure tarifaire majorée.

Ainsi, les structures tarifaires actuellement appliquées dans les économies MTNG aggravent la pauvreté et découragent les exportations agricoles. En effet, des tarifs élevés amplifiés par les obstacles paratarifaires imposés sur les produits agricoles de base représentent un surcoût substantiel pour les consommateurs, en particulier les ménages pauvres, dont le budget est consacré de manière disproportionnée à la nourriture. Bien que cela puisse protéger ces agriculteurs ouest-africains contre les importations en dehors du territoire douanier, cela ne confère que peu de protection dans les pays où les importations sont globalement non compétitives dans le cadre des accords régionaux respectifs. Par conséquent, les pays MTNG ont de considérables opportunités d'accroître et de diversifier leurs exportations de produits agricoles et, dans certains cas, d'exporter des produits transformés de haute qualité. Pour promouvoir la transformation à plus forte valeur ajoutée, il est essentiel que les intrants de production, y compris les outils et l'équipement, puissent être importés avec un niveau de taxation douanière très faible, ce qui aura pour autre avantage de minimiser la distorsion intersectorielle. De plus, si les exportations étaient dirigées vers des marchés hautement concurrentiels, comme cela pourrait être le cas pour la viande et les cuirs et peaux, des droits de douane nuls ou faibles sur les importations d'intrants pourraient rendre les exportations de ces pays suffisamment compétitives.[3]

De la même manière, des droits de douane élevés sur les produits manufacturés et les biens intermédiaires protègent très peu les producteurs sahéliens, la fabrication de biens échangeables sur le marché intérieur étant relativement faible, de même que la capacité de ces pays à assurer une substitution efficace des importations. Les secteurs perçus comme des secteurs naissants – notamment les jus de fruits, les textiles ou le ciment, qui constituent la capacité d'approvisionnement des régions de la CEMAC – ne suffisent même pas à satisfaire la demande au Tchad. Il en résulte des importations extrarégionales qui entraînent à leur tour une perte substantielle de bien-être, en raison des TEC élevés pour les consommateurs tchadiens. Par conséquent, la justification du maintien d'un degré de progression aussi élevé devrait être examinée et liée à la performance du secteur en terme de compétitivité et, dans l'idéal, progressivement éliminée.

Outre les tarifs standard et autres tarifs ad hoc, d'autres obstacles non tarifaires ont une incidence sur le commerce, notamment les obstacles aux frontières par le biais d'interdictions ou de quotas parfois appliqués à des secteurs proposant des produits nationaux concurrentiels. Ceux-ci s'appliquent en grande partie aux produits alimentaires et peuvent être imposés selon les saisons pour protéger les producteurs et les industries locales.

Certains membres de la CEDEAO ont occasionnellement imposé des restrictions à l'exportation, généralement sur les céréales, afin d'aider le pays à affronter des problèmes temporaires d'insécurité alimentaire. Enfin, les efforts d'harmonisation régionale, notamment pour les semences et autres intrants agricoles, n'ont pas été pleinement mis en œuvre et continuent de nécessiter une duplication des certifications, tandis que l'absence de normes harmonisées pour les céréales et les légumineuses entrave le mouvement des denrées de base des régions excédentaires vers les régions déficitaires, et compromet le potentiel des chaînes de valeur mondiales basées sur les produits agricoles.

La réforme douanière est une priorité majeure. Les barrières non tarifaires les plus importantes sont peut-être les procédures douanières complexes, souvent inutiles, et qui font doublon (fondées sur des systèmes manuels obsolètes). Cette complexité favorise les collusions et la corruption chez les commerçants, les fonctionnaires et les intermédiaires. Elle incite également à la contrebande et au commerce informel. Les agents des douanes extraient également les paiements pour les marchandises en transit et imposent de longues procédures de dédouanement aux frontières, bloquant les envois pendant des jours, voire des semaines. Bien que la CEDEAO ait pris des engagements régionaux pour éliminer la nécessité de certificats d'origine pour les produits alimentaires, certains membres continuent d'en exiger. En outre, si les pays de la CEDEAO ont signé des accords techniques prévoyant une reconnaissance mutuelle des certificats sanitaires et phytosanitaires, les agents des services frontaliers exigent toujours des opérateurs des doubles certificats. Cela peut être dû en partie à un manque d'informations, mais également à l'intérêt de créer des opportunités de percevoir des frais ou pots-de-vin.

Parallèlement, il est possible de rationaliser des flux commerciaux transfrontaliers à travers des bazars frontaliers, similaires à ceux mis en œuvre le long de certaines portions des frontières entre l'Inde et le Bangladesh ou la Chine et le Kazakhstan (encadré 6.2). Ces bazars, ou *haat*, ont pour objectif principal un régime simplifié pour les transactions commerciales (avec une

---

ENCADRÉ 6.2

Rôle des bazars frontaliers

Les bazars (ou *haat*) jouent un rôle crucial sur la frontière indo-bangladaise. En 2011, les gouvernements du Bangladesh et de l'Inde ont relancé le concept de bazar frontalier et ouvert un *haat* pilote à proximité du poste-frontière de Kurigram-Meghalaya. Un *haat* est un bazar de fortune organisé une fois par semaine, permettant aux résidents frontaliers d'échanger des produits éligibles exonérés de droits de douane tant que les envois ne dépassent pas un seuil fixé à l'avance. Les produits éligibles comprennent les produits agricoles et horticoles locaux, les épices, les produits forestiers mineurs (à l'exclusion du bois d'œuvre), le poisson frais et séché, les produits laitiers et avicoles, les objets et tissus artisanaux. Ces produits sont également exonérés de taxes locales. Depuis le projet pilote, quatre *haat* frontaliers sont désormais opérationnels le long de la frontière indo-bangladaise à Meghalaya et Tripura. L'Inde propose de créer 27 nouveaux *haat* sur les 443 kilomètres de frontière.

Le modèle de bazar frontalier a été reproduit dans d'autres régions. Le bazar de Korgas, entre le Kazakhstan et la Chine, constitue un cas exemplaire. C'est l'un des plus grands bazars transfrontaliers de la région, fournissant quelque 1 300 commerçants chaque jour. Le régime bilatéral permet aux commerçants d'entrer sans visa pendant la journée et de bénéficier d'une franchise de droits limitée (jusqu'à 1,000 USD de marchandises, un taux forfaitaire étant ensuite appliqué). Du côté kazakh de la frontière, le commerce transfrontalier est devenu la principale source d'emplois à Jarkent, la plus grande ville frontalière du district. Selon des estimations prudentes, 10 % de la population locale travaillent directement dans des activités commerciales transfrontalières. Chaque commerçant générerait des emplois pour une à deux personnes supplémentaires dans l'entreposage, le transport local ou la vente dans le bazar. De plus, l'existence du bazar a généré des retombées et créé de nouveaux débouchés pour le commerce de détail et d'autres opportunités commerciales (Kaminiski et Mitra, 2012).

Source : Kathuria et Malouche 2016.

quasi-absence de processus formels et des transactions en franchise de droits et hors taxe).

Les installations fournissent également tous les services requis, élargissent la portée des marchés locaux et créent un stimulus direct pour la création de revenus et l'emploi. Les *haat* prospères ont permis de passer d'une agriculture de subsistance à une agriculture commerciale et à des activités commerciales connexes, dont l'intégration ultérieure à des chaînes d'approvisionnement plus formelles pour l'exportation, en particulier pour les communautés transfrontalières situées le long des frontières entre le Niger, le Tchad et le Nigeria, dans des régions telles que Maradi, Zinder, Diffa, Birni-N'Konni et Tahoua.

Sur le plan géographique, une intégration plus étroite du le Niger et du Tchad avec le Nigeria pourrait contribuer à la croissance du commerce des MTNG en biens et services. Le marché de l'Afrique de l'Ouest est dominé par le Nigeria, suivi du Ghana, de la Côte d'Ivoire et du Sénégal. Ensemble, ces pays représentent 80 % du produit intérieur brut (PIB) régional et 75 à 80 % des importations et exportations agricoles. Le Nigéria est la première économie d'Afrique et elle devrait doubler de taille d'ici 2030. La taille de l'économie nigériane, sa diversité, sa démographie et sa trajectoire de croissance projetée offriront probablement le plus grand potentiel de commercialisation dans le commerce agricole pour les pays MTNG. Des preuves anecdotiques indiquent que le pays a d'importantes exportations bidirectionnelles et informelles. Les denrées de consommation courante et les exportations de bétail dominent les flux des pays du Sahel vers le Nigeria et les exportations de mil et de sorgho ceux du Nigeria vers ses voisins. L'ampleur de ce commerce informel montre clairement les fortes complémentarités avec le Nigeria et les perspectives substantielles de synergies de marché, d'externalités positives et d'économies d'échelle qui amélioreront l'efficacité et répartiront mieux les ressources. Bien que la CEDEAO soit théoriquement un espace de libre-échange, les pays ne respectent pas ce principe, ce qui signifie que les pays exportant dans la CEDEAO doivent payer des droits et taxes ad hoc lorsqu'ils exportent au sein de la région. Par conséquent, plutôt que de se concentrer sur les tarifs douaniers, les accords multilatéraux de libre-échange (ALE) devraient faire tomber les onéreuses et fastidieuses barrières non tarifaires et accords de transit. Cela devrait ainsi libérer le véritable potentiel de commerce multilatéral entre le Nigeria et ses voisins, en particulier le Tchad et le Niger. De plus, une telle évolution pourrait avoir des retombées positives sur les services, y compris les liaisons aériennes, la collaboration commerciale et les services financiers, avec des facettes d'intégration plus profondes susceptibles de profiter à tous les pays concernés.[4]

L'Afrique du Nord offre un autre potentiel de diversification géographique du commerce. Malgré la géographie et la politique des pays MTNG, qui tendent à les orienter vers l'Afrique de l'Ouest plutôt que vers l'Afrique du Nord, le développement rapide de la technologie, de l'économie numérique et de la fourniture de services professionnels (banque, tourisme) a créé de nouvelles opportunités pour ces pays. Cela leur permet notamment d'échanger avec l'Afrique du Nord, y compris à travers des partenariats avec des investisseurs nord-africains (en particulier le Maroc et la Tunisie). Bien que le manque de données nous ait empêché d'estimer l'impact sur les recettes fiscales de ces mouvements dans tous les pays MTNG, l'encadré 6.3 ci-dessus présente ces résultats pour le Niger.

ENCADRÉ 6.3

Estimation de l'impact budgétaire de la réforme du commerce : Le cas du Niger

Cet encadré examine l'impact des accords commerciaux régionaux conclus au Niger sur les importations et les recettes fiscales. Le pays s'est engagé à mettre en œuvre le TEC de la CEDEAO ainsi que l'Accord de partenariat économique (APE) signé avec l'Union européenne (UE) en février 2014. Les simulations montrent l'impact restreint de l'accord préférentiel sur les échanges, limité par le recours généralisé du pays à des exonérations fiscales et par la faible part des importations en provenance de la CEDEAO et de pays européens. En ce qui concerne le TEC, selon les données des douanes, en 2015, seulement 40 % des importations sont entrées au Niger avec le taux de droit NPF légal, tandis que 59 % ont bénéficié d'exonérations partielles (l'uranium ne présentant qu'un taux de 14 %), et 1 % des importations étaient totalement exemptées de droits de douane. De plus, des APE ont été signés avec seulement quatre pays de la CEDEAO (sur 14 membres de la CEDEAO exportant vers le Niger en 2013). En 2013, les importations en provenance de la CEDEAO et des pays européens représentaient respectivement 23 % et 15 % du total des importations, des taux faibles comparés à leurs parts dans les pays voisins. 11 des 14 pays de la CEDEAO ont utilisé leur accès préférentiel (le Nigeria étant le plus important, avec une part de 6 % du total des importations).

La diversité des régimes tarifaires et des taxes devrait être simplifiée. De très nombreuses taxes sont perçues sur les importations : droits de douane (5 catégories : 0, 5, 10, 20, et 35 %), deux taxes communautaires de la CEDEAO (1 % chacune), une taxe statistique (1 %), des droits d'accise (alcool : 45 à 50 %, tabac et cigares : 45 %, autres produits : 8, 10, et 15 %), une taxe sur la vérification des importations (1 %) et la TVA (0, 5 et 19 %). Ainsi, en 2015, les recettes fiscales totales des douanes étaient dominées par la TVA (49 %), les droits de douane (30 %), les droits d'accise (10 %) et les autres taxes (11 %). Le droit de douane moyen sur les importations au Niger est de 35,3 %, tandis que les droits de douane seuls ont une moyenne pondérée en fonction des importations de 15,4 % (et une moyenne simple de 12 %). La multiplicité de ces taxes devrait également être prise en compte lors de la simulation de l'élimination des exonérations fiscales.

L'Accord de partenariat économique avec l'UE vise une libéralisation à 75 % du marché sur une période de transition de 20 ans, accompagnée d'un programme de développement de l'APE de 6,5 milliards EUR pour la période 2015–2019 (moins que les 15 milliards demandés initialement par les pays de l'Afrique de l'Ouest.)

Les pays de la CEDEAO ont également convenu d'accorder à l'UE tout nouveau traitement tarifaire avantageux consenti à d'autres partenaires commerciaux à l'avenir, à condition que ces derniers bénéficient d'une part du commerce international supérieure à 1,5 % et d'un degré d'industrialisation suffisant (plus de 10 % l'année précédant l'entrée en vigueur de l'accord). Ces critères excluraient toute préférence tarifaire accordée à un autre pays d'Afrique ou de la zone Afrique-Caraïbes-Pacifique (ACP), mais pourraient inclure toute préférence accordée à la Chine, à l'Inde ou au Brésil, par exemple.

L'outil de simulation de l'impact de la réforme tarifaire (Tariff Reform impact Simulation Tool, TRIST) de la Banque mondiale a été utilisé pour simuler l'impact sur les recettes d'importation et les recettes fiscales du Niger découlant de la levée des exonérations fiscales et de la mise en œuvre du nouveau TEC et de l'APE. Deux résultats se dégagent :

- Sans surprise, les recettes fiscales augmentent considérablement lorsque toutes les exonérations fiscales sont supprimées, que ce soit sur les tarifs douaniers uniquement (taux de croissance de 7,3 %) ou sur toutes les taxes (taux de croissance de 20,4 %), soit une augmentation de 153 à 164 milliards ou 184 milliards FCFA respectivement. L'inconvénient d'une telle mesure politique est que dans le premier cas, le niveau moyen de protection tarifaire augmente de 6,1 à 11,5 % avec l'application des taux de droits NPF légaux, ce qui réduit également les importations totales d'environ 12,3 %.
- De plus, l'application du TEC semble à première vue presque inutile dans l'optique de la baisse attendue du niveau de protection extérieure ; et elle n'est que légèrement positive dans l'optique d'une augmentation des importations en provenance de la CEDEAO. En revanche, dans le cadre du TEC, le niveau

la suite ci-après

Encadré 6.3, *suite*

moyen de protection tarifaire du Niger augmente de 6,1 % à 6,3 % et l'impact négatif sur
les taux de croissance des importations (-0.5 %)
et les taux de croissance positifs des recettes
fiscales (+2.2 %) est marginal. Ces effets marginaux modérés sont une conséquence du petit
nombre de produits visés, car ces derniers ont

été sélectionnés en fonction de leur valeur
stratégique pour les membres de la CEDEAO.
En outre, les tarifs élevés ciblent les biens
consommés en plus grande quantité par les
couches les plus pauvres de la population, ce
qui pourrait potentiellement avoir un impact
non négligeable sur ces dernières.

Sources : Jammes 2017 et Banque mondiale 2017.

LOGISTIQUE COMMERCIALE ET FACILITATION DU COMMERCE

Les caractéristiques géographiques contribuent lourdement aux difficultés de
diversification des exportations rencontrées par les pays enclavés de la sous-
région MTNG (à l'exception de la Guinée). En effet, la mesure dans laquelle l'environnement commercial et de transit accentue les coûts de transaction peut
déterminer les capacités de commerce formel et informel des pays. Cela est d'autant plus vrai pour les exportateurs dans les contextes fragiles, en conflit ou violents (FCV), où les conflits peuvent encore éroder tout avantage comparatif
éventuel dans certaines régions de production, et accentuer la distance entre la
production et les marchés. Ces pays dépendent entièrement des infrastructures de
transport et des procédures administratives de leurs voisins pour transporter
leurs marchandises vers les ports maritimes, canal le plus pratique pour le commerce international. Le Niger dépend principalement de Cotonou (Bénin) et des
ports secs du Burkina Faso, reliés par voie ferrée aux ports maritimes de Tema et
Takoradi, au Ghana.

Le Tchad dépend principalement de Douala (Cameroun), tandis que le
Mali expédie ses marchandises principalement via Dakar (Sénégal) et Abidjan
(Côte d'Ivoire). Les pays utilisent également d'autres couloirs commerciaux
existants, mais beaucoup moins fonctionnels, qui les relient à ces grandes
villes portuaires. Dans l'ensemble, trois types de paramètres doivent être pris
en compte : (i) la qualité de la logistique commerciale et du transport ; (ii) les
coûts commerciaux et de transport ; et (iii) la disponibilité de couloirs de
transit efficaces les reliant à d'autres pays. Notons également que si les exportations de ressources naturelles sont essentiellement transportées par voie
terrestre jusqu'aux ports voisins, d'autres marchandises périssables peuvent
être bloquées par des obstacles supplémentaires. C'est souvent le cas pour les
produits agroindustriels transportés de zones rurales éparses et isolées vers
de grands marchés urbains.

Le manque de compétitivité logistique du Tchad, et dans une moindre
mesure du Mali, du Niger et de leurs partenaires de transit, souligne les défaillances de leur environnement commercial. Par exemple, le Tchad obtient des
résultats relativement médiocres dans différentes catégories de l'Indice de performance de la logistique (IPL) de la Banque mondiale, notamment l'efficacité
des processus de dédouanement et de contrôle aux frontières, la qualité des
infrastructures commerciales et de transport, la compétitivité et la qualité des

services logistiques (transport routier, opérations de transit et courtage en douane) et la capacité de suivi des consignations. Les trois pays obtiennent d'ailleurs des résultats largement inférieurs aux pays comparables de la région (Kenya, Ouganda et Tanzanie). Le Cameroun n'obtient pas de meilleurs résultats en termes de score IPL (figure 6.4), ce qui aggrave encore les problèmes du Tchad.

Si le Mali et le Tchad affichent des performances mitigées en matière de coûts commerciaux, le Tchad obtient des résultats médiocres par rapport à ses semblables en matière de commerce transfrontalier et doit faire face aux coûts de transaction prohibitifs de ses partenaires de transit (Cameroun, Nigeria) (tableau 6.3). L'absence de littoral génère des coûts qui peuvent se refléter dans les différences de prix du marché entre les pays côtiers et les pays enclavés. Les produits vendus à N'Djamena, capitale du Tchad, peuvent être 30 % plus chers que dans les villes voisines du Cameroun. De fait, l'Indicateur de coûts du commerce agrégés (ATCI) de la Banque mondiale montre également que le Tchad affiche les coûts les plus élevés parmi les pays enclavés, tandis que le Mali et le Niger ont enregistré une diminution des coûts du commerce entre 2004 et 2014.[5] Cependant, les coûts à l'exportation (en USD par conteneur) sont plus importants au Mali que dans la moyenne des pays de l'UEMOA et d'Afrique subsaharienne. Cela implique que le coût de transport intérieur de marchandises au Mali est également plus élevé en raison des performances insuffisantes du pays en matière de coûts de conformité documentaire et de conformité à la frontière. Comparés à d'autres pays sahéliens et enclavés de la région de l'Afrique de l'Ouest, les coûts au Mali sont inférieurs à ceux du Burkina Faso, mais supérieurs à ceux du Niger.

Malgré la multiplicité des accords bilatéraux et régionaux (en grande partie non effectifs),[6] de graves problèmes compromettent la disponibilité de couloirs de transit efficaces susceptibles de relier les pays concernés.

- *L'infrastructure routière est défaillante.* Au Niger, l'infrastructure de transport repose essentiellement sur un réseau routier partiellement bitumé et mal entretenu. Au total, le réseau mesure environ 19 000 kilomètres, dont moins de 4 000 kilomètres bitumés. le corridor Cotonou-Niamey est presque entièrement asphalté et est de loin le plus utilisé. Il représente plus de 65 %

FIGURE 6.4

Performance logistique du Mali, du Niger et du Tchad

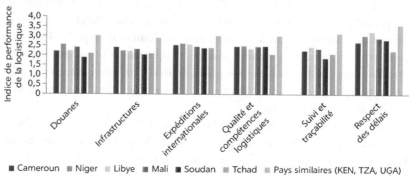

Source : Indice de performance de la logistique 2017, de la Banque mondiale, Washington, DC, https://lpi.worldbank.org/.
Note : Les scores les plus élevés déterminent les pays les plus performants. KEN = Kenya; TZA = Tanzanie ; UGA = Ouganda.

TABLEAU 6.3 **Indicateurs de commerce transfrontalier**

	DÉLAI D'EXPORTATION : CONFORMITÉ À LA FRONTIÈRE (HEURES)	COÛT D'EXPORTATION : CONFORMITÉ ADMINISTRATIVE (USD)	DÉLAI D'EXPORTATION : CONFORMITÉ ADMINISTRATIVE (HEURES)	COÛT À L'EXPORTATION : CONFORMITÉ À LA FRONTIÈRE (USD)	DÉLAI D'IMPORTATION : CONFORMITÉ À LA FRONTIÈRE (HEURES)	COÛT À L'IMPORTATION : CONFORMITÉ À LA FRONTIÈRE (USD)	DÉLAI D'IMPORTATION : CONFORMITÉ ADMINISTRATIVE (HEURES)	COÛT D'IMPORTATION : CONFORMITÉ ADMINISTRATIVE (USD)
Cameroun	202	983	66	306	271	1 407	163	849
Côte d'Ivoire	239	423	84	136	125	456	89	267
Guinée	36	310	48	105	72	405	32	37
Libye	72	575	72	50	79	637	96	60
Mali	48	242	48	33	98	545	77	90
Niger	48	543	41	39	78	462	156	457
Nigeria	135	786	131	250	284	1 077	173	564
République centrafricaine	141	280	48	60	98	209	120	500
Sénégal	61	547	26	96	53	702	72	545
Soudan	162	950	190	428	144	1 093	132	420
Tchad	106	319	87	188	242	669	172	500
Pays comparables (Botswana, Kenya, Ouganda)	33	249	36	157	113	473	75	159

Source : Indice de commerce transfrontalier de la Banque mondiale (délais et coûts), indicateurs Doing Business 2019, Banque mondiale, Washington, DC, https://datacatalog.worldbank.org/dataset/doing-business.
Note : Pairs = Pays comparables.

du trafic de marchandises, mais il est également très long – même si ses 1050 kilomètres le placent derrière le corridor Lomé-Niamey. Le réseau routier tchadien mesure 42 000 kilomètres de long, dont 6 200 kilomètres de routes principales, et seulement 996 kilomètres sont bitumés, pour la plupart en mauvais état, en particulier dans le nord et l'est du pays. Les routes non bitumées sont souvent inaccessibles pendant la saison des pluies, en particulier dans la moitié sud du pays. La route entre N'Djamena et le port de Douala (1,800 km) est actuellement la principale voie pour désenclaver le Tchad, car près de 90 % du volume total du fret international empruntent ce couloir.

- *Le harcèlement sur les routes est courant et des paiements illégaux sont collectés aux nombreux postes de contrôle.* Le rapport de l'initiative de Gouvernance améliorée du transport routier (IRTG) montre qu'en Afrique de l'Ouest, ces entraves – en termes de nombre de postes de contrôle, pots-de-vin et retards pendant le transport des marchandises entre le point d'entrée et le lieu de livraison – sont plus répandues au Mali, même si leur ampleur a diminué de façon significative ces dernières années (tableau 6.4). Bien que minimes, les paiements individuels (pots-de-vin) à chaque poste de contrôle découragent les commerçants, principalement les populations pauvres et les femmes, qui préfèrent négocier de petits volumes dans le commerce informel.
- *Le commerce transfrontalier est onéreux et inefficace.* Cette situation est liée aux difficultés associées à l'obtention des permis d'importation et

TABLEAU 6.4 **Harcèlement sur les routes dans certains pays d'Afrique de l'Ouest**

	NOMBRE DE POSTES DE CONTRÔLE PAR 100 KM		POTS-DE-VIN PAR 100 KM		RETARDS PAR TRAJET DE 100 KM	
	2005	2013	2005	2013	2005	2013
Burkina Faso	5,5	1,6	4 410	2 140	22	17
Côte d'Ivoire	n.d.	1,9	n.d.	2 675	n.d.	8
Ghana	2	1,8	1 960	679	21	18
Mali	4,6	2,6	12 250	3 775	38	26
Sénégal	n.d.	1,3	n.d.	1 614	n.d.	14
Togo	1,5	0,9	1 470	597	16	7

Sources : Calculs de la Banque mondiale (2018b) basés sur les données de l'initiative IRTG (Initiative sur la gouvernance améliorée des transports routiers).
Note : Les montants des pots-de-vin sont en monnaie locale. La mesure des retards est la moyenne des minutes perdues à cause des contrôles routiers. KM = kilomètres ; n.d. = non disponible.

d'exportation, les délais de traitement étant très longs, et des pots-de-vin et autres paiements informels sont à prévoir.

- *Les marchés du transport national sont désorganisés et fragmentés.* Dans les trois pays, le secteur du transport est dominé par un grand nombre de transporteurs individuels ou familiaux utilisant une flotte généralement ancienne et mal entretenue. Les entreprises de fret représenteraient moins de 20 % des transporteurs au Mali. Les accords de quotas de partage du fret international signés avec les pays de transit côtiers, associés au système de file d'attente et à diverses pratiques collusoires, constituent des obstacles majeurs à un accès renforcé aux marchés et nuisent à la qualité des services de transport. Les codes de conduite et les règles de circulation se trouvent encore à un stade embryonnaire, générant un manque de fiabilité et de prévisibilité, deux qualités absolument essentielles pour la chaîne d'approvisionnement logistique, et entraînant un cercle vicieux de l'informalité.

L'Accord de facilitation du commerce (AFC) de l'OMC récemment ratifié offre à ses membres, y compris la Guinée, le Mali, le Niger et le Tchad et leurs voisins, une occasion réelle et opportune de résoudre les problématiques liées au commerce régional et international. Il facilite en effet la circulation, la mainlevée et le dédouanement des marchandises, ainsi que le transit dans la région. Tous les blocs commerciaux de la région (UEMOA, CEMAC, CEDEAO) participent activement à l'AFC. Chacune de ces trois institutions est mandatée par ses membres respectifs pour négocier et jouer un rôle actif dans les étapes de préparation et la négociation de l'accord. Cependant, certains partenaires clés comme le Cameroun et le Nigeria n'ont pas encore ratifié l'AFC.

OPTIONS STRATÉGIQUES

La clé de la diversification des exportations et de la mise en place d'un secteur commercial compétitif consiste à affiner la structure des incitations définie par les obstacles commerciaux, tarifaires et non tarifaires. Ces politiques pourraient aider les pays MTNG à mieux identifier et exploiter les opportunités de diversification économique tout en créant des emplois durables et en promouvant un rôle actif du secteur privé sur les marchés nationaux et internationaux.

Une politique commerciale volontariste doit donc faire partie intégrante de la stratégie. Comme les régimes commerciaux actuels sont extrêmement protecteurs, il convient de procéder à un séquençage approprié des mesures à prendre parallèlement aux actions visant à simplifier la structure tarifaire, à éliminer les fastidieuses barrières non tarifaires et à améliorer les procédures douanières, tout en introduisant d'autres réformes et réglementations qui tiennent compte des contraintes perçues pour l'environnement des affaires. Les paragraphes suivants résument les principales options stratégiques illustrées dans le tableau 6.5.

• *Explorer les moyens d'affiner les TEC de la CEMAC et de l'UEMOA afin de rapprocher ces pays de leurs semblables pour réduire les distorsions et stimuler la diversification commerciale.* Il est conseillé de rétablir quatre tranches de taxation au sein de l'UEMOA (par ex., 0, 5, 10, et 20 % pour les *produits de luxe*)

TABLEAU 6.5 Matrice des interventions stratégiques de politique commerciale pour la diversification des exportations

OBJECTIFS	RECOMMANDATIONS ET ACTIONS	INSTITUTIONS CHEFS DE FILE	INDICATEURS DE RÉSULTATS
Harmoniser le TEC dans les pays du Sahel	Mettre en place un tarif extérieur commun de 0, 5, 10 et 20 % à l'échelle de l'UEMOA et de la CEDEAO, et inclure la CEMAC en tant qu'étape intermédiaire vers une rationalisation et une cohérence renforcées	Ministères du Commerce et organismes régionaux	Amélioration de l'environnement commercial et réduction de la contrebande
Améliorer la gouvernance et l'efficacité des incitations	Donner à un comité interministériel unique le pouvoir d'approuver les exonérations tarifaires Éliminer les exonérations tarifaires inefficaces	Ministères des Finances, des Douanes et du Commerce	Augmentation des recettes et amélioration de l'efficacité
Éliminer les barrières et mesures paratarifaires transfrontalières	Éliminer les mesures paratarifaires illégales et intégrer les taxes restantes dans le TEC existant	Ministères des Finances et du Commerce	Réduction des coûts de transaction et amélioration de la transparence
Stabiliser les prix des produits de base	Éliminer les restrictions à l'importation et à l'exportation dans le secteur agricole	Ministères de l'Agriculture et du Commerce	Augmentation des investissements dans la chaîne de valeur agricole
Développer le commerce entre la CEDEAO et le Nigeria, et le programme de promotion des exportations	• Mener une analyse coûts-avantages sur le passage à quatre tranches tarifaires et sur les exonérations tarifaires, les BNT et les prélèvements parafiscaux dans le cadre de l'ETLS, en particulier avec le Nigeria • Présenter les conclusions aux comités de négociation à l'occasion des comités interministériels de la CEDEAO, des réunions des responsables du commerce et d'autres forums	Ministères du Commerce et organismes de promotion des exportations	Développement du commerce régional de produits agricoles, en particulier d'aliments de base
Élargir les marchés régionaux et extrarégionaux pour les produits agricoles	Définir une stratégie en vue d'adapter le programme de marketing à chaque secteur stratégique sur différents marchés régionaux et internationaux	Ministères du Commerce, de l'Agriculture et des Affaires étrangères, et organismes d'exportation	Augmentation de la valeur et des volumes d'exportation, et de la part des exportations agricoles
Promouvoir la diversification des exportations vers les marchés asiatiques	• Améliorer la capacité des chambres de commerce, d'industrie et d'artisanat à recueillir des informations commerciales • Développer les capacités des conseillers commerciaux de chaque mission à l'étranger	Ministères du Commerce et organismes de promotion des exportations	Augmentation des exportations vers les marchés d'Asie du Sud
Établir un leadership pour la mise en œuvre de l'AFC de l'OMC	Définir le mandat du NFTC et son rôle de leader dans le pilotage des plans d'action de l'AFC, ainsi que des mécanismes de coordination interorganisations et de dialogue public-privé	Ministères des Finances et du Commerce, PPS, CCIAN et SGG	Promulgation et mise en œuvre de nouvelles normes d'autorisation des dépenses

la suite ci-après

TABLEAU 6.5, *suite*

OBJECTIFS	RECOMMANDATIONS ET ACTIONS	INSTITUTIONS CHEFS DE FILE	INDICATEURS DE RÉSULTATS
Prendre des mesures pour mettre en œuvre le guichet national unique	Faciliter l'harmonisation des documents d'importation et d'exportation entre tous les organismes concernés et procéder à un remaniement orienté vers les entreprises de tous les processus et procédures liés au commerce	Bureau du Premier ministre, ministères de la Justice, du Commerce, de l'Économie, des Finances et du Développement urbain	Premiers pas vers la mise en place d'un guichet unique
Simplifier les procédures de contrôle aux frontières	• Rationaliser la saisie des données en éliminant les dossiers redondants • Supprimer la numérisation systématique des documents en adoptant des principes de gestion des risques	Douanes	Réduction du temps de transit aux frontières
Simplifier les réglementations et les recettes douanières, et renforcer l'automatisation	• Adopter les législations nécessaires pour rationaliser les documents et déclarations, et développer la télétransmission • Autoriser la transmission électronique des déclarations initiales de transit	Ministères du Commerce et de la Justice	Diminuer le nombre de transactions sur document papier
Inclure le commerce de transit dans la dématérialisation des recettes douanières	• Développer les infrastructures nécessaires à la dématérialisation et renforcer la connectivité centralisée de tous les bureaux des douanes (importations/exportations et transit). • Assurer la migration vers SYDONIA WORLD pour la CNUCED	Ministères des Finances et des Douanes	Activation de connexions centralisées entre les bureaux des douanes en vue du déploiement de SYDONIA WORLD
Éliminer les prélèvements et frais illégaux sur les couloirs commerciaux	• Mener une campagne de sensibilisation sur le trafic de transit auprès des commerçants de la CEDEAO et de l'UEMOA • Mettre en place un dispositif de notification pour les commerçants confrontés au harcèlement sur les routes	Bureau du Premier ministre, ministères du Commerce, de la Justice et de l'Agriculture, et organismes régionaux	Développement du commerce, en particulier des exportations par les PME et les femmes commerçantes
Promouvoir un secteur des transports compétitif et efficace	• Mettre en œuvre des règles régionales harmonisées sur l'accès aux professions et leur exercice, en se basant sur les compétences, la formation et la solvabilité des entreprises • Prévoir des délais de transition suffisants pour intégrer progressivement le secteur informel	Ministères des Transports	Amélioration des performances des transports et réduction des coûts logistiques

Note : AFC = Accord sur la facilitation des échanges ; BNT = barrière non tarifaire ; CCIAN = Chambre de Commerce, d'Industrie et d'Artisanat du Niger ; CEDEAO = Communauté économique des États de l'Afrique de l'Ouest ; CEMAC = Communauté Économique et monétaire de l'Afrique Centrale ; CNUCED = Conférence des Nations Unies sur le commerce et le développement ; ETLS = Schéma de libéralisation des échanges de la CEDEAO ; NFTC = Conseil national du commerce extérieur ; OMC = Organisation mondiale du commerce ; PME = petite et moyenne entreprise ; PPS = Plateforme de protection sociale ; SGG = Secrétariat Général du Gouvernement ; SYDONIA World = Système douanier automatisé ; TEC = tarif extérieur commun ; UEMOA = Union économique et monétaire ouest-africaine.

afin de réduire les coûts sociaux et le biais anti-exportation et de rapprocher ces pays des structures d'incitation plus compétitives observées dans les régions comparables. Une récente étude diagnostique d'intégration commerciale (2015) recommande également d'adopter le régime à quatre tranches proposé ci-dessus pour le tarif extérieur commun (TEC) de la CEMAC.

• *Éliminer les exonérations.* Des estimations menées récemment au Niger indiquent que les services des douanes collectent seulement un tiers des recettes dues en raison des exonérations d'impôts et de la contrebande. Tout en accroissant les recettes, la suppression des exonérations réduit de manière significative les incitations à la maximisation de la rente et améliore la transparence.

- *Éliminer les barrières et mesures paratarifaires transfrontalières* L'objectif doit être d'éliminer l'ensemble des mesures paratarifaires sur une période de deux à trois ans, et d'intégrer à terme des taxes telles que les redevances statistiques dans les tranches tarifaires existantes afin de réduire les coûts et améliorer la transparence. Toute taxation inférieure à 2 % est considérée comme malvenue, les coûts de sa mise en œuvre étant généralement plus élevés que ses avantages. Elle doit donc être éliminée à court terme.

- *Éliminer les restrictions à l'importation et à l'exportation.* Les restrictions à l'importation touchent des secteurs tels que le maïs, la farine de blé, le manioc, le sucre, l'huile végétale, le riz, le poisson surgelé et réfrigéré, le bœuf et la volaille. Les restrictions à l'exportation s'appliquent principalement aux céréales, en particulier le maïs, le millet et le riz. Les principales raisons qui incitent les gouvernements à imposer de telles restrictions sont les questions de sécurité alimentaire à court terme pendant les périodes de pénurie alimentaire (prévues). Un grand nombre de pays de la région ont d'ailleurs interdit les exportations pendant la crise alimentaire de 2007-2008. Cependant, si une telle décision permet de maintenir les aliments dans le pays à court terme, elle peut avoir un impact négatif sur les décisions d'investissement des acteurs de la chaîne de valeur, et donc une incidence négative à long terme. Dans certains cas, les banques régionales de céréales constituent une solution alternative.

- *Promouvoir la mise en place de normes régionales.* Les négociants en produits agricoles pourraient tirer profit d'une mise en œuvre précise des règles de l'UEMOA/CEDEAO sur les produits agricoles, permettant le transit en franchise de taxe des produits locaux et une reconnaissance régionale des normes relatives aux produits.

- *Promouvoir un accord de libre-échange bilatéral avec le Nigeria.* Lorsque des pays comme le Niger et le Tchad (qui ont des économies de petite taille, sans littoral et non diversifiées) partagent des frontières avec le Nigeria (un pays côtier plus diversifié), les régimes d'incitation ont tendance à dévier. Cela signifie que des droits de douane élevés sur les biens de consommation génèrent des rentes suffisantes pour permettre un arbitrage informel du commerce bilatéral et avec les pays tiers, comme le montrent les diagnostics récents, avec un volume important d'importations informelles de biens de consommation du Nigeria et du Tchad. De plus, l'existence d'un commerce informel important avec le Nigeria en raison des coûts commerciaux et autres coûts de transaction met en évidence la possibilité de relations commerciales mutuellement bénéfiques. Il est donc dans l'intérêt du Niger et du Tchad d'envisager de limiter ou éliminer les coûts commerciaux et de transaction en négociant un accord complet de libre-échange associé à un solide cadre de transit.

- *Créer des bazars aux frontières afin de promouvoir le commerce transfrontalier, en particulier pour les commerçants pauvres et les femmes.* Vu la configuration géographique des marchés reliant le Niger, le Nigeria et le Tchad, il convient d'encourager un régime facilitant la circulation des biens et des personnes participant au commerce de subsistance, en s'inspirant des bazars frontaliers. Ceux-ci facilitent les transactions transfrontalières avec un minimum de formalités (limitées par les protocoles de sécurité) et encouragent le commerce de détail entre les communautés frontalières, et par là même la création d'infrastructures post-récolte susceptibles de réduire les déchets de récolte et d'améliorer la rentabilité pour les communautés locales. Il convient de faciliter la participation aux bazars, par exemple avec des exemptions de visa, des exonérations de taxes aux frontières, une réduction des exigences documentaires et l'adoption de bonnes pratiques par les organismes qui gèrent ces procédures pour encourager les flux commerciaux au sein des bazars. Mise en œuvre avec succès dans les régions frontalières du Bangladesh et de l'Inde, une telle initiative pourrait être expérimentée aux points de passage de Maradi, Zinder, Diffa, Birni Nkonni et Tahoua au vu de la densité des communautés le long de la frontière. Un accord de sécurité conjoint dans les régions frontalières pilotes contribuerait à protéger le commerce transfrontalier et garantir l'accès aux territoires productifs autour du lac Tchad. Cela peut également alléger le fardeau du commerce transfrontalier et réduire les activités de maximisation de rente affectant les communautés frontalières, en particulier les commerçantes, plus exposées à l'insécurité et au harcèlement.

- *Pour atteindre le deuxième échelon de l'échelle de diversification, tous les pays pourraient tirer profit d'actions concertées et exhaustives visant à asseoir leur commerce régional et bilatéral, en particulier avec le Nigeria.* En tant que marché principal de la CEDEAO, le Nigeria pourrait être le moteur nécessaire aux pays MTNG, en particulier le Mali, le Niger et le Tchad, pour promouvoir la croissance des exportations. Si un accord complet de libre-échange est envisageable, l'accent doit être mis sur la réduction des coûts de transaction, l'accroissement des investissements dans les infrastructures régionales de transport et d'énergie, et l'amélioration des services logistiques. La première étape de cette stratégie consisterait à évaluer les avantages mutuels pour les deux parties d'un abaissement commun des barrières tarifaires et non tarifaires sur les aliments de base et l'élimination des obstacles aux échanges de produits agricoles et de l'élevage. Ces mesures doivent faire l'objet de discussions au niveau du forum et des canaux de la CEDEAO. Des efforts conjoints accrus sont également nécessaires dans le domaine de la sécurité afin d'améliorer la protection des personnes, des terres et du bétail le long de la frontière avec le Nigeria, et d'améliorer l'accès aux territoires productifs. Ces efforts pourraient aussi viser à garantir l'accès aux rives du lac Tchad afin de promouvoir le secteur de la pêche.

- *Explorer de nouveaux marchés émergents.* Il convient de créer des institutions pour faciliter l'information commerciale sur certains pays d'Afrique et d'Asie grâce à des missions à l'étranger et de renforcer la capacité des différents organismes de développement de l'exportation à explorer en amont les possibilités de la chaîne de valeur en vue de l'exportation de coton vers le Bangladesh, la Corée du Sud, l'Inde et l'Indonésie. En Europe, l'Allemagne, l'Autriche, le Portugal et la Suisse devraient être explorés. Cela implique l'élaboration d'un plan d'action visant à promouvoir les produits agricoles des pays du Sahel dans les destinations cibles mentionnées ci-dessus. Il est également nécessaire d'étudier la faisabilité et les compétences disponibles pour passer au stade supérieur de croissance industrielle dans des pays comme le Niger et le Tchad, par exemple pour les produits chimiques et plastiques dérivés du pétrole. L'expérience montre que les campagnes de promotion des exportations axées sur un secteur spécifique ont tendance à donner de bons résultats. Les actions de promotion doivent bénéficier du soutien d'organismes de promotion des exportations et d'organisations du secteur privé qui peuvent identifier les foires et les salons appropriés tout en soutenant des missions liées au commerce entrant. S'agissant des ressources, les données empiriques suggèrent que les efforts doivent être axés sur les grandes entreprises nouvellement créées ou qui n'exportent pas encore, plutôt que sur les petites entreprises et les exportateurs bien établis. En ce qui concerne les produits agricoles, la capacité de l'Alliance globale du karité et de l'Alliance pour le cajou africain à intégrer les marchés internationaux grâce à la promotion des exportations, à l'ajout de valeur et à l'amélioration des normes fournit des exemples de modèles régionaux à reproduire.

- *Améliorer la logistique commerciale pour faciliter l'accès aux CVM.* L'amélioration de la logistique commerciale et du transport, de l'environnement des entreprises (en particulier de l'État de droit), des infrastructures (télécommunications, routes, ports) et de la compétitivité des salaires sont des facteurs clés d'accès aux CVM. Le secteur des services joue un rôle crucial dans la compétitivité des entreprises manufacturières. En effet, il représente une source essentielle de valeur ajoutée pour la diversification des économies sahéliennes et leur offre la possibilité de créer de la valeur ajoutée et de gravir les CVM. Les conditions permettant de mettre à profit les avantages comparatifs existants ou naissants dans l'industrie manufacturière et les services doivent bénéficier d'un appui technologique et du transfert de connaissances d'autres pays, le plus souvent sous la forme d'investissements directs étrangers (IDE). Les initiatives sectorielles destinées à promouvoir l'intégration dans les CVM doivent inclure l'amélioration de la qualité et des normes relatives aux produits afin de tisser des liens avec les acteurs mondiaux tout en établissant des réseaux de production régionaux, en réduisant les BNT et en favorisant la libéralisation tarifaire.

- *Le Tchad, le Mali et le Niger doivent adopter une double stratégie pour lutter contre les paiements illégaux et le harcèlement sur les itinéraires de transit.* Premièrement, en relation avec l'UEMOA et la CEDEAO, ces pays devraient négocier une série de principes et de directives régissant le trafic de transit, en précisant les frais de service applicables à chaque étape. Deuxièmement, toujours en relation avec l'UEMOA et la CEDEAO, ces deux pays doivent concevoir et mener une campagne de sensibilisation pour informer les transporteurs et les commerçants sur cette série de directives, en y associant un dispositif simplifié de signalement des frais illégaux. Du Sud Le dispositif de signalement des BNT d'Afrique du Sud constitue un excellent exemple de bonnes pratiques en matière de signalement des BNT, y compris de harcèlement lié au transit.

- *L'Accord de facilitation du commerce (AFC) de l'OMC récemment ratifié offre à la région une occasion réelle et en temps opportun de résoudre les problématiques du commerce régional et international.* Il facilite en effet la circulation, la mainlevée et le dédouanement des marchandises, y compris le transit dans toute la région. Les blocs commerciaux de l'UEMOA et de la CEDEAO ont participé activement à la rédaction de cet AFC. En outre, les deux institutions organisent régulièrement des séminaires nationaux et régionaux pour informer sur les dispositions pertinentes et harmoniser l'application de règles communes. La ratification et la mise en œuvre de l'AFC par le Nigeria et le Togo amélioreront vraisemblablement les perspectives de commerce bilatéral et de transit du Niger. Une fois que le Bénin et le Burkina Faso en seront des membres, cela créera un environnement transactionnel homogène avec les corridors commerciaux existants, et ouvrira de nouveaux débouchés commerciaux mutuellement bénéfiques pour tous les pays de la région.

- *Des interventions d'envergure doivent être menées afin de moderniser et de simplifier les procédures, d'assurer la formation du personnel et de renforcer l'automatisation.* Ces interventions combinées pourraient réduire considérablement les activités de maximisation de la rente, ainsi que les délais et coûts commerciaux. Les agents des douanes pourraient bénéficier d'un accroissement des flux commerciaux avec l'appui de l'automatisation, de la communication, de l'amélioration de la gestion du personnel et de l'amélioration des données sur les transactions commerciales. les interventions conçues pour soutenir la mise en œuvre de l'AFC et faciliter le commerce régional comprennent, entre autres : (i) l'informatisation des systèmes existants, y compris des infrastructures, pour faciliter la transmission de données entre les services douaniers et le commerce de transit ; (ii) la mise en œuvre d'un nouveau code de déontologie, comparable à celui des douanes tchadiennes ; (iii) la formation des agents des douanes ; et (iv) la mise en place d'une infrastructure informatique aux principaux postes de douane et points de transit.

NOTES

1. Existant rapports de l'OMC pour les membres de l'UEMOA, de la CEMAC et de la CEDEAO (2013, 2015, et 2017).

2. La taxe sur le revenu par habitant et la taxe spéciale à l'importation pourraient être moins élevées dans le cadre du TEC de la CEDEAO, car la taxe sur le RPH devait être remplacée par une taxe unique de la CEDEAO.

3. Cela est d'autant plus déterminant pour les produits à base agricole que les estimations récentes des taux de change réels fondés sur les prix agricoles dans les pays d'Afrique subsaharienne, ont montré que le niveau d'appréciation réelle est le plus élevé au Mali, au Niger et au Tchad (Zafar 2017).

4. Le principal obstacle à la formalisation des échanges avec le Nigéria, en particulier dans les aliments de consommation courante, sont les tarifs élevés, qui vont de 5 à 35 %, et les mesures non tarifaires telles que les normes trop restrictives imposées par le Nigéria sur les importations agricoles du Niger et d'autres pays de la CEDEAO. Ceci malgré le programme de libéralisation des échanges de la CEDEAO et malgré son déficit intérieur structurel dans la production de bétail, de cultures de base (y compris le maïs) et de légumes. L'ETLS (schéma de libéralisation des échanges de la CEDEAO) élimine les tarifs, les taxes et les barrières non tarifaires (droits de douane, quotas, interdictions, etc.) entre les membres de la CEDEAO. Le Nigéria applique en outre des prélèvements et des taxes ad hoc pouvant atteindre 45 % sur la plupart des importations, augmentant ainsi les taux de tarifs douaniers appliqués ad valorem.

5. Les coûts commerciaux agrégés équivalent au prix d'une réduction du commerce international comparée au potentiel qu'impliquent la production et la consommation nationales dans les marchés d'origine et de destination (Arvis et coll., 2013). Cette mesure englobe plusieurs éléments auxquels sont confrontés les exportateurs et les importateurs, éléments qui sont convertis ensuite en équivalents ad valorem pour faciliter la comparaison entre pays.

6. Il convient de mentionner le cadre de la CEMAC pour le commerce de transit en Afrique centrale, le cadre de transit international dans les pays de l'Afrique centrale (TIPAC) et les cadres de transit de l'UEMOA et de la CEDEAO.

RÉFÉRENCES BIBLIOGRAPHIQUES

Arvis, J.-F., B. Shepherd, Y. Duval, and C. Utoktham. 2013. "Trade Costs and Development: A New Data Set." *Economic Premise* 104, World Bank, Washington, DC.

Banque mondiale. 2017. "Niger: Leveraging Export Diversification to Foster Growth." Report 120306-NE, World Bank, Washington, DC.

——. 2018a. "Chad: Leveraging Export Diversification to Foster Growth." World Bank, Washington, DC. https://openknowledge.worldbank.org/handle/10986/31839.

——. 2018b. "Mali: Leveraging Export Diversification to Foster Growth." World Bank, Washington, DC. https://openknowledge.worldbank.org/handle/10986/31829.

Benjamin, N., and N. Pitigala. 2017. "Trade Diagnostic on Niger." Unpublished background paper, *Niger: Leveraging Export Diversification to Foster Growth,* World Bank, Washington, DC.

DTIS (Diagnostic Trade Integration Study). 2015. "Étude Diagnostique sur l'intégration du commerce au Niger." Niamey: Ministry of Commerce Private Sector Promotion. https://www.enhancedif.org/en/system/files/uploads/Niger-edic-version_finale-post_atelier_dec2015pdf? File=1&type=node&id=3903.

Gourdon, J., and J. Maur. 2014. "Estimating the Poverty Impact of the ECOWAS Common External Tariff." Unpublished paper, World Bank, Washington, DC.

Hoffmann, L. K., and P. Melly. 2015. *Nigeria's Booming Borders: The Drivers and Consequences of Unrecorded Trade.* London: Chatham House, the Royal Institute of International Affairs.

IMF (International Monetary Fund). 2015. "West African Economic and Monetary Union Common Policies of Member Countries." Country Report 15/100. IMF, Washington, DC.

Jammes, O. 2017. "Trist-based Simulations of Tariff Changes in Niger." Background paper, *Niger: Leveraging Export Diversification to Foster Growth,* World Bank, Washington, DC.

Kaminski, B., and S. Mitra. 2012. *Borderless Bazaars and Regional Integration in Central Asia: Emerging Patterns of Trade and Cross-Borger Cooperation.* Directions in Development—Trade. Washington, DC: World Bank.

Kathuria, S., and M. M. Malouche, eds. 2016. *Strengthening Competitiveness in Bangladesh—Thematic Assessment: A Diagnostic Trade Integration Study.* Directions in Development—Trade. Washington, DC: World Bank.

Maur, J.-C., and B. Shepherd. 2015. *Connecting Food Staples and Input Markets in West Africa: A Regional Trade Agenda for ECOWAS Countries.* Washington, DC: World Bank.

Pitigala, N. 2018a. "Trade Policy Options for Export Diversification of MCNG Economies." Background paper, World Bank, Washington, DC.

———. 2018b. "Trade Diagnostics and Policy Assessment of Chad." Unpublished background paper, *Chad: Leveraging Export Diversification To Foster Growth,* World Bank, Washington, DC.

Raballand, G. 2017. "Commerce informel et pertes douanières au Niger." Unpublished paper, World Bank, Washington, DC.

WTO (World Trade Organization). 2017. "Trade Policy Review for ECOWAS." WTO, Geneva.

Zafar, A. 2017. "Competitiveness Challenges in the CFA Zone in Sub-Saharan Africa." Unpublished paper, World Bank, Washington, DC.

7 Fondements macroéconomiques (2)

ENVIRONNEMENT DES AFFAIRES ET PRODUCTIVITÉ DES ENTREPRISES

SYNTHÈSE

- *La sous-région englobant les pays MTNG sont l'une des régions d'Afrique subsaharienne où il est le plus difficile de créer et exploiter une entreprise, non seulement en raison du contexte structurel, notamment de l'état de fragilité de la région et de ses conséquences sur les institutions et la gouvernance, mais également du déficit de réformes dans la région en matière de conception et mise en œuvre de politiques visant à améliorer le climat d'investissement (CI).*

- *Les enquêtes les plus récentes révèlent que leur climat d'investissement se heurte à des problèmes courants liés à l'instabilité politique, à la corruption, l'informalité, la faiblesse de la surveillance réglementaire, à des lacunes en termes d'énergie et autres infrastructures et à un faible accès au financement. Compte tenu des tendances actuelles, la sous-région risque de creuser son écart de compétitivité avec les pays comparables régionaux et mondiaux.*

- *Par rapport aux non-exportateurs, les exportateurs considèrent que les réglementations douanières et commerciales ainsi que l'accès au financement constituent des obstacles sérieux.*

- *Parmi les quatre pays MTNG, le Niger a récemment enregistré une légère progression sur l'indice Doing Business. Le Mali est un excellent exemple de pays ayant des difficultés à maintenir sur la durée un élan réformateur systématique. La Guinée et le Tchad sont à un stade préliminaire dans la mise en route d'un mouvement de réforme global dans tous les domaines du CI.*

- *Une analyse de la productivité révèle que la productivité du travail au Mali, au Niger et en Guinée se situe à peu près au niveau attendu compte tenu de leurs niveaux de revenu par habitant. La productivité du travail des entreprises guinéennes est environ deux fois plus importante que celle des entreprises maliennes et nigériennes. Les exportateurs sont également plus productifs dans les trois pays. Les exportateurs médians de ces trois pays produisent environ deux fois plus par travailleur que les non-exportateurs médians. Toutefois, cet écart n'est pas dû au niveau plus élevé de l'intensité capitalistique ou des compétences, mais à la présence accrue d'entreprises étrangères. Les entreprises nigériennes sont moins susceptibles d'exporter que les entreprises guinéennes et maliennes.*

- *À l'exception du Niger, le principal facteur à l'origine de ces résultats médiocres est l'absence chronique de dynamique de réforme soutenue dans ces pays, les gouvernements ne prenant que des mesures ad hoc pour remédier à des aspects isolés du climat d'investissement et n'ayant pas d'impact significatif à long terme sur la productivité des entreprises.*

PRINCIPAUX OBSTACLES AU CLIMAT D'INVESTISSEMENT OBSERVÉS DANS LA SOUS-RÉGION MTNG

Parmi les principales contraintes relevées par les entreprises régionales, la faible capacité institutionnelle et la mauvaise gouvernance figurent parmi les principaux points cités par les dirigeants. Cela n'a rien de surprenant. En fait, le climat général des affaires, traduit par le score de facilité de faire des affaires, et la qualité des institutions sont nettement meilleurs dans les pays non fragiles que dans les pays fragiles comme les MTNG (Banque mondiale 2019). La figure 7.1 montre les cinq principales contraintes enregistrées dans chaque pays étudié et les domaines communs du CI problématiques pour les entreprises dans ces pays. L'instabilité politique (suivie de la corruption) est considérée comme l'un des facteurs les plus contraignants au Mali, au Tchad et en Guinée, et figure parmi les

FIGURE 7.1

Cinq principales contraintes majeures (ou très graves) au Mali, au Niger, au Tchad et en Guinée

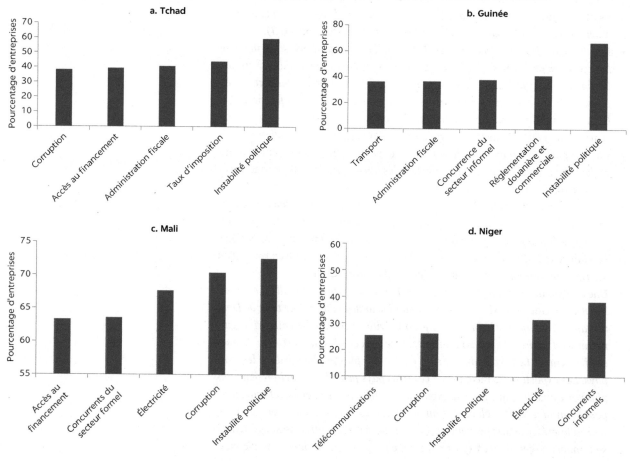

Source : Enquêtes auprès des entreprises du Mali (2016), du Niger (2017), du Tchad et de la Guinée (2016) préparées pour ce rapport, Banque mondiale, Washington, DC, https://datacatalog.worldbank.org/dataset/enterprise-surveys.

principaux obstacles mentionnés au Niger. Au Mali, 72,8 % des entreprises ont mentionné l'instabilité politique comme contrainte majeure à grave, contre 68,1 % en Guinée. Viennent ensuite la corruption, l'électricité et la concurrence déloyale, avec respectivement 70,6 %, 67,9 % et 63,7 % des entreprises les qualifiant de contraintes majeures ou très graves.

De même, l'informalité figure parmi les principaux domaines de préoccupation. Paradoxalement et malgré les problèmes de gouvernance, les tribunaux ne comptaient pas parmi les principaux obstacles identifiés dans les enquêtes auprès des entreprises (EE), ce qui pourrait indiquer que les différends sont réglés hors des tribunaux. De même, les faibles compétences de la main-d'œuvre n'ont pas été citées comme une contrainte majeure dans la sous-région, alors que la plupart des entreprises interrogées ont déclaré ne pas dispenser de formation à leurs employés, soit parce que ceux-ci possèdent les compétences requises, soit parce que les entreprises n'en ont pas les moyens.

Il y a plusieurs raisons au fait que l'instabilité politique soit classée au premier rang des préoccupations de la sous-région (figure 7.2). La quasi-totalité des pays étudiés a connu une forme de conflit interne ou régional au cours des dix dernières années, puis des déplacements massifs de population et une période de transition politique. Le Mali sort d'une période de violences et de déstabilisation. Le Niger a des problèmes de longue date avec la sécurisation de ses frontières. La Guinée a toujours été sujette à des changements de régime et elle a été exposée plus récemment à la pandémie d'Ebola. Les conflits régionaux ont également eu un effet direct sur les mouvements de population, aggravant les vulnérabilités au Tchad et au Niger. Le Tchad est l'un des principaux destinataires d'afflux de réfugiés et de personnes déplacées en interne (PDI) au fil des années. Vu les environnements fragiles et incertains des entreprises, il n'est pas surprenant de constater que la corruption, et dans une certaine mesure l'informalité, figurent en tête du classement des contraintes liées au CI. La corruption vient au second rang des principales contraintes au Mali, au quatrième rang au Niger, au cinquième rang au Tchad et au neuvième rang en Guinée. Les comparateurs régionaux présentés

FIGURE 7.2

L'instabilité politique est classée première parmi les obstacles aux activités des entreprises

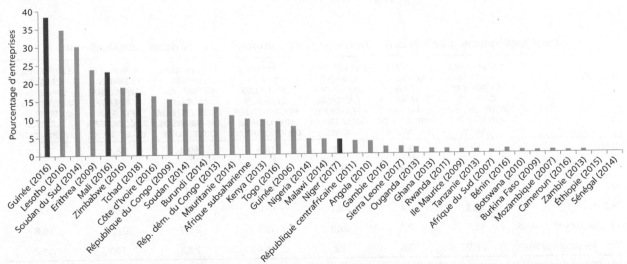

Source : Enquêtes auprès des entreprises 2018, Banque mondiale, Washington, DC, https://datacatalog.worldbank.org/dataset/enterprise-surveys.
Note : Les résultats pour le Mali, le Tchad, le Niger et la Guinée ont été obtenus par le biais d'enquêtes dédiées au Mali (2016), au Niger (2017), au Tchad (2018) et en Guinée (2016).

à la figure 7.3 confirment que les entreprises maliennes sont très préoccupées par la corruption. Les indicateurs quantitatifs résumés dans le tableau 7.1 ci-dessous décrivent les conditions difficiles dans lesquelles se déroule leur activité. Les indicateurs mesurant les pratiques illicites indiquent que la quasi-totalité des pays étudiés se livre à des pratiques de corruption élevée par rapport aux normes régionales et mondiales. Cependant, des pratiques illicites particulières sont plus répandues dans certains pays. Au Niger et au Mali, la corruption semble être plus répandue dans la passation de marchés publics, car 46 % et 63 % des entreprises, respectivement, doivent offrir des « cadeaux » pour obtenir un marché public. Ces niveaux sont beaucoup plus élevés qu'en Guinée (25.3 %), au Tchad (33 %) ou que la moyenne régionale (25 %).

Alors que les entreprises guinéennes ne font pas état de niveaux de corruption élevés pour l'obtention de permis ou de licences d'importation, le pays arrive en tête pour l'indicateur mesurant les paiements globaux versés par les entreprises « pour l'exécution de formalités », soit près de deux fois la moyenne

FIGURE 7.3

Corruption : Considérée comme une contrainte majeure ou très grave

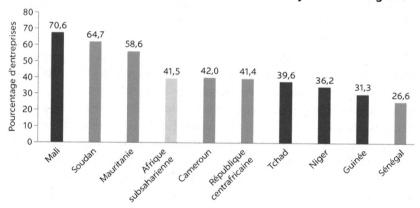

Source : Enquêtes auprès des entreprises, Banque mondiale, Washington, DC, https://datacatalog .worldbank.org/dataset/enterprise-surveys.
Note : Les résultats pour le Mali, le Tchad, le Niger et la Guinée ont été obtenus par le biais de modules dédiés dans les Enquêtes auprès des entreprises au Mali (2016), au Niger (2017), au Tchad (2018) et en Guinée (2016).

TABLEAU 7.1 **Quelques indicateurs de la corruption – pays de comparaison et Afrique subsaharienne**

	ENTREPRISES CENSÉES OFFRIR DES CADEAUX POUR OBTENIR UN MARCHÉ PUBLIC	CADEAU ATTENDU POUR OBTENIR UN MARCHÉ PUBLIC (% DE SA VALEUR)	ENTREPRISES CENSÉES OFFRIR DES CADEAUX « POUR FAIRE AVANCER LES CHOSES »	ENTREPRISES CENSÉES OFFRIR DES CADEAUX POUR OBTENIR UNE LICENCE D'EXPLOITATION	ENTREPRISES CENSÉES OFFRIR DES CADEAUX POUR OBTENIR UN PERMIS DE CONSTRUIRE	ENTREPRISES CENSÉES OFFRIR DES CADEAUX POUR SE RACCORDER À L'ÉLECTRICITÉ	ENTREPRISES CENSÉES OFFRIR DES CADEAUX POUR OBTENIR UNE LICENCE D'IMPORTATION
Tchad	33	3,5	38	18,5	69,4	35,8	3,2
Niger	46	4,2	29,4	8,1	12,6	12,2	8,1
Mali	63	5,1	43,9	18,5	74	35,8	42,8
Guinée	25,3	0,4	48,7	n.d.	3,7	8,7	1,6
Afrique subsaharienne	35,5	2,7	27,8	16,1	25,9	22,5	16,8
Tous les pays étudiés	28,9	1,8	22	14,4	23,3	16,1	14,2

Source : Enquêtes auprès des entreprises 2017-2018, Banque mondiale, Washington, DC, https://datacatalog.worldbank.org/dataset/enterprise-surveys.
Note : Les résultats pour le Mali, le Tchad, le Niger et la Guinée ont été obtenus par le biais d'enquêtes dédiées au Mali (2016), au Niger (2017), au Tchad (2018) et en Guinée (2016). n.d. = non disponible.

régionale de l'Afrique subsaharienne. En revanche, les entreprises maliennes et tchadiennes se distinguent au niveau de la corruption des organismes publics : 69,4 % et 74 % des entreprises, respectivement, sont censées payer pour obtenir des permis de construire, un chiffre nettement supérieur à la moyenne de l'Afrique subsaharienne (22,5 %).

L'informalité, étroitement associée à un comportement anticoncurrentiel, est considérée comme le sous-produit de procédures administratives lourdes et coûteuses. l'informalité est perçue comme un problème majeur dans la plupart des pays étudiés, occupant la quatrième place au Mali, la première au Niger, la septième au Tchad et la troisième en Guinée (figure 7.4), soit un classement nettement plus élevé que dans les autres pays d'Afrique subsaharienne. En outre, tous les pays étudiés indiquent qu'en moyenne plus des trois quarts des entreprises sont en concurrence avec des entreprises informelles ou non enregistrées (figure 7.5).

FIGURE 7.4

Informalité : Considérée comme une contrainte majeure ou très grave

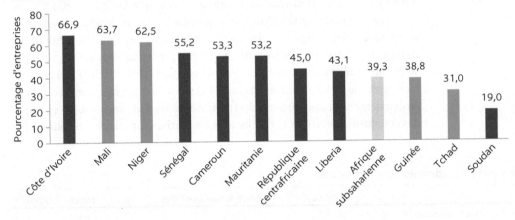

Source : Enquêtes auprès des entreprises, Banque mondiale, Washington, DC, https://datacatalog.worldbank.org/dataset /enterprise-surveys.
Note : Les résultats pour le Mali, le Tchad, le Niger et la Guinée ont été obtenus par le biais de modules dédiés dans les Enquêtes auprès des entreprises au Mali (2016), au Niger (2017), au Tchad (2018) et en Guinée (2016).

FIGURE 7.5

Entreprises en concurrence avec des sociétés non enregistrées ou informelles

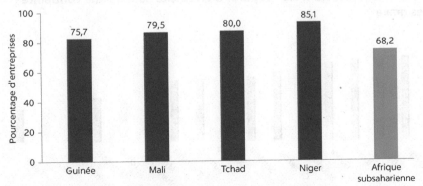

Source : Enquêtes auprès des entreprises, Banque mondiale, Washington, DC, https://datacatalog .worldbank.org/dataset/enterprise-surveys.
Note : Les résultats pour le Mali, le Tchad, le Niger et la Guinée ont été obtenus par le biais de modules dédiés dans les Enquêtes auprès des entreprises au Mali (2016), au Niger (2017), au Tchad (2018) et en Guinée (2016).

Les réponses concernant le fardeau réglementaire indiquent que des coûts et des retards importants sont imposés aux entreprises dans les quatre pays, les incitant fortement à se soustraire à leurs obligations légales. En Guinée, les réglementations douanières et commerciales constituent la deuxième contrainte la plus lourde,

l'administration fiscale se classant au troisième rang au Tchad. Le tableau 7.2 présente les problèmes importants qui affectent les relations entre les administrations fiscales et les opérateurs au Tchad, en particulier pour la forte proportion d'entreprises soumises à des inspections ainsi que le nombre élevé de demandes de paiements informels.

La fourniture régulière et peu onéreuse d'électricité est une problématique propre aux entreprises de la sous-région. À l'exception de la Guinée, l'électricité est citée parmi les contraintes majeures au Tchad, au Mali et au Niger, soulignant une inquiétude très forte des entreprises.

La figure 7.6 montre que les entreprises maliennes et nigériennes affichent des performances inférieures à la moyenne d'Afrique subsaharienne, ce qui donne une idée de la gravité du problème, tandis que la Guinée et dans une moindre mesure le Tchad obtiennent des résultats plus proches des normes d'ASS. Cette situation génère des coûts et des pertes de production du fait des coupures d'électricité. Le tableau 7.3 montre que les entreprises nigériennes sont confrontées à un nombre excessif de coupures d'électricité (25,4 pour un mois type, contre 8,5 en moyenne pour l'Afrique subsaharienne), ce qui les classe au deuxième rang des coûts induits (perte de chiffre d'affaires de 9,2 % en raison des coupures d'électricité) et incite trois entreprises sur quatre à recourir à des

TABLEAU 7.2 Interactions avec les administrations fiscales

	TCHAD	AFRIQUE SUBSAHARIENNE	MALI	NIGER	GUINÉE
Inspections des agents du fisc (% des entreprises)	82,3	70,9	77,6	63,3	76,2
Demandes de paiements informels (% d'entreprises)	24,6	17,2	32,0	4,7	12,9

Source : Enquêtes auprès des entreprises du Mali (2016), du Niger (2017), du Tchad (2018) et de la Guinée (2016) préparées pour ce rapport, Banque mondiale, Washington, DC, https://datacatalog.worldbank.org/dataset/enterprise-surveys.
Note : Les résultats pour le Mali, le Tchad, le Niger et la Guinée ont été obtenus par le biais d'enquêtes dédiées au Mali (2016), au Niger (2017), au Tchad (2018) et en Guinée (2016).

FIGURE 7.6

Électricité : Entreprises considérant les coupures d'électricité comme une contrainte majeure ou très grave

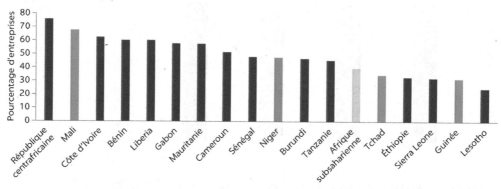

Source : Enquêtes auprès des entreprises, Banque mondiale, Washington, DC, https://datacatalog.worldbank.org/dataset/enterprise-surveys.
Note : Les résultats pour le Mali, le Tchad, le Niger et la Guinée ont été obtenus par le biais de modules dédiés dans les Enquêtes auprès des entreprises au Mali (2016), au Niger (2017), au Tchad (2018) et en Guinée (2016).

TABLEAU 7.3 **Électricité : Indicateurs**

	NOMBRE DE COUPURES D'ÉLECTRICITÉ (MOIS TYPE)	% DES ENTREPRISES POSSÉDANT UN GROUPE ÉLECTROGÈNE	PERTES DUES AUX COUPURES D'ÉLECTRICITÉ (% DU CHIFFRE D'AFFAIRES)	ÉLECTRICITÉ FOURNIE PAR UN GROUPE ÉLECTROGÈNE (% AUTO-GÉNÉRÉ)	% DES ENTREPRISES SUBISSANT DES COUPURES D'ÉLECTRICITÉ
Niger	25,4	74,1	9,2	53,3	78
Mali	4,2	66,8	6,5	25,8	86,5
Tchad	4,5	67,7	9,8	18,5	70,2
Guinée	4,5	56,8	4,7	26,6	84,2
Afrique subsaharienne	8,5	51,3	8,5	28,2	78,7
Tous les pays étudiés	6,4	33,4	4,7	20,4	59

Source : Enquêtes auprès des entreprises, Banque mondiale, Washington, DC, https://datacatalog.worldbank.org/dataset/enterprise-surveys.
Note : Les résultats pour le Mali, le Tchad, le Niger et la Guinée ont été obtenus par le biais de modules dédiés dans les Enquêtes auprès des entreprises au Mali (2016), au Niger (2017), au Tchad (2018) et en Guinée (2016).

FIGURE 7.7

Accès au financement : Entreprises le considérant comme une contrainte majeure ou très grave

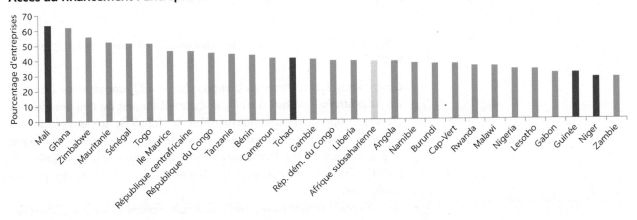

Source : Enquêtes auprès des entreprises, Banque mondiale, Washington, DC, https://datacatalog.worldbank.org/dataset/enterprise-surveys.
Note : Les résultats pour le Mali, le Tchad, le Niger et la Guinée ont été obtenus par le biais de modules dédiés dans les Enquêtes auprès des entreprises au Mali (2016), au Niger (2017), au Tchad (2018) et en Guinée (2016).

groupes électrogènes pour satisfaire plus de la moitié de leurs besoins énergétiques (soit la proportion la plus élevée de groupes électrogènes acquis), contre 28 % en moyenne pour l'Afrique subsaharienne.

De leur côté, les entreprises tchadiennes et guinéennes font état d'une fréquence moins élevée des coupures d'électricité, avec 4,5 coupures au cours d'un mois type, contre 8,5 % dans la région d'Afrique subsaharienne (tableau 7.3).

L'accès au financement diffère d'un pays à l'autre en termes de perception et d'impact sur les entreprises. L'accès au financement est la quatrième contrainte majeure au Tchad, la cinquième au Mali, la sixième au Niger et la dixième en Guinée. Selon les normes régionales, les entreprises maliennes et tchadiennes se situent au premier niveau des pays considérant le financement comme une contrainte majeure (figure 7.7). Le tableau 7.4 indique que la proportion d'entreprises ayant un prêt ou une ligne de crédit ne s'élève qu'à 12 % et 3,9 % au Tchad et en Guinée, respectivement, et qu'au Mali et au Niger, 27,6 % et 26,3 %, respectivement, des entreprises ont accès à un prêt, soit des chiffres supérieurs à la moyenne ASS de 22,6 %. En revanche, en termes d'utilisation de crédit (financement bancaire pour l'investissement ou le fonds de roulement), le Mali et le Niger affichent des performances légèrement supérieures à la moyenne d'Afrique subsaharienne. Pourtant, les exigences de garanties au Tchad (165 %), en Guinée

TABLEAU 7.4 **Quelques indicateurs d'accès au financement et analyse comparative régionale**

	TCHAD	NIGER	GUINÉE	MALI	AFRIQUE SUBSAHARIENNE	EE
Entreprises ayant un prêt ou une ligne de crédit (%)	12	27,6	3,9	26,3	22,6	33,9
Valeur de la garantie pour un prêt (pour cent du prêt)	165	159,5	100	233,2	205,7	200
Entreprises n'ayant pas besoin de prêt (%)	60,1	38,2	54,8	21,2	37,8	46,3
Entreprises dont la demande de prêt a été rejetée (%)	n.d.	7,3	14,8	10,5	15,8	11,2
Entreprises recourant aux banques pour financer des investissements (%)	7,3	22,1	9,2	55,1	21	25,3
Entreprises recourant aux banques pour financer leur fonds de roulement (%)	9,8	28,9	11,4	51,7	23,7	30,6
Fonds de roulement financé par les banques (%)	2,4	12,6	3,9	15,0	9	11,7
Investissements financés par les banques (%)	1,6	14,1	2,8	19,0	10,3	14,3

Source : Enquêtes auprès des entreprises, Banque mondiale, Washington, DC, https://datacatalog.worldbank.org/dataset/enterprise-surveys.
Note : Les résultats pour le Mali, le Tchad, le Niger et la Guinée ont été obtenus par le biais de modules dédiés dans les Enquêtes auprès des entreprises au Mali (2016), au Niger (2017), au Tchad (2018) et en Guinée (2016). EE = Enquête auprès des entreprises ; n.d. = non disponible.

(100 %) et au Niger (158 %) sont inférieures à la moyenne de la région ASS (206 %).

- *Les entreprises tchadiennes déclarent que l'accès au financement est leur quatrième contrainte majeure.* Le niveau d'accès à un prêt est l'un des plus bas (12 %) par rapport à la moyenne mondiale. Le Tchad est un cas typique d'auto-exclusion dans la mesure où la majorité des entreprises (60 %) affirment ne pas avoir besoin de prêt, et citent cet argument pour justifier qu'ils n'en ont pas. Ce fait est soutenu par une faible utilisation de crédit par les entreprises.

- *Les entreprises maliennes se positionnent relativement bien sur la plupart des indicateurs d'accès au crédit.* Pourtant, l'accès au financement est cité comme une contrainte majeure ou très grave par 63 % d'entreprises, l'un des niveaux les plus élevés enregistrés en ASS (par rapport à une moyenne régionale de 40 %). Dans un contexte de fragilité post-conflit, la disponibilité de crédit est limitée et les exigences de garantie, qui sont les plus élevées dans la région ASS, restreignent encore davantage l'accès des petites entreprises aux services financiers.

- *Niger.* Les entreprises jouissent d'un accès nettement plus élevé à des prêts ou des lignes de crédit par rapport à la moyenne régionale et d'autres pays. Elles affichent aussi des taux d'utilisation de crédit plus élevés pour financer leurs besoins opérationnels et d'investissement. De même, les entreprises nigériennes sont moins susceptibles de voir leurs demandes rejetées par les banques.

- *La Guinée* est un cas surprenant dans la mesure où, bien que les entreprises ne soient pas préoccupées par l'accès au crédit, le nombre d'entreprises y accédant est l'un des plus bas du continent. En effet, 3,9 % d'entre elles seulement ont accès à un prêt ou une ligne de crédit. Parallèlement, la Guinée affiche l'un des taux de rejet les plus élevés en dépit de faibles exigences en matière de garantie (100 %), ce qui suggère une exclusion volontaire du financement bancaire.

- *Les exportateurs au Niger et au Mali* perçoivent l'accès au financement (ainsi que les réglementations douanières et commerciales) comme une contrainte majeure par rapport aux non-exportateurs.

MESURER LA QUALITÉ DES RÉGLEMENTATIONS COMMERCIALES

En général, les pays MTNG se trouvent loin derrière leurs pairs en raison des coûts de conformité excessifs imposés aux entreprises (notamment pour les procédures de demande de permis et de licences) et des procédures lourdes et complexes qui affectent la qualité du processus réglementaire en l'exposant à des retards inutiles. La figure 7.8 montre le classement relatif et la distance à la frontière (DTF) du Mali, du Niger, du Tchad et de la Guinée par rapport à la région Afrique et à certains pays de comparaison du rapport Doing Business 2018.[1] Le Tchad se distingue, avec l'un des classements généraux les plus médiocres (180e position) sur l'indice DB ainsi qu'en termes de DTF (38). Le Mali et le Niger font légèrement mieux que la moyenne ASS, occupant les 143e et 144e rangs et affichant des scores de DTF de 52,9 et 52,3, respectivement. La Guinée, au 153e rang mondial avec un score DTF de 49,8, se situe légèrement en deçà de la norme ASS. Ces résultats sont conformes aux initiatives de réforme individuelles (ou à leur absence) observées ces dernières années.

- *Le Niger a lancé un programme de réformes ambitieux, qui produit des résultats prometteurs.* Le classement du Niger s'améliore régulièrement, passant du 160e rang en 2016 au 150e rang en 2017 et au 144e rang dans le rapport Doing Business 2018. Le pays a réalisé d'énormes progrès sur plusieurs indicateurs, notamment la création d'entreprises (+7,4 % DTF), l'obtention de permis de construire (+7,3 % DTF) et l'enregistrement de propriété (+4,1 % DTF). Au-delà de ces améliorations de classement, l'impact de ces mesures au niveau des entreprises n'est pas encore connu.
- *Le Mali* a pris des mesures concertées au niveau national avec la mise en place du Dispositif institutionnel d'amélioration du climat des affaires et du Conseil national des investisseurs privés (CNIP). Ces initiatives ont accéléré le rythme des réformes réglementaires à partir de 2010. Cependant, les réformes ont stagné depuis les trois dernières années. Des progrès ponctuels et à petite échelle ont été enregistrés dans quelques

FIGURE 7.8

Classements comparatifs Doing Business et distance à la frontière (DTF)

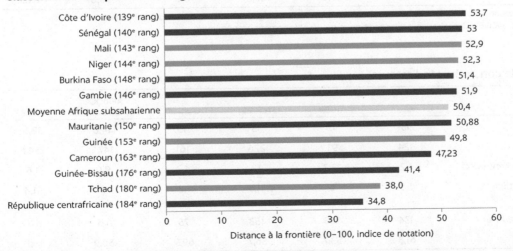

Source : Indicateurs Doing Business, Banque mondiale, Washington, DC, https://datacatalog.worldbank.org/dataset /doing-business.

indicateurs tels que la création d'entreprises, la réduction des exigences de capital minimum, les transactions transfrontalières et l'obtention de crédit. Cependant, l'efficacité de la création d'un bureau de crédit reste encore à démontrer.

- *Le Tchad doit encore mettre en œuvre un programme de réforme DB percutant.* L'environnement réglementaire au Tchad est l'un des plus problématiques au monde en raison du niveau élevé des frais, des cotisations sociales et des taxes imposés aux entreprises. Toutefois, selon l'indicateur DTF, le Tchad a réalisé des progrès dans la création d'entreprises et l'enregistrement de propriété.
- *La Guinée* se classe au dernier rang pour les normes régionales. La Guinée n'a pas encore mis en place une dynamique soutenue de réforme. Cependant, le pays a fait de légers progrès en matière de raccordement à l'électricité et de création d'entreprises.

Les indicateurs individuels comparent le classement relatif par rapport aux normes régionales et mondiales.

- *Création d'entreprises :* Les entreprises tchadiennes sont sujettes aux retards les plus coûteux et les plus longs en termes de création d'entreprises (tableau 7.5). En revanche, le Niger figure parmi les pays les plus performants de la région ASS et dans le monde (score DTF : 93,6 ; rang : 24e). Entre-temps, le Mali a réalisé des progrès en réduisant les exigences de capital minimum, suivi de la Guinée.
- *Permis de construire : La Guinée affiche les meilleures performances dans ce domaine, avec de faibles coûts, des retards minimes et une surveillance réglementaire supérieure aux normes régionales* (tableau 7.6). Outre la Guinée, le Tchad dispose d'institutions et de procédures de qualité supérieure, bien que

TABLEAU 7.5 **Création d'entreprises : Indicateurs**

	MALI	NIGER	TCHAD	GUINÉE	AFRIQUE SUBSAHARIENNE	OCDE
Aucune procédure	5	3	9	6	7,6	4,9
Temps (jours)	8,5	7	69	8	24	8,5
Coût (% du revenu par habitant)	58,4	8,3	171,3	67,5	49,9	3,1
Classement sur l'indicateur	104	24	125	125	n.d.	n.d.
Distance à la frontière	82,3	93,6	50,2	81,7	76,8	n.d.

Source : Indicateurs Doing Business, Banque mondiale, Washington, DC, https://datacatalog.worldbank.org/dataset/doing-business.
Note : n.d. = non disponible; OCDE = Organisation de coopération et de développement économiques.

TABLEAU 7.6 **Permis de construire : Indicateurs**

	MALI	NIGER	TCHAD	GUINÉE	AFRIQUE SUBSAHARIENNE	OCDE
Aucune procédure	13	15	13	15	14,8	12,5
Temps (jours)	124	91	226	161	147,5	154,6
Coût (% de la valeur de l'entrepôt)	6,2	13,3	12	4,3	9,9	1,6
Indice de qualité en matière de construction (0-15)	5,5	6	11,5	12	8	11,4
Classement sur l'indicateur	134	163	153	75	n.d.	n.d.
Distance à la frontière	61,3	53,7	56,7	69,9	56,9	n.d.

Source : Indicateurs Doing Business, Banque mondiale, Washington, DC, https://datacatalog.worldbank.org/dataset/doing-business.
Note : n.d. = non disponible; OCDE = Organisation de coopération et de développement économiques.

ses coûts restent élevés. Le Niger et, dans une moindre mesure, le Mali sont à la traîne et doivent encore prendre des mesures sérieuses pour réduire les coûts et les retards.

- *Paiement des taxes et impôts : Cet indicateur pose problème pour toutes les nations par rapport aux normes* (tableau 7.7). Le Tchad sort du lot, car il est le pays le moins bien classé au niveau mondial. Idem pour la Guinée, qui affiche les taux d'imposition les plus élevés.
- *Obtention de prêts : Le* Mali, le Niger, le Tchad et la Guinée sont similaires à cet égard (tableau 7.8). Cependant, ils améliorent leurs systèmes d'information sur le crédit en adoptant des réglementations qui régiront l'octroi de licences et le fonctionnement des agences de crédit afin de se conformer aux réglementations régionales en la matière (UEMOA, CEMAC et CEDEAO).
- *Accès à l'électricité :* Le raccordement au réseau électrique pose des problèmes importants dans tous les pays, notamment en ce qui concerne son coût, les entreprises tchadiennes payant près de trois fois la moyenne régionale (tableau 7.9). Les indices font également ressortir des lacunes importantes en termes de fiabilité et de transparence des tarifs.

TABLEAU 7.7 **Paiement des taxes et impôts : Indicateurs**

	MALI	NIGER	TCHAD	GUINÉE	AFRIQUE SUBSAHARIENNE	OCDE
Paiements (nombre par an)	35	41	54	57,0	38,8	10,9
Temps (heures par an)	270	270	766	440	304,2	163,4
Taux d'imposition total (% des bénéfices)	48,3	47,3	63,5	68,3	47,0	40,9
Indice des procédures postérieures à la déclaration (0-100)	25,7	38	13	12,3	54,4	85,1
Classement sur l'indicateur	166	160	188	182	52,4	n.d.
Distance à la frontière	51,5	48,4	17,9	38,9	n.d.	n.d.

Source : Indicateurs Doing Business, Banque mondiale, Washington, DC, https://datacatalog.worldbank.org/dataset/doing-business.
Note : n.d. = non disponible; OCDE = Organisation de coopération et de développement économiques.

TABLEAU 7.8 **Obtention de prêts : Indicateurs**

	MALI	NIGER	TCHAD	GUINÉE	AFRIQUE SUBSAHARIENNE	OCDE
Indice des droits légaux (0-12)	6	6	6	6	5,1	6
Indice sur l'Étendue de l'information sur le crédit (0-8)	0	0	0	0	3	6,6
Couverture du registre de crédit (% d'adultes)	0,1	0,3	2,4	0	6,3	18,3
Couverture du bureau de crédit (% d'adultes)	0,8	0,2	0	0	8,2	63,7
Classement sur l'indicateur	142	142	142	142	n.d.	n.d.
Distance à la frontière	30	30	30	30	40,7	n.d.

Source : Indicateurs Doing Business, Banque mondiale, Washington, DC, https://datacatalog.worldbank.org/dataset/doing-business.
Note : n.d. = non disponible; OCDE = Organisation de coopération et de développement économiques.

TABLEAU 7.9 **Accès à l'électricité : Indicateurs**

	MALI	NIGER	TCHAD	GUINÉE	AFRIQUE SUBSAHARIENNE	OCDE
Aucune procédure	4	4	6	4	5,3	4,7
Temps (jours)	120	97	67	69	115,3	79,1
Coût (% du revenu par habitant)	2 794,6	5 632,6	9 821	5 639,8	3 737	63
Indice de fiabilité de l'approvisionnement et de transparence des tarifs (0-8)	0	0	0	0	0.9	7,4
Classement sur l'indicateur	154	162	177	158	n.d.	n.d.
Distance à la frontière	51,1	44,8	32,1	47,8	45,9	n.d.

Source : Indicateurs Doing Business, Banque mondiale, Washington, DC, https://datacatalog.worldbank.org/dataset/doing-business.
Note: n.d. = non disponible; OCDE = Organisation de coopération et de développement économiques.

COMPARAISONS ENTRE PAYS DE LA PRODUCTIVITÉ DES ENTREPRISES

La dernière section présente une analyse des performances des entreprises au Mali, au Niger et en Guinée par rapport aux entreprises d'autres pays d'Afrique de l'Ouest et autres comparateurs. Cela fournit un aperçu de la façon dont les performances de ces trois pays se comparent à celles de pays au niveau de développement similaire hors Afrique de l'Ouest. En raison du manque de données, le Tchad a été exclu de l'analyse.

La productivité du travail est calculée en divisant la valeur ajoutée par le nombre de travailleurs.[2] La productivité du travail est élevée lorsqu'une entreprise produit plus avec moins de travailleurs et moins d'intrants achetés. La productivité du travail est plus élevée quand l'entreprise utilise des technologies plus avancées, quand elle est bien gérée ou qu'elle dispose d'une bonne structure organisationnelle. Cependant, la productivité du travail est également affectée par un certain nombre d'autres facteurs. Premièrement, elle sera affectée par la qualité du CI.

Deuxièmement, la productivité du travail baisse quand les travailleurs de l'entreprise sont peu instruits ou peu qualifiés. Troisièmement, elle décline lorsque les entreprises sont concentrées dans des secteurs improductifs de l'économie. Enfin, la productivité du travail baisse quand l'entreprise n'utilise pas le capital de manière intensive. Les entreprises qui utilisent le capital de manière intensive substitueront souvent le capital à la main-d'œuvre.

La productivité du travail est plus élevée en Guinée qu'au Mali ou au Niger. La production de l'entreprise médiane en Guinée est d'environ 4 000 USD par travailleur, soit près du double de celle du Niger (2 300 USD), et légèrement supérieure à celle du Mali (3 800 USD).[3] Mais par rapport au reste du monde, la productivité du travail semble être faible dans les trois pays (figure 7.9). La production de l'entreprise médiane par travailleur dans les trois pays est plus faible que dans tous les autres pays d'Afrique de l'Ouest, sauf en Côte d'Ivoire. La production par travailleur est également inférieure à celle des pays de comparaison (Inde, Chine, Éthiopie et Maroc). Toutefois, là où les travailleurs sont mieux éduqués et plus qualifiés, les entreprises font appel à plus de capitaux, le climat des investissements est plus favorable, et la productivité du travail a tendance à être plus élevée dans les pays à revenu par habitant plus élevé. De ce fait, le Mali, le Niger et la Guinée sont bien positionnés par rapport aux pays ayant un revenu par habitant similaire.

En effet, leur productivité du travail semble être proche du niveau escompté, compte tenu de leur revenu par habitant (figure 7.10). Les comparaisons basées sur les ventes par travailleur sont très similaires à celles basées sur la productivité[4] du travail, ce qui corrobore ces résultats, les ventes par travailleur étant les plus faibles au Niger (environ 3 800 USD par travailleur), au niveau le plus élevé en Guinée (environ 6 940 USD) et entre les deux au Mali (environ 4 611 USD).

FIGURE 7.9

Productivité du travail au Mali, au Niger et en Guinée, et pays de comparaison

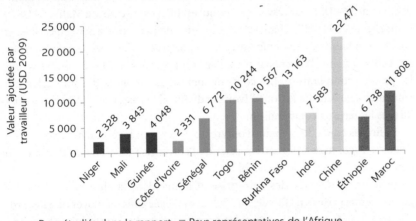

Source : Calculs de Clarke (2018) basés sur des données des Enquêtes auprès des entreprises, Banque mondiale, Washington, DC, https://datacatalog.worldbank.org/dataset/enterprise-surveys.
Note : Les mesures partielles de la productivité sont en USD de 2009 et basées sur celui-ci (voir Clarke 2018 pour plus de détails). Tous les points de données s'appliquent à l'entreprise médiane pour chaque mesure de performance.

FIGURE 7.10

Productivité du travail au Mali, au Niger et en Guinée par rapport à des pays ayant un niveau de développement similaire

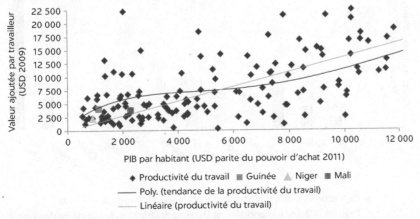

Source : Calculs de Clarke 2018, basés sur des données des Enquêtes auprès des entreprises, Banque mondiale, Washington, DC, https://datacatalog.worldbank.org/dataset/enterprise-surveys.
Note : USD de 2009 = basé sur le USD US 2009 constant. Tous les points de données s'appliquent à l'entreprise médiane pour chaque mesure de performance. La figure présente uniquement les pays dont le PIB par habitant se situe entre 0 et 12 000 USD. PIB = produit intérieur brut ; Poly. = Indice d'économie politique (indicateur).

Les différences de compétences des travailleurs peuvent expliquer les différences de productivité du travail. Cependant, comme il est difficile dans la pratique de mesurer directement les compétences des travailleurs, le coût de la main-d'œuvre sert de mesure indirecte. Si les marchés du travail étaient parfaitement concurrentiels, la productivité marginale du travail serait proportionnelle aux coûts de la main-d'œuvre. Les pays ayant des travailleurs hautement qualifiés verseraient donc des salaires plus élevés. Bien que cette mesure soit imparfaite puisque les salaires reflètent également les conditions du marché du travail local, elle fournit des informations utiles sur la qualité de la main-d'œuvre.

Parmi les trois pays, les coûts de la main-d'œuvre semblent être les plus bas en Guinée et au Mali. L'entreprise médiane en Guinée affiche des coûts de main-d'œuvre de 364 USD par travailleur, ce qui est inférieur à ceux du Mali (769 USD) et du Niger (1 394 USD) (figure 7.11). Les coûts de la main-d'œuvre en Guinée et au Mali semblent également faibles par rapport à ceux des pays de comparaison. Les coûts de main-d'œuvre par travailleur sont plus bas en Guinée que dans tous les pays de comparaison. Les coûts de main-d'œuvre au Mali sont également comparables à ceux de la Côte d'Ivoire et du Burkina Faso, mais inférieurs à ceux de tous les pays de comparaison.

Enfin, les coûts de la main-d'œuvre au Niger sont légèrement supérieurs à ceux du Togo, mais inférieurs à ceux de l'entreprise médiane au Bénin et au Sénégal, ainsi qu'en Inde et en Chine.

Différences de taille des entreprises. Comme dans la plupart des pays, les grandes entreprises en Guinée, au Mali et au Niger sont en moyenne plus productives que les petites. Les grandes entreprises médianes produisent environ 40 989 USD par travailleur, contre 7 287 USD pour les entreprises moyennes

FIGURE 7.11

Coûts de la main-d'œuvre manufacturière en Guinée, au Mali et au Niger

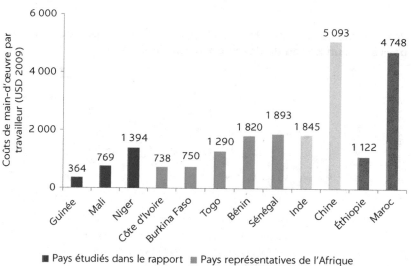

Source : Analyse des auteurs basée sur des données des Enquêtes auprès des entreprises, Banque mondiale, Washington, DC, https://datacatalog.worldbank.org/dataset/enterprise-surveys.
Note : Les mesures partielles de la productivité sont en USD de 2009 et basées sur celui-ci (voir Clarke 2018 pour plus de détails). Tous les points de données concernent les entreprises médianes pour chaque mesure de performance.

médianes et seulement 1 945 USD pour les petites entreprises médianes (figure 7.12). Des tendances similaires peuvent être observées au Mali et au Niger. Malheureusement, l'échantillon de la Guinée comptait trop peu d'entreprises pour pouvoir procéder à une ventilation similaire. Cependant, deux modèles supplémentaires se dégagent. Premièrement, l'écart entre les petites et moyennes entreprises est plus important au Niger qu'au Mali, où l'entreprise moyenne médiane est près de trois fois plus productive que la petite entreprise médiane. En comparaison, l'entreprise moyenne médiane est près de cinq fois plus productive au Niger.

Cela nous amène au deuxième constat : alors que les petites entreprises nigériennes paraissent relativement peu productives — à peu près aussi productives que celles du Mali —, les entreprises moyennes affichent de meilleurs résultats, l'entreprise moyenne médiane étant plus productive que les entreprises de taille similaire au Mali. Ces différences peuvent être dues en partie au fait que les entreprises moyennes disposent d'une intensité capitalistique plus élevée que les petites entreprises au Niger, où la moyenne entreprise médiane fait état d'un capital d'environ 10 000 USD par travailleur, contre seulement 1 000 USD pour les petites entreprises médianes. Ce chiffre est beaucoup plus important qu'au Mali, où l'entreprise moyenne médiane indique un capital d'environ 4 100 USD par travailleur, contre environ 800 USD par travailleur pour la petite entreprise médiane.

Différences de statut d'exportation. Les exportateurs sont généralement plus productifs que les non-exportateurs dans la plupart des pays en développement, et ce pour deux raisons. Premièrement, les exportateurs pourraient être plus efficaces que les autres entreprises, car seules les entreprises les plus productives sont en mesure d'accéder aux marchés d'exportation (c'est l'hypothèse de l'autosélection). Deuxièmement, la discipline dont il faut faire preuve pour exporter directement pourrait améliorer leur efficacité (hypothèse de « l'apprentissage par l'exportation »). L'accès aux marchés étrangers oblige les entreprises à devenir plus efficaces ou à tirer parti des conseils techniques fournis par des acheteurs étrangers. Les exportateurs sont également plus productifs dans les trois pays. L'exportateur médian dans les trois pays produit

FIGURE 7.12

Les grandes entreprises sont les plus productives au Mali, au Niger et en Guinée

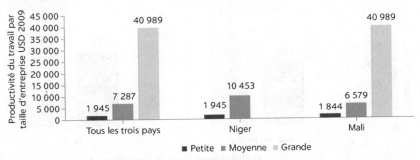

Source : Calculs de Clarke 2018, basés sur des données des Enquêtes auprès des entreprises, Banque mondiale, Washington, DC, https://datacatalog.worldbank.org/dataset/enterprise-surveys.
Note : Les mesures partielles de la productivité sont en USD de 2009 et basées sur celui-ci (voir Clarke 2018 pour plus de détails). Tous les points de données se rapportent aux entreprises médianes. Les résultats combinés pour les trois pays utilisent les données provenant des trois pays. Comme moins de cinq grandes entreprises ont fourni des informations pour le Niger, ce groupe n'est pas pris en compte.

environ deux fois plus par travailleur que le non-exportateur médian (6 579 USD par travailleur contre 3 330 USD). Bien que le petit nombre d'entreprises soit insuffisant pour procéder à des ventilations similaires à celles de la Guinée et du Niger, le Mali présente une tendance similaire : l'exportateur médian produit environ 6 579 USD par travailleur, contre 3 843 USD pour le non-exportateur médian (figure 7.13).

Il est important de noter que ces différences de productivité ne sont pas dues au fait que les exportateurs utilisent le capital ou les travailleurs qualifiés de manière plus intensive que les non-exportateurs. Par exemple, les exportateurs médians des trois pays disposent d'un capital d'environ 3 689 USD par travailleur, contre environ 1 188 USD pour les exportateurs médians. Les exportateurs médians paient également moins leurs travailleurs que les non-exportateurs médians, soit 620 USD par travailleur, contre 878 USD pour les non-exportateurs. Ces chiffres suggèrent que les exportateurs opèrent principalement dans des secteurs à faible intensité de compétences ou de capital. Cela peut surprendre sachant qu'il est improbable que ces trois pays disposent d'avantages comparatifs dans les secteurs à forte intensité de compétences ou de capital. Par ailleurs, les entreprises guinéennes et maliennes sont plus susceptibles d'exporter que les entreprises nigériennes : environ 27 % des entreprises guinéennes et maliennes exportent, contre 13 % seulement des entreprises nigériennes. De plus, les entreprises manufacturières nigériennes déclarant exporter une partie de leur production sont moins nombreuses (13 %) que dans tout autre pays de comparaison d'Afrique de l'Ouest, ou en Chine et en Inde (figure 7.14).

Des comparaisons similaires sont valables pour un échantillon plus large de pays. Étant donné que les exportateurs sont plus productifs que les non-exportateurs dans la plupart des pays en développement, il est décevant (mais pas surprenant) de constater que les entreprises du Niger sont moins productives que dans les autres pays MTNG, alors que leurs coûts unitaires de main-d'œuvre sont plus élevés, suggérant que ces entreprises ne sont pas très compétitives.

FIGURE 7.13

Les exportateurs sont plus productifs que les non-exportateurs en Guinée, au Mali et au Niger

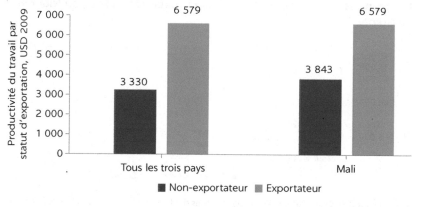

Source : Calculs de Clarke 2018, basés sur des données des Enquêtes auprès des entreprises, Banque mondiale, Washington, DC, https://datacatalog.worldbank.org/dataset/enterprise-surveys.
Note : Les mesures partielles de la productivité sont basées sur le USD de 2009 (voir Clarke 2018 pour plus de détails). Tous les points de données concernent les entreprises médianes pour chaque mesure de performance.

FIGURE 7.14

Peu d'entreprises au Niger exportent leur production, contrairement aux entreprises du Mali et de Guinée

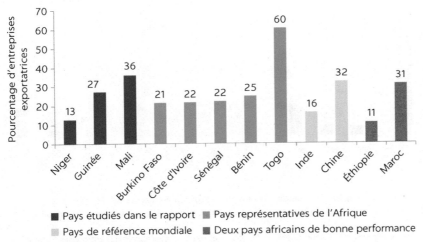

■ Pays étudiés dans le rapport ■ Pays représentatives de l'Afrique
■ Pays de référence mondiale ■ Deux pays africains de bonne performance

Source : Calculs de Clarke 2018, basés sur des données des Enquêtes auprès des entreprises, Banque mondiale, Washington, DC, https://datacatalog.worldbank.org/dataset/enterprise-surveys.

FIGURE 7.15

Les entreprises détenues par des étrangers sont plus productives que les entreprises nationales en Guinée, au Mali et au Niger

■ Nationales ■ Étrangères

Source : Analyse des auteurs basée sur des données des Enquêtes auprès des entreprises, Banque mondiale, Washington, DC, https://datacatalog.worldbank.org/dataset/enterprise-surveys.
Note : Les mesures partielles de la productivité sont en USD de 2009 et basées sur celui-ci (voir Clarke 2018 pour plus de détails). Tous les points de données concernent les entreprises médianes pour chaque mesure de performance.

Différences en matière de propriété étrangère. Dans de nombreux pays, les Investissements directs étrangers (IDE) sont appréciés, car les investisseurs étrangers peuvent permettre aux entreprises d'accéder aux nouvelles technologies et à de nouveaux marchés. C'est également le cas des entreprises étrangères et nationales des trois pays de cette étude (figure 7.15), où les entreprises médianes à capitaux étrangers produisent près de sept fois plus par travailleur que les entreprises nationales médianes (17 500 USD contre 2 600 USD). Les tendances sont similaires au Mali. Cependant, il y a trop peu d'entreprises étrangères en Guinée ou au Niger pour procéder à des ventilations similaires pour ces deux pays, puisque environ 5 % seulement des entreprises nigériennes et guinéennes sont détenues par des étrangers par rapport au Burkina Faso ou aux pays de comparaison d'Afrique de l'Ouest (figure 7.16). En revanche, les entreprises à capitaux étrangers sont plus présentes au Mali : environ 19 % des entreprises manufacturières dans

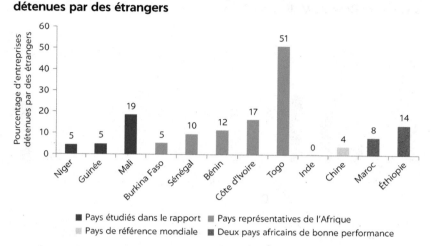

FIGURE 7.16

Peu d'entreprises manufacturières Nigériennes et Guinéennes sont détenues par des étrangers

Source : Analyse des auteurs basée sur des données des Enquêtes auprès des entreprises, Banque mondiale, Washington, DC, https://datacatalog.worldbank.org/dataset/enterprise-surveys.

l'échantillon du Mali étaient étrangères – un taux plus élevé que dans la plupart des pays de comparaison en Afrique de l'Ouest ou ailleurs.

Des comparaisons plus larges avec d'autres pays au niveau de développement similaire aboutissent aux mêmes conclusions. Si des capitaux étrangers sont nécessaires pour améliorer l'accès aux technologies et aux marchés, et donc améliorer les performances des entreprises, cette conclusion est décevante.

PRINCIPALES OPTIONS STRATÉGIQUES

Une série de réformes complémentaires axées sur les entreprises doit être adoptée, simultanément ou par étape. Avant de résumer les stratégies clés préconisées par le rapport Doing Business (DB) adaptées à chacun des quatre pays MTNG (tableau 7.10), il convient de souligner quelques principes essentiels à mettre en place :

- *Une coordination en amont* entre les divers acteurs et institutions gouvernementales sur la stratégie de réformes, car la définition d'une vision commune améliorera les résultats.
- *Une consultation préalable* avec les parties concernées, notamment le monde des affaires, pour accroître la sensibilisation, le consensus et l'appropriation de la stratégie, et susciter des propositions.
- *Une communication claire* sur la stratégie et ses composantes, la transparence étant cruciale pour éviter les malentendus et les distorsions, auprès des citoyens et des entreprises et d'autres parties prenantes, et pour comprendre le « quoi » et le « pourquoi » de l'ensemble du programme et ses principales composantes.

TABLEAU 7.10 **Principales recommandations stratégiques de Doing Business 2019**

SÉQUENÇAGE DES RÉFORMES	COURT TERME	MOYEN TERME	MESURES PROPRES AU PAYS
Piste de réforme 1 : Favoriser le dynamisme du secteur privé et réduire l'informalité 1.1 Simplifier la création des PME	• Réduire les frais de notaire • Réduire les coûts d'immatriculation à un taux forfaitaire • Poursuivre la simplification des procédures (en simplifiant les étapes et les procédures)	• Supprimer toutes les taxes professionnelles et de licence restantes et autres formes de droits dérivés du loyer • Supprimer toutes les exigences de capital minimum	Mali *Court terme* • Faciliter l'accès du public aux statuts standard des entreprises (disponibles en ligne ou sur le site Internet de l'OSS) *Moyen terme* • Finaliser l'informatisation du registre du commerce (RCCM) pour accélérer l'immatriculation des entreprises • Supprimer les droits de timbre de 9 750 francs CFA perçus par l'administration fiscale pour l'enregistrement des statuts. Tchad *Court terme* • Réduire le capital minimum de 100 000 à 5 000 FCFA • Supprimer l'exigence d'un sceau d'entreprise • Permettre la notification de création d'entreprise dans le registre en ligne *Moyen terme* • Publier les documents standard de constitution (OHADA) et améliorer le fonctionnement du RCCM Guinée *Court terme* • Permettre la vérification en ligne du caractère unique de la raison sociale de l'entreprise • Mise en œuvre de Synergui (logiciel de création d'entreprise pour les nouvelles fonctionnalités et l'interconnexion avec les organismes) • Permettre la publication d'annonces légales sur le site Internet de l'APIM • Créer un numéro vert gratuit pour que les créateurs d'entreprises puissent suivre leurs dossiers • Parachever l'interconnexion entre le guichet unique de l'APIM et l'administration fiscale nationale *Moyen terme* • Informatiser le RCCM et le système de traitement à la Caisse nationale de prévoyance sociale (CNPS) • Achever l'interconnexion entre le bureau du registre du commerce (RCCM) et la CNPS

la suite ci-après

TABLEAU 7.10, *suite*

SÉQUENÇAGE DES RÉFORMES	COURT TERME	MOYEN TERME	MESURES PROPRES AU PAYS
1.2 Accélérer la délivrance des permis de construire	• **Baisser le coût d'immatriculation à un taux forfaitaire (5 % de la valeur du bien)** • **Rendre accessibles au public les informations relatives à la réglementation et aux documents liés à la délivrance de permis de construire et tous les permis existants (site Internet)** • **Réduire les procédures d'approbation pour les projets plus simples et à faibles risques.**	• **Adopter et mettre en œuvre des codes de construction sur la base des bonnes pratiques régionales.** • **Adopter une approche basée sur le risque (au niveau des villes) pour les inspections avant le début des travaux de construction et après (exception faite des grands bâtiments)**	**Mali** *Court terme* • Réduire le nombre de jours nécessaires pour accéder aux études géotechniques • Supprimer le coût d'obtention des informations papier pour un branchement au réseau de distribution d'eau • **Réduire le nombre de jours nécessaires pour obtenir un certificat de conformité** *Moyen terme* • Introduire un processus rationalisé pour l'obtention de permis de construire pour les bâtiments plus petits (guichet unique) **Tchad** *Court terme* • **Constituer un comité pour la délivrance de permis de construire au niveau municipal** • **Réduire le temps nécessaire pour le branchement aux réseaux de services publics (eau) en créant des services spécifiques pour les demandes des entreprises dans les bureaux de la STEE** Veiller à ce que les demandes soient complètes au moment de leur dépôt en créant un bureau d'information au niveau de la municipalité *Moyen terme* • **Réduire le coût d'obtention des études géotechniques actuellement effectuées par un laboratoire (LBTP ou LABOGEC).** **Guinée** *Court terme* • **Créer une commission chargée du traitement des demandes de permis de construire** • Rationaliser la procédure de dépôt des dossiers en réduisant le nombre de maillons de la chaîne de traitement. *Moyen terme* • **Créer un guichet unique pour les permis de construire et rationaliser et informatiser les procédures**

la suite ci-après

TABLEAU 7.10, *suite*

SÉQUENÇAGE DES RÉFORMES	COURT TERME	MOYEN TERME	MESURES PROPRES AU PAYS
1.3 Simplifier la collecte de l'impôt	• **Simplifier les procédures et réduire les retards liés au paiement de l'impôt sur les sociétés et la TVA** • **Supprimer les restrictions sur les processus de remboursement de la TVA et les rendre opérationnels**	• **Informatiser les systèmes de paiement des impôts, en commençant par les grandes et moyennes entreprises** • **Autoriser les virements bancaires pour le paiement des impôts** • **Introduire le dépôt et le télépaiement pour les grandes entreprises** • **Simplifier les codes des impôts et réduire les périodes d'exonération fiscale pour certaines entreprises** • **Adopter un système de contrôles fiscaux aléatoires aux risques mesurés** • **Passage à un taux forfaitaire par rapport au droit de timbre lié aux contrats**	Mali *Court terme* • **Introduire un formulaire unique pour les paiements de sécurité sociale à l'INPS** • **Réduire la fréquence des paiements des impôts (4 au lieu de 12)** Niger *Court terme* Passage à un taux forfaitaire par rapport au droit de timbre lié aux contrats Tchad *Court terme* Autoriser l'option d'un dépôt trimestriel de l'impôt sur les sociétés, des redevances de la sécurité sociale et de la TVA (déjà mise en œuvre pour les entreprises de taille moyenne) • **Introduire le dépôt en ligne des demandes de numéro d'identification fiscale (NIF) lors de l'immatriculation de l'entreprise** *Moyen terme* • **Créer un guichet unique pour le paiement de l'impôt** (impôt sur les sociétés, sécurité sociale, et procédures de remboursement de la TVA) • **Unifier le NIF pour tous les impôts et contributions (la CNPS utilise un numéro de sécurité sociale différent)**
1.4 Améliorer l'accès au crédit	• **Recueillir les informations auprès des prêteurs institutionnels (par ex. les compagnies d'eau et d'électricité) en plus des institutions financières** • **Baisser le seuil des emprunts dans le registre de crédit à un revenu annuel par personne de 1 %**	• **Améliorer la capacité des PME à fournir une information financière adéquate** • **Mettre en vigueur la réglementation en matière de recouvrement** • **Mettre en œuvre l'Acte uniforme OHADA élargissant la gamme des actifs garantis** • **Autoriser les personnes enregistrées à consulter leurs informations personnelles de crédit**	Tous les pays Toutes les réformes à entreprendre dans le cadre la BCEAO : *Court terme* • **Approuver le cadre réglementaire permettant la création d'un bureau du crédit** • Renforcer la capacité de l'équipe d'informations liée au crédit de la Banque centrale *Moyen terme* • **Créer un bureau du crédit** • **Créer un registre de garanties**

la suite ci-après

TABLEAU 7.10, *suite*

SÉQUENÇAGE DES RÉFORMES	COURT TERME	MOYEN TERME	MESURES PROPRES AU PAYS
1.5 Faciliter le commerce	• **Mettre intégralement en œuvre SYDONIA WORLD** • **Passer intégralement à des systèmes de gestion des contrôles douaniers basés sur les risques** • **Faciliter le flux des marchandises en souffrance en envoyant automatiquement les biens nécessitant des exemptions vers le circuit rouge**	• **Introduire des systèmes de guichet unique pour les déclarations et paiements de droits** • **Approuver un cadre juridique pour faciliter les signatures numériques** • **Autoriser toutes les entreprises orientées vers l'exportation à accéder à des plans de garantie d'exportation (garanties de financement d'expédition des exportations) et supprimer toutes les restrictions liées aux lettres de crédit nécessitant la mobilisation d'un montant équivalant à la transaction**	Mali *Court terme* • Réduire les délais et les procédures nécessaires à l'obtention d'une lettre de crédit • **Mettre à jour la cartographie des procédures d'import-export effectuées en 2011 sur le principal corridor routier Bamako-Dakar et entreprendre le corridor Bamako-Abidjan** *Moyen terme* • **Créer un groupe de travail technique pour proposer une feuille de route des réformes pour les opérations d'export-import** Niger *Moyen terme* • **Mettre en œuvre l'acceptation unilatérale des certificats de qualité internationalement reconnus pour réduire les délais de certification** • **Créer un mécanisme de communication pour les opérateurs confrontés au harcèlement aux points de contrôle ou aux points d'entrée et de sortie**
			Tchad *Court terme* • **Introduire la possibilité de déposer et traiter par voie électronique les documents commerciaux** • **Effectuer la cartographie des procédures et organismes d'import-export** *Moyen terme* • **Supprimer les commissions officielles et les frais prélevés sur les importations et les exportations, notamment dans le port sec de Ngueli** • **Poursuivre l'installation de scanners douaniers** Guinée *Court terme* • **Réduire le nombre de documents nécessaires pour les exportations**

la suite ci-après

TABLEAU 7.10, *suite*

SÉQUENÇAGE DES RÉFORMES	COURT TERME	MOYEN TERME	MESURES PROPRES AU PAYS
1.6 Améliorer la fiabilité et l'accès à l'électricité	• **Préparer des contrats de gestion intérimaires (2 à 3 ans) reconnaissant les risques que le gestionnaire contractant ou le partenaire stratégique peut absorber** • **Simplifier les procédures de demande de permis de connexion**	• **Renforcer les pouvoirs du régulateur et le rendre opérationnel (le cas échéant)** • **Réduire le coût des approvisionnements** • **Améliorer la fiabilité (entre autres) par l'achat de carburant pour la production d'énergie**	Mali *Court terme* • Réduire de 120 à 20 jours le délai de raccordement des entrepôts au réseau pour un abonnement de 160 kVa • **Afficher les coûts de raccordement et les tarifs sur des tableaux et en ligne sur le site Internet d'EDM** *Moyen terme* • **Mesurer la fiabilité de l'approvisionnement et la durée et la fréquence des coupures d'électricité et le temps nécessaire pour son rétablissement** Niger *Moyen terme* • **Mettre en œuvre l'unité dédiée aux services des PME** Tchad *Moyen terme* • Créer un guichet unique pour les paiements des PME et la traçabilité Guinée *Court terme* • **Créer un guichet unique pour les entreprises locales** *Moyen terme* • **Simplifier les processus et réduire le temps et le coût de raccordement des entreprises**
Piste de réforme 2 : Améliorer la gouvernance et limiter les rentes **2.1 Lutter contre la corruption**	• **Approuver les augmentations de salaire pour les postes clés de la fonction publique**	• **Mettre en vigueur les sanctions prévues par la loi dans les cas de corruption avérée** • **Systématiser les audits internes des organismes publics**	
2.2 Améliorer l'accès à la terre	• **Réduire les coûts d'enregistrement des propriétés en fixant au plus bas les frais des opérations immobilières pour permettre à l'autorité foncière de recouvrer les coûts opérationnels et d'investissement**	• **Rationaliser les processus d'enregistrement des titres** • **Moderniser le registre foncier ou le cadastre** • **Définir des critères pour les projets publics et l'utilisation à long terme de la terre** • **Créer des comités de parties prenantes pour harmoniser la législation sur l'affectation des terres et le régime foncier** • **Déterminer un seuil pour les parcelles à vendre par zone ou niveau administratif**	Mali *Moyen terme* • **Introduire des contrats standardisés pour permettre aux opérateurs d'éviter les services et frais de notaires** • Instituer un mécanisme d'évaluation fiscale transparent et prévisible • Diminuer les frais juridiques associés au transfert de propriété (les frais de notaire pourraient être définis par page et plafonnés) Guinée *Court terme* • Créer un mécanisme de résolution des litiges au cadastre et numériser tous les titres de propriété *Moyen terme* • Créer un guichet unique pour l'enregistrement des biens fonciers • Créer un mécanisme de résolution des litiges fonciers au cadastre

la suite ci-après

TABLEAU 7.10, *suite*

SÉQUENÇAGE DES RÉFORMES	COURT TERME	MOYEN TERME	MESURES PROPRES AU PAYS
2.3 Améliorer l'efficacité des tribunaux et des procédures		• **Renforcer la confiance dans l'arbitrage et la médiation (le Mali et le Tchad disposent d'une loi réglementant tous les aspects de la médiation)** • **Augmenter le nombre de magistrats dont la formation correspond aux dispositions de l'OHADA** • **Automatiser et moderniser les processus au sein des tribunaux** • **Créer un site Internet pour les tribunaux de commerce et publier les jugements portant sur des litiges commerciaux**	**Mali** *Court terme* • Réduire les retards associés aux procès et appliquer des sanctions sévères pour l'utilisation de manœuvres dilatoires • Répertorier les procédures auprès des tribunaux afin d'identifier les goulets d'étranglement • Créer un système de gestion électronique des entreprises pour mettre à jour automatiquement les dossiers examinés par les tribunaux • Permettre une détection rapide des procès en souffrance sur la base d'une période prédéterminée et assister les juges dans les évaluations de performance *Moyen terme* • Élaborer des outils pour permettre aux magistrats de confier des litiges mineurs (lorsque les enjeux ne justifient pas les frais de procédure) à une médiation • Améliorer la performance des magistrats par la spécialisation (litiges commerciaux) et la formation des juges et du personnel des tribunaux **Niger** *Court terme* • **Réduire le nombre d'appels à 2 et développer les services d'assistance judiciaire pour informer sur les services disponibles au CNAM** • Mettre à jour la liste des nouveaux médiateurs et conciliateurs et renforcer la capacité du personnel du centre de médiation (CNAM) **Guinée** *Court terme* • **Ouvrir des tribunaux de commerce (y compris des tribunaux pour affaires mineures) et former des magistrats spécialisés dans les litiges commerciaux** *Moyen terme* • **Introduire la gestion électronique des procès dans les procédures des tribunaux**
2.4 Renforcer la gouvernance d'entreprise	• **Modifier le Code du commerce sur la divulgation des transactions entre parties liées** • **Déterminer les règles de passation de marchés (quotas pour les marchés publics) permettant aux PME de soumettre des propositions individuelles ou conjointes**	• **Améliorer les règles de procédure civile (index des procès impliquant des actionnaires)**	**Mali** *Court terme* • Supprimer les procédures techniques permettant aux débiteurs récalcitrants de retarder l'application des jugements afin de limiter l'abus de procédures en matière de contestation ou de récupération des marchandises saisies *Moyen terme* • Permettre aux actionnaires minoritaires de recourir à des voies juridiques lorsqu'ils sont confrontés à un accord réglementaire qui leur est préjudiciable. **Niger** *Moyen terme* • **Renforcer les obligations de la direction dans les sociétés anonymes (diligence appropriée, décisions éclairées, évitement des conflits d'intérêt)**

la suite ci-après

TABLEAU 7.10, *suite*

SÉQUENÇAGE DES RÉFORMES	COURT TERME	MOYEN TERME	MESURES PROPRES AU PAYS
2.5 Accroître l'inclusion financière numérique	• Créer des comptes pour les transactions à faible coût favorisant des paiements numériques et appuyer l'établissement de rapports sur le crédit et les paiements transfrontaliers • Créer une infrastructure de base, notamment une infrastructure financière TIC et des capacités de collecte de données • Faciliter l'identification des utilisateurs pour les services financiers numériques, notamment des mécanismes d'identification numérique des clients et des programmes de renforcement des connaissances numériques et financières		
Piste de réforme 3 : Encourager les marchés et secteur privé **3.1 Concurrence**	• **Renforcer la coopération régionale (UEMOA, CEMAC) sur la détection des cartels** • **Modifier la loi anticartels**	• **Améliorer la capacité opérationnelle des outils des organismes de contrôle de la concurrence (recherche de marchés et capacité de saisie) et augmenter et mettre en œuvre des pénalités et des amendes**	Mali *Moyen terme* Renforcer l'efficacité de la législation nationale sur la concurrence et l'autorité de régulation de la concurrence Tchad *Moyen terme* Moderniser la réglementation existante sur la fixation des prix et la concurrence par l'adoption d'une seule loi nationale sur la concurrence Créer une autorité chargée de la réglementation et de l'application des dispositions relatives à la concurrence
3.2 Renforcer le cadre de partenariat public-privé (PPP)	• **Superviser la durabilité financière des projets PPP** • **Renforcer la capacité et l'expertise des unités PPP** • **Veiller à l'indépendance fiduciaire et réglementaire des unités PPP** • **Définir une réglementation nationale en matière de passation des marchés dans le cadre juridique PPP** • **Identifier les projets PPP à faible risque en tant que signal aux investisseurs, par exemple l'agroalimentaire**		Tchad • Approuver la loi nationale sur les PPP et l'unité PPP conformément aux bonnes pratiques régionales et internationales • Identifier les projets à petite échelle à faible risque qui doivent être déployés en tant que projets pilotes Guinée *Court terme* • Créer une unité PPP

Note : Gras = le plus important; italique = ceux qui profitent directement de la diversification des exportations. APIM = Agence pour la Promotion des Investissements au Mali ; BCEAO = Banque centrale des États de l'Afrique de l'Ouest ; CEMAC = Communauté Économique et Financière d'Afrique Centrale ; CNAM = Centre National des Arts et Métiers ; CNPS = Caisse Nationale de Prévention Sociale ; EDM = Électricité du Mali ; FCFA = franc CFA (Communauté Financière Africaine) ; INPS = Institut National de Prévoyance Sociale ; LABOGEC = Laboratoire du Génie Civil ; LBTP = Laboratoire du Bâtiment et des Travaux Publics ; NIF = Numéro d'Identification Fiscale ; OHADA = Organisation pour l'Harmonisation en Afrique du Droit des Affaires ; OSS = Observatoire du Sahara et du Sahel ; PME = Petites et moyennes entreprises ; PPP = Partenariat public-privé ; RCCM = Registre du Commerce et du Crédit Mobilier ; STEE = Société Tchadienne d'Eau et d'Électricité ; SYDONIA World = Système douanier automatisé ; TIC = Technologies de l'information et des communications ; TVA = Taxe sur la valeur ajoutée ; UEMOA = Union économique et monétaire ouestafricaine.

NOTES

1. Il convient de noter que Doing Business n'est pas le seul classement international disponible pour évaluer les réglementations commerciales. Plus récemment, un nouvel indice mondial « Enabling the Business of Agriculture » a classé principalement la qualité d'un ensemble d'indicateurs juridiques et, dans une moindre mesure, un certain nombre d'indicateurs d'efficacité. Sur 62 pays, le Mali et le Niger, les deux seuls pays MTNG classés sur cet indicateur, occupaient les 52e et 49e positions en 2017. Le Mali accusait un retard important dans les domaines des machines, des semences et de la qualité des technologies de l'information et des communications (TIC). Le Niger, quant à lui, était en retard concernant les machines, les engrais et la qualité des semences. See: http://pubdocs.worldbank .org/en/929581534213514304/EBA17-full-report17.pdf.

2. La valeur ajoutée correspond aux ventes moins le coût des matières premières et des intrants intermédiaires achetés par l'entreprise pour fabriquer le produit final. Le nombre d'employés correspond au nombre de personnes employées à temps plein par l'entreprise.

3. Il existe des différences apparentes, mais il convient de noter que les échantillons sont très petits pour la Guinée et le Niger. Par conséquent, les estimations de la productivité du travail de ces deux pays ne sont pas très précises. On ne peut donc pas rejeter sur le plan statistique l'hypothèse nulle selon laquelle la productivité du travail est à peu près la même dans les trois pays.

4. Les ventes par travailleur ne tiennent pas compte des intrants achetés.

RÉFÉRENCES BIBLIOGRAPHIQUES

Banque mondiale. 2019. "Africa's pulse, No. 19: An Analysis of Issues Shaping Africa's Economic Future." World Bank, Washington, DC. https://openknowledge.worldbank.org/handle /10986/31499.

Clarke, G. 2018. "Firms' Performance in Guinea, Mali, and Niger." Unpublished background paper, World Bank, Washington, DC.

8 Refonte des stratégies de diversification des exportations dans les pays MTNG

UNE APPROCHE PAR GRAPPES CVM 2.0

SYNTHÈSE

- *Plusieurs des projets de développement de CVM du Groupe de la Banque mondiale au Mali, au Tchad, au Niger et en Guinée (pays MTNG) se heurtent à des limites dues à leur approche quasi unidimensionnelle axée sur un petit nombre d'activités mal connectées et à l'absence de mesures visant à moderniser les organisations de producteurs, à adopter des normes internationales techniques et sanitaires pour les produits, à attirer des entreprises étrangères et promouvoir la participation du secteur privé.*

- *Les pays MTNG peuvent redynamiser leurs exportations agroalimentaires en se spécialisant dans des domaines à plus faible valeur ajoutée pour lesquels ils disposent d'avantages comparatifs le long d'une CVM donnée, tout en appliquant des politiques horizontales et verticales qui les aideraient à développer des avantages comparatifs relatifs dans des produits à plus forte valeur ajoutée.*

- *La pratique courante consistant à réviser et mettre en œuvre des codes des investissements opérationnels est nécessaire, mais elle doit s'accompagner d'examens institutionnels et personnalisés, ainsi que d'un ensemble de mesures incitatives commerciales, fiscales et non fiscales, temporaires et soigneusement contrôlées.*

- *Les quatre piliers d'une approche par grappes CVM 2.0 de diversification des exportations sont les suivants : (i) amélioration des processus, des produits et des marchés des CVM stratégiques (et bien sélectionnées) ; (ii) des investissements ciblés (dimension spatiale) dans les infrastructures commerciales et les corridors logistiques ; (iii) la refonte des politiques commerciales et logistiques ; et (iv) un climat d'investissement favorable au commerce électronique.*

- *Cet agenda ne peut aboutir que s'il est fortement basé sur des investissements privés (étrangers et nationaux) et publics, ce qui implique des plans de mise en œuvre conjoints conçus pour optimiser le financement pour le développement, où les rôles de la Société financière internationale (IFC) pour attirer les Investissements directs étrangers (IDE) et du Groupe de la Banque mondiale pour pallier les défaillances du marché seront essentiels.*

NÉCESSITÉ D'UNE NOUVELLE APPROCHE DE DÉVELOPPEMENT CVM 2.0 DES PROJETS DANS LES PAYS MTNG

Au cours de la dernière décennie, la Banque mondiale a multiplié les projets soutenant le développement de certaines chaînes de valeur agricoles (CV). Au Tchad, au Mali, au Niger et en Guinée (pays MTNG), ces projets présentent généralement les caractéristiques suivantes :

- Au Niger, le Projet d'appui à *la compétitivité et à la croissance, en cours depuis 2012* vise à améliorer certains aspects de l'environnement des affaires au Niger, à renforcer la capacité des entreprises soutenues et le développement de la chaîne de valeur de la viande et de la boucherie. Le gouvernement veut réduire le flux de bovins vivants par rapport à la viande et aux sous-produits de la viande afin d'accroître la valeur ajoutée des exportations de bétail. Les avantages et opportunités concurrentiels du secteur de la viande et de la boucherie au Niger sont : (i) la qualité supérieure de sa viande, très recherchée par les consommateurs sur les marchés régionaux ; (ii) la possibilité de faire engraisser le bétail le long du fleuve Niger et dans les centres urbains ; (iii) une demande forte et croissante du Nigeria ; et (iv) l'existence d'un savoir-faire séculaire dans la boucherie, reconnu dans les marchés régionaux, ainsi qu'une forte concentration de petites entités privées informelles. Le Niger compte quatre abattoirs réfrigérés, qui souffrent d'un manque d'hygiène de base et d'une organisation médiocre. De plus, les infrastructures et les équipements se sont progressivement détériorés par manque d'entretien, de sorte que le travail automatisé est remplacé aujourd'hui par du travail manuel. Le projet a initialement soutenu trois activités : (i) le renforcement de l'Agence nigérienne de promotion des exportations (ANIPEX) ; (ii) l'octroi de subventions de contrepartie aux PME développant des chaînes de valeur (assistance opérationnelle, crédit, formation) ; et (iii) la réhabilitation de deux (2) abattoirs (Niamey et Maradi).

- Au Tchad, le Projet d'appui à la chaîne de *valeur en cours depuis 2014 (restructuré en 2017) vise à améliorer :* (i) des aspects particuliers de l'environnement des affaires ; et (ii) la performance des chaînes de valeur agropastorales (viande et produits laitiers). Le secteur de la viande, au Tchad, présente des avantages concurrentiels et des problèmes similaires à celui du Niger. Le projet soutenait à l'origine quatre activités : (i) le renforcement de l'agence nationale d'investissement et des exportations (ANIE) ; (ii) l'octroi de subventions de contrepartie aux PME développant des chaînes de valeur (assistance opérationnelle, crédit, formation) ; (iii) la réhabilitation des infrastructures de la viande, y compris le transport et trois abattoirs (Walia, Dighel et Farcha) et trois centres de collecte de lait (Walia, Guilmey et Linia) ; et (iv) le soutien au Centre de contrôle de la qualité des denrées alimentaires (CECOQDA) en fournissant du matériel et des agents pour ses nouveaux laboratoires.

- Au Mali, le Projet de compétitivité et de diversification agricole (PCDA) de 2005 qui a pris fin en 2015 (devant initialement durer 5 ans et ayant bénéficié de 2 années supplémentaires de financement en 2013-2015), avait une portée plus large. Il visait à accroître les revenus ruraux et les opportunités économiques en améliorant le climat des investissements et les chaînes de valeur agricoles. Le projet a bénéficié à cinq régions (Bamako, Koulikoro, Mopti,

Ségou et Sikasso). Les activités parrainées par le projet étaient : (i) l'adoption de nouvelles techniques d'irrigation ; (ii) l'introduction de nouvelles technologies agricoles ; (iii) l'appui aux PME (commerce, exportateurs, artisans) ; (iv) la formation des acteurs clés de la chaîne (principalement les prestataires de services) ; (v) l'octroi de subventions de contrepartie et l'accès au financement (gestion des risques, fonds de garantie) ; et (vi) le soutien à la participation à des événements commerciaux étrangers. Le projet s'est initialement concentré sur huit chaînes (5 chaînes prioritaires : l'oignon, la pomme de terre, la mangue, la papaye et la viande ; et 3 autres à consolider : la banane, l'anacarde et le lait).

L'expérience dans les pays MTNG permet d'identifier quelques traits communs et quelques lacunes dans les projets antérieurs de la chaîne de valeur agricole

- L'objectif, à savoir l'amélioration des exportations de produits à base agricole, n'a pas été explicité. La seule exception était un résultat subordonné attendu dans le cas du Niger (le remplacement du commerce informel d'animaux vivants par des exportations formelles de viande). Le développement de la CV était également essentiellement axé sur le marché intérieur, peut-être au prétexte que les entreprises développeraient aussi leur capacité d'exportation avec l'augmentation de la production et que de nouveaux produits à plus forte valeur ajoutée émergeraient.

- Tous les projets ont pris beaucoup plus de temps que prévu et souvent nécessité des efforts de restructuration importants. Par exemple, le projet tchadien a réduit le nombre d'abattoirs et d'activités liées à leur réhabilitation, tandis que le projet malien a dû se concentrer sur moins de produits, car la mise en œuvre des activités aurait pris beaucoup plus de temps que prévu initialement.

- Les performances de certaines activités ont été mitigées. La mise en œuvre des subventions de contrepartie a donné des résultats mitigés, tandis que la réhabilitation des abattoirs a été plus difficile à réaliser que prévu.

- Il n'a pas été simple d'articuler les composants traitant du climat d'investissement ou du développement des CV. Dans certains cas, les efforts se sont concentrés sur le vaste agenda Doing Business, dont l'impact direct sur le développement des chaînes de valeur agricoles a été inégal. En pratique, les deux agendas ont été mis en œuvre parallèlement, avec des efforts souvent déconnectés et réalisés par différents homologues gouvernementaux.

- L'accent mis sur le développement des chaînes de valeur a été presque unidimensionnel. Les projets du Niger et du Tchad se sont concentrés sur un seul ou très peu de microproblèmes spécifiques liés aux chaînes de valeur agricoles, par exemple les abattoirs, le transport, la réhabilitation ou l'équipement. La seule exception (limitée) était l'accent multidimensionnel mis par le PCDA malien sur l'irrigation, les finances, les technologies, le renforcement des petites et moyennes entreprises et la commercialisation à l'étranger de quelques CV.

- Enfin, les efforts consacrés à la modernisation des organisations de producteurs, à l'adoption de normes internationales techniques et sanitaires pour les produits, à l'attraction d'entreprises étrangères et à la promotion de la participation du secteur privé n'ont reçu que peu, voire pas, de soutien de la Société financière internationale (SFI).

NOUVELLE APPROCHE DE DÉVELOPPEMENT CVM 2.0 : PRÉSENTATION DES STRATÉGIES PAR GRAPPES

Comme indiqué ci-dessus, les pays MTNG peuvent redynamiser leurs exportations agroalimentaires en se spécialisant initialement dans des domaines à plus faible valeur ajoutée pour lesquels ils disposent d'avantages comparatifs sur une CVM donnée, tout en investissant activement dans des activités permettant de développer des avantages comparatifs dans des produits à plus forte valeur ajoutée à long terme. C'est la dynamique sous-jacente de l'échelle de diversification des exportations (voir Chapitre 3). Manifestement, le passage de l'étape 1 (marge intensive) à l'étape 2 (marge extensive) sur l'échelle repose principalement sur les efforts déployés par les producteurs privés dans quelques produits émergents pour lesquels les pays ont déjà montré un avantage comparatif.

Cependant, il est plus difficile d'atteindre les étapes 3 et 4, et d'évoluer progressivement vers des produits à plus forte valeur ajoutée, car ce processus n'est pas exempt de difficultés et nécessite une approche différente basée sur l'expérience antérieure du développement des chaînes de valeur.

En examinant les moyens de redynamiser les chaînes de valeur en les transformant en activités à plus forte valeur ajoutée, Baldwin (2011) reconnaît que presque toutes les activités manufacturières et agroalimentaires se déroulent au sein de chaînes de valeur mondiales (CVM). Le fait est que de nombreuses entreprises du monde entier sont impliquées dans des tâches allant de la recherche et développement à la livraison finale d'un produit spécifique (ou d'un ensemble de produits) aux utilisateurs finaux sur le marché mondial. Ces tâches dissocient le processus d'innovation et de développement de produits du processus de production, de l'emploi et de la commercialisation. La fragmentation du processus de fabrication dans les chaînes de valeur mondiales chevauchant des frontières internationales devrait en principe permettre aux pays en développement de s'industrialiser plus facilement que par le passé. C'est essentiellement le modèle que la Chine a adopté et qu'elle suit depuis trois décennies en combinant une stratégie de croissance axée sur les exportations et un système de mesures incitatives pour attirer des influx d'Investissements directs étrangers (IDE). Le modèle aurait permis aux entreprises chinoises de se spécialiser initialement dans les segments de chaînes de valeur mondiales à faible valeur ajoutée, en combinant les services d'une main-d'œuvre peu qualifiée à des marques reconnues mondialement et une technologie de pointe pour les vendre aux consommateurs mondiaux. Cela a placé les entreprises chinoises au centre d'un commerce triangulaire au sein duquel elles importaient des pièces et des composants du Japon, de Taïwan, de la Corée du Sud, de Singapour et d'autres économies de l'Asie de l'Est, les assemblaient en produits finis et les exportaient vers les marchés américains et européens.

Le succès apparent du modèle, non seulement en Chine, mais aussi en Thaïlande, au Vietnam, au Cambodge et dans d'autres pays d'Asie de l'Est et du Sud, en fait une option attrayante en tant que première étape pour les pays MTNG. Le moment semble opportun, notamment parce que la Chine et la Thaïlande ont migré vers des segments de CVM à plus forte valeur ajoutée, même si les pays MTNG comptent parmi les plus marginaux par rapport aux CVM. Le défi potentiel que doivent relever les gouvernements de la région pour promouvoir la participation des entreprises nationales aux CVM consiste donc à concevoir un ensemble d'initiatives politiques à court et moyen terme pour faciliter l'entrée des entreprises étrangères étroitement liées aux CVM dans des activités d'optimisation des gains attendus en termes de croissance du revenu par habitant, des emplois et des salaires. Ce qu'il faut à court terme, c'est un ensemble d'interventions facilitant l'entrée dans les CVM dans des domaines où les entreprises nationales possèdent un avantage comparatif et attirent des IDE contribuant à fournir le capital et les intrants technologiques nécessaires à leur entrée. Un tel ensemble comprendrait également des investissements publics et privés dans les infrastructures physiques de base, et des réformes de la politique commerciale et de la réglementation en général, ainsi que des investissements publics et privés dans les programmes de développement des compétences, les institutions de recherche et développement et les infrastructures des Technologies de l'information et des communications (TIC). Globalement, il est nécessaire de mettre en place un ensemble d'interventions visant à transférer l'avantage comparatif des entreprises nationales vers des activités à forte valeur ajoutée dans les CVM. C'est le fondement conceptuel de l'approche par grappes.

Une approche par grappes explore initialement le statut des quatre éléments clés de la compétitivité des CVM : (i) les conditions factorielles ; (ii) les conditions de la demande ; (iii) le contexte de la CVM pour l'entreprise et sa stratégie ; et (iv) la force et la qualité des liens. Les grappes impliquent des liens multidirectionnels entre des fournisseurs, des distributeurs et des entreprises (Porter 1998). Ainsi, la méthodologie identifie les forces, faiblesses, possibilités et menaces (FFPM) pour la compétitivité sur ces éléments. La méthodologie a été appliquée à chacun des deux produits de CVM sélectionnés pour le Mali (noix de cajou et sésame), le Niger (viande et oignon) et le Tchad (sésame et gomme arabique) dans les études pays. À titre d'exemple, les résultats pour la gomme arabique et le sésame (en utilisant le format FFPM) sont présentés ci-dessous (tableau 8.1.).

Compte tenu des ressources financières limitées de ces pays, le cadre stratégique devrait examiner avec soin le champ d'application, le type d'instruments à utiliser et leur période d'application. En termes de champ d'application, les politiques peuvent être verticales (applicables à certains produits ou secteurs) ou horizontales (applicables à tous les secteurs). Dans le même temps, l'instrument politique peut prendre la forme d'une contribution publique utile à la production privée ou d'une intervention du marché qui affecte le comportement des entreprises. En outre, les arguments en faveur d'une intervention politique ciblée devraient être temporaires et soigneusement pesés par rapport aux options et aux ressources disponibles. La matrice 2x2 ci-dessous présente une classification de l'ensemble des politiques de diversification des exportations possibles (horizontales et verticales) pour les pays du groupe MTNG (tableau 8.2). Bien que la liste soit non exhaustive et adaptée à chaque étude de pays, elle offre un résumé des principaux domaines d'action à prendre en compte.

Si ce rapport ne prend pas position pour l'un de ces deux types de politiques, il reconnaît que le choix des politiques horizontales dépend directement de la nature des défaillances du marché identifiées, tandis que les politiques verticales sont plus controversées, car, bien que nécessaires, elles ne sont pas insensibles aux intérêts en jeu. Les politiques de ce genre sont fréquemment soumises à un lobbying du secteur par les entrepreneurs impliqués. Ces politiques sont souvent plus risquées, car elles concentrent les avantages sur certains bénéficiaires (producteurs, intermédiaires ou sociétés de distribution) et peuvent créer des

TABLEAU 8.1 **Étude FFPM des chaînes de valeur du sésame et de la gomme arabique au Tchad**

FORCES	POSSIBILITÉS
• Le climat du Tchad est potentiellement favorable au sésame • Le Tchad est le deuxième producteur de gomme arabique • Peu d'entreprises exportent vers des marchés clés • Les producteurs et les transformateurs souhaitent développer les deux chaînes	• La demande mondiale et régionale augmente sur les marchés à forte valeur • Les parties prenantes souhaitent améliorer le secteur • Une assistance internationale et un soutien gouvernemental sont disponibles pour développer le secteur agricole • La croissance des exportations de sésame vers la Turquie ainsi que l'intérêt d'Olam • Exportations croissantes de gomme arabique vers l'Inde • Proximité physique, linguistique et culturelle avec le Soudan et le Moyen-Orient
FAIBLESSES	**MENACES**
• Faible contrainte de production globale • Faible capacité en capital humain • Manque de données sur le sésame et la gomme arabique • Mauvaise organisation et faible investissement dans tous les segments et acteurs de la chaîne de valeur • Orientation insuffisante vers la qualité, la certification et la traçabilité • Manque d'image de marque • Ajout de valeur inexistant • Les producteurs n'obtiennent pas des prix optimaux • Objectifs non harmonisés des parties prenantes • Objectifs non harmonisés en matière de politique, réalités du marché, acteurs étatiques et acteurs de la chaîne de valeur • Marché déséquilibré avec une fragmentation des producteurs et une concentration des exportateurs • Recherche peu performante et absence de services de vulgarisation • Déficits en infrastructures logistiques, routières et hydrauliques • Séquençage et continuité inadéquats des programmes d'aide	• Potentiel de déplacement du marché • Concurrence croissante des pays de la ceinture de la gomme arabique offrant un environnement plus favorable • De faibles montants globaux limitent les exportations et la valorisation • Le commerce informel et les exportations transfrontalières ne révèlent pas la contribution du Tchad au commerce mondial • Forte insécurité • Dette publique • Secteurs financier et marketing faibles • Faible capacité des institutions gouvernementales

Source : Ahmed 2018.
Note : FFPM = forces, faiblesses, possibilités menaces.

TABLEAU 8.2 **Typologie par grappes des politiques de diversification des exportations**

	POLITIQUES HORIZONTALES	POLITIQUES VERTICALES
Contributions publiques	• Réformes visant à améliorer le climat des affaires • Investissement dans les infrastructures (localisées spatialement dans les régions de production pour l'exportation et le long des principaux corridors logistiques)	• Normes et contrôles de qualité, phytosanitaires et d'emballage • Subventions de contrepartie aux PME exportatrices • Programmes de formation spécialisés pour la production • Soutien à la modernisation de la gestion agricole pour les PME aux exportations présentant un potentiel de croissance
Interventions de marché douanes et de la logistique	• Réformes de la politique commerciale, des • Accès à la finance numérique et aux politiques de la concurrence • Fonds de recherche et développement • Programmes de développement des compétences professionnelles	• Exonérations fiscales temporaires pour les investissements dans les CVM à vocation exportatrice • Incitations dans les codes des investissements • Concessions d'accès à la terre

Note : CVM = Chaîne de valeur mondiale ; PME = petites et moyennes entreprises.

opportunités de recherche de rente. Par conséquent, pour éviter la capture, une capacité institutionnelle minimale est requise pour discipliner les organisations privées en menant un processus de sélection transparent avec des critères clairs et en contrôlant les performances (intrants reçus et produits) afin de détecter et résoudre les problèmes en temps voulu et empêcher le parasitisme.

MESURES INCITATIVES COMMERCIALES : CE QUI MARCHE ET CE QUI NE MARCHE PAS

L'élaboration d'un ensemble de politiques adaptées à un pays n'est pas une tâche simple. Elle se limite souvent, à tort, à des mesures d'incitation fiscales et non fiscales visant les marchés verticaux. En fait, tous les pays MTNG sont en train de revoir leurs codes des investissements.[1] Jusqu'à récemment, tous les codes des investissements étaient obsolètes et, pire, appliqués de manière largement discrétionnaire et avec de nombreuses distorsions, entraînant d'importantes pertes fiscales pour les gouvernements MTNG. La lente mise à jour des codes et de leurs décrets d'application n'empêche pas les ambiguïtés, le manque de connaissances ou des incertitudes sur les mesures incitatives précises dont bénéficient les entreprises (étrangères comme nationales) intervenant dans des secteurs clés. Le manque généralisé de transparence sur les modalités exactes des contrats liant des sociétés étrangères à l'État est une règle plutôt qu'une exception. Dès lors, la réalisation d'une révision institutionnelle des codes des investissements récemment approuvés ou à l'étude et de leurs décrets d'application ne serait pas prématurée malgré le risque de ne jamais voir cet objectif se réaliser dans certains pays.

À titre d'exemple, le tableau 8.3 montre les bonnes et mauvaises pratiques au Niger. Le tableau résume les bonnes pratiques internationales en matière de mesures d'incitation à l'investissement, qui comprennent neuf grands principes

TABLEAU 8.3 Comparaison des bonnes pratiques internationales en matière d'incitation à l'investissement : Application au Niger

BONNES PRATIQUES INTERNATIONALES EN MATIÈRE D'INCITATION À L'INVESTISSEMENT (*APRÈS SÉLECTION ET SYNTHÈSE*)	RÉGIME D'INCITATION DU NIGER (*ANALYSE DE LA SITUATION ET PISTES D'AMÉLIORATION*)
1. Les mesures incitatives devraient être aussi claires et simples que possible.	Les mesures incitatives sont compliquées et se décomposent en de multiples régimes régis par de multiples lois d'application générale et sectorielle, qui s'accompagnent de leurs règles et procédures distinctes. *Piste d'amélioration : Simplification et consolidation des différents régimes incitatifs.*
2. Les mesures incitatives ne devraient pas être organisées et prévues dans le Code des investissements, mais dans la législation concernée (par exemple, les mesures fiscales devraient relever de la législation fiscale)	Au Niger, le Code des investissements est l'une des lois régissant le régime incitatif (ce qui ne devrait pas être le cas). En outre, comme indiqué plus haut, de nombreuses lois (code général des impôts et code des douanes, diverses lois sectorielles, loi sur les contrats de PPP, etc.) régissent des régimes incitatifs supplémentaires, mais différents de ce que prévoit le Code des investissements. *Piste d'amélioration : Consolider les différents régimes d'investissement et les centraliser dans une loi unique, de préférence le Code général des impôts (CGI).*
3. Administration des mesures incitatives : Le processus de demande pour les investisseurs et d'octroi pour le gouvernement devrait être simple et convivial, tout en réduisant le pouvoir discrétionnaire. Dans l'idéal, ce processus devrait être automatique ou aussi automatisé que possible (avec une vérification a posteriori plutôt qu'un filtrage a priori). Aucune négociation au cas par cas ne devrait être autorisée.	Ces processus sont compliqués, varient d'une loi à l'autre et laissent une large marge discrétionnaire. Ils ne présentent aucun caractère automatique, les mesures incitatives nécessitant un processus préalable d'examen et de décision. En outre, la prise de décision ne repose pas sur des critères clairs et objectifs. Certaines mesures incitatives peuvent être négociées (par ex. le régime contractuel dans le Code des investissements). *Piste d'amélioration : Parallèlement à la consolidation des différents régimes d'investissement dans une loi unique, de préférence le Code général des impôts (CGI), et sous la houlette d'une seule entité chargée de leur gestion, un effort devrait être fourni pour simplifier le processus d'octroi, appliquer des critères plus objectifs, éviter les négociations au cas par cas avec les investisseurs et évoluer vers des instruments permettant un traitement plus automatique et ne nécessitant pas d'examen préalable, mais des vérifications ou contrôles a posteriori.*

la suite ci-après

TABLEAU 8.3, *suite*

BONNES PRATIQUES INTERNATIONALES EN MATIÈRE D'INCITATION À L'INVESTISSEMENT (*APRÈS SÉLECTION ET SYNTHÈSE*)	RÉGIME D'INCITATION DU NIGER (*ANALYSE DE LA SITUATION ET PISTES D'AMÉLIORATION*)
4. Le coût fiscal des mesures incitatives devrait faire l'objet d'un suivi et d'une publication systématiques.	L'estimation des dépenses fiscales liées aux mesures incitatives est obligatoire depuis la Loi de finances 2011. Le règlement de l'UEMOA l'exige également. Des évaluations des dépenses fiscales ont été effectuées irrégulièrement par le ministère des Finances (MdF) et, à notre connaissance, n'ont pas été rendues publiques. Une évaluation par le MdF, avec l'assistance du programme PCDS de l'IDA, est en cours d'exécution 2019) ; elle est assortie d'une substantielle composante de renforcement des capacités. *Piste d'amélioration : L'étude actuellement menée par le Ministère des Finances avec l'assistance du GBM (projet PCDS) devrait être achevée. Les efforts du MdF devraient être poursuivis et étendus. Ces estimations doivent porter sur tous les régimes incitatifs et instruments compris dans ces régimes afin de fournir au gouvernement une image exhaustive du coût budgétaire de ces mesures. Il conviendrait également d'inclure les avantages des incitations, notamment les éléments du ratio coût/avantages, et identifier les mesures incitatives qui produisent les meilleurs résultats et de la manière la plus économique. Ces évaluations (des dépenses fiscales actuelles ou les évaluations coûts/avantages futures, si elles sont adoptées) devraient être publiées dans un souci de transparence. Elles devraient être utilisées par les décideurs pour procéder à une refonte du régime incitatif afin de le rendre plus économique (entre autres objectifs).*
5. Les mesures incitatives devraient être conçues de manière à minimiser les distorsions de la concurrence et à être alignées sur les normes et meilleures pratiques internationales.	Il ne semble pas que les objectifs de minimisation des distorsions et d'alignement avec les normes et meilleures pratiques internationales aient été prioritaires dans la conception du régime incitatif actuellement en vigueur. *Piste d'amélioration : Les multiples régimes d'investissement devraient être revus par le gouvernement, assisté par ses partenaires au développement (dont le FMI et le GBM) pour les mettre en conformité avec les normes internationales, tirer profit des leçons de l'expérience et des meilleures pratiques et donc les améliorer.*
6. Les mesures incitatives devraient être liées à des objectifs politiques clairement définis.	Les régimes incitatifs semblent ne pas être soutenus par une stratégie claire et des objectifs politiques précis. *Piste d'amélioration : Avant que des réformes des régimes incitatifs puissent être mises en œuvre, il conviendrait de se soumettre à un processus exhaustif visant à définir une stratégie claire et des objectifs politiques précis pour ces régimes incitatifs.*
7. Afin d'en optimiser les avantages, les mesures incitatives devraient être ciblées avec précision et se concentrer sur le type d'investisseurs que le pays désire attirer, le type de comportement qu'il souhaite favoriser et les secteurs et activités économiques qu'il veut privilégier.	Aucun ciblage ne ressort de manière évidente pour le moment, dans le sens où les objectifs ou résultats visés n'apparaissent pas clairement (voir Point 6 ci-dessus) et où les instruments incitatifs sont globalement les mêmes pour tous les investisseurs. Selon le Code des investissements par exemple, la différence entre les trois régimes préférentiels ne réside pas dans le type de mesures incitatives offertes, identiques dans les trois régimes, mais dans les critères d'admissibilité et la durée d'application des mesures. *Piste d'amélioration : Une fois le processus de révision ou de réforme des régimes incitatifs lancé, il conviendra de réfléchir aux secteurs que le gouvernement souhaite promouvoir via l'investissement, aux types d'investissements et d'investisseurs qu'il voudrait attirer et aux types de comportements des investisseurs qu'il entend favoriser (se reporter au Point 6 ci-dessus). Il conviendrait ensuite d'identifier les besoins et contraintes auxquels les investisseurs font face dans ces secteurs ciblés ou prioritaires et de déterminer si des mesures incitatives peuvent faire partie de la réponse, et quels types de mesures incitatives peuvent être utilisés pour faire la différence. Dans certains cas, les investisseurs peuvent ne pas avoir besoin d'incitation fiscale pour investir au Niger, mais plutôt d'une rationalisation des procédures ou d'un accès à des terrains viabilisés. Ces mesures pourraient constituer des incitations à investir extrêmement efficaces et plus utiles que des allègements fiscaux.*

la suite ci-après

TABLEAU 8.3, *suite*

BONNES PRATIQUES INTERNATIONALES EN MATIÈRE D'INCITATION À L'INVESTISSEMENT (*APRÈS SÉLECTION ET SYNTHÈSE*)	RÉGIME D'INCITATION DU NIGER (*ANALYSE DE LA SITUATION ET PISTES D'AMÉLIORATION*)
8. Des mécanismes de suivi et évaluation (S&E) devraient être mis en place pour vérifier si les objectifs politiques des mesures incitatives sont atteints et pour évaluer la rentabilité économique du régime incitatif.	Rien n'indique qu'un tel mécanisme de suivi et d'évaluation existe. *Piste d'amélioration : La réforme des régimes d'investissement préconisée devrait comprendre un mécanisme de suivi et évaluation robuste visant à assurer que les régimes incitatifs (révisés ou existants) sont rentables et atteignent les objectifs politiques qui leur sont (ou leur seront) attribués.*
9. Les informations relatives au régime incitatif devraient être d'accès et d'utilisation faciles (document unique, base de données ou inventaire)	Il n'existe pas de lieu unique ni de document unique où les investisseurs (*et autres acteurs*) *peuvent trouver toutes les informations sur toutes les mesures incitatives actuellement disponibles, les procédures pour y avoir accès, les critères d'admissibilité ou les obligations déclaratives y afférentes.* *Piste d'amélioration : Mettre en place un système de registre central et fournir des informations aux investisseurs et autres acteurs sous une forme simple, claire et conviviale. Utiliser la technologie pour permettre un accès en ligne. Mettre régulièrement à jour les informations à mesure que des modifications sont introduites.*

Note: CGI = Code Général des Impôts ; FMI = Fonds monétaire international ; GBM = Groupe de la Banque mondiale ; IDA = Association internationale de développement ; PCDS = Projet de Capacités et de Performance du Secteur Public pour la Prestation de Services ; PPP = partenariat public-privé ; UEMOA = Union économique et monétaire ouest-africaine.

(colonne de gauche). Cette liste n'est pas exhaustive et de nombreuses autres considérations et composantes de politiques incitatives de qualité pourraient être prises en compte tant pour leur conception que leur gestion. Ces pratiques sont ensuite comparées à la situation du Niger pour chacun de ces neuf principes, afin d'identifier les éventuels écarts ou améliorations à apporter au régime incitatif. Il ne fait aucun doute que d'autres pays MTNG identifieront des insuffisances similaires dans leur propre code des investissements.

Les leçons tirées des pays dont les approches de la diversification des exportations par grappes ont connu une certaine réussite sont extrêmement pertinentes. À cet égard, le cas du Maroc mérite d'être étudié, car à l'instar de la Turquie et de la Tunisie, le Maroc présente l'un des ensembles les plus complets et actifs de politiques horizontales et verticales d'appui aux CVM axées sur l'exportation.

La dernière enquête auprès des entreprises menée en 2015 sur l'attractivité du système marocain (CMC 2016) révèle des constatations intéressantes. L'enquête a montré que les mesures incitatives de type vertical à l'appui de l'investissement sont considérées comme moins importantes (en 13e place) que d'autres politiques relatives au climat de l'investissement et à l'efficacité des procédures d'affaires, la qualité de la justice, le fardeau fiscal et des coûts de la sécurité sociale et la stabilité des fondamentaux macroéconomiques et du dirham marocain (MAD).

En termes de fiscalité, les mesures incitatives marocaines semblent ne pas présenter de différences majeures avec celles de la Turquie et de la Tunisie. Elles peuvent être regroupées dans quatre domaines, que l'on retrouve aussi avec des variantes mineures dans les codes des investissements des pays MTNG :

- Les entreprises (nationales et étrangères) bénéficient d'une exonération totale de 100 % (taux zéro) de l'impôt sur les sociétés (IS) pendant cinq ans (mesure approuvée en 2017).
- Elles bénéficient aussi d'exonérations de la Taxe sur la valeur ajoutée (TVA) et des droits de douane pendant 36 mois (indéfiniment en Turquie) à condition que la valeur minimum de l'investissement soit de 100 millions MAD (environ 10 millions USD).

- Les entreprises installées dans des zones franches (similaires aux *Agropoles* de la zone africaine) bénéficient d'exonérations de l'impôt sur les sociétés et de l'impôt sur le revenu des personnes physiques pendant les cinq premières années, puis d'un taux réduit pendant les vingt années suivantes.

En termes d'interventions commerciales non fiscales, les mesures d'incitation marocaines sont en revanche moins avancées que celles de la Turquie et de la Tunisie. Le tableau 8.4 fournit une description détaillée de ces différences, qui reflètent un avantage compétitif des trois pays en termes d'attractivité pour les entreprises étrangères.

TABLEAU 8.4 Principales incitations commerciales non fiscales aux CVM dans le secteur manufacturier au Maroc, en Turquie et en Tunisie

ZONE	MAROC	TURQUIE	TUNISIE
Terrain et équipement	• Aide financière à l'acquisition de terres à concurrence de 20 % du coût total du terrain (IDE ; grands projets) et crédit-bail immobilier à prix réduit. • Appui aux dépenses d'infrastructure externes à concurrence de 5 % du coût total de l'investissement (IDE ; grands projets).	Concessions foncières suivant le régime incitatif et la zone de développement régional là où le projet est situé.	Prime d'aide aux dépenses d'infrastructure à concurrence de 85 % du coût total, plafonné à 1 million TND selon le régime incitatif de la zone de développement régional.
Contribution à l'investissement	• Prime d'aide à l'investissement physique et non physique à concurrence de 30 % du coût global (IDE ; écosystèmes). • Prime annuelle de substitution des importations à concurrence de 2 % du total des intrants importés (IDE ; écosystèmes). • Contribution de l'État d'environ 15 % du montant total de l'investissement plafonnée à 30 millions MAD (Fonds Hassan II).	Contribution de l'État comprise entre 15 % et 55 % du coût total de l'investissement selon le régime incitatif, la zone régionale et sa zone de développement industriel.	Prime d'aide à l'investissement à concurrence de 30 % du coût total de l'investissement, plafonné à 3 millions TND selon les mesures incitatives en vigueur dans la zone de développement régional.
Bonification des taux d'intérêt		Bonification des taux d'intérêt (réduction) de 1 à 7 points selon le régime incitatif, la zone régionale et le type de prêt.	
Emploi et formation	• Subvention de l'État couvrant une partie de la cotisation patronale due à la Caisse nationale de sécurité sociale et la taxe de formation professionnelle pendant une période de 24 mois jusqu'à 10 employés par entreprise (programme Tahfiz). • Exonération des cotisations patronales et salariales dues à la Caisse nationale de sécurité sociale et de la taxe de formation professionnelle à titre d'indemnisation entre 1 600 MAD et 6 000 MAD (Programme Idmaj).	Subvention de l'État couvrant une partie de la cotisation patronale due à la Caisse nationale de sécurité sociale soit sans plafonnement, soit plafonnée à 10 % à 35 % pour une période de 2 à 12 ans selon le régime incitatif de la zone de développement régional et sa zone industrielle organisée.	Prise en charge par l'État de la cotisation de l'entreprise au régime de sécurité sociale pendant les 5 à 10 premières années d'activité selon les zones de promotion régionale. Exonération permanente de la taxe de formation professionnelle et de la cotisation des salariés au Fonds d'aide au logement dans la zone de développement régional.

Source : Daki 2018.

Note : IDE = investissement étranger direct ; MAD = dirham marocain ; TND = dinar tunisien.

MISE EN ŒUVRE DE L'APPROCHE DE DÉVELOPPEMENT CVM 2.0 POUR LA RÉUSSITE ET L'AGENDA PRIORITAIRE

Comme indiqué ci-dessus, il n'existe pas de formule magique pour diversifier les exportations. Une approche par grappes met toutefois l'accent sur ce qui est important pour réussir en matière de développement de CVM (et de chaîne de valeur régionale (CVR)), à savoir la nécessité de considérer la chaîne de valeur dans son intégralité et non par morceaux isolés.

Il est donc possible de résumer un ensemble soigneusement sélectionné de politiques complémentaires clés (présentées plus en détail dans les chapitres précédents) dans le cadre d'une théorie du changement (TDC) (tableau 8.5). Le tableau présente les éléments fondamentaux d'une diversification des exportations menée par le secteur privé dans les pays MTNG. Ceux-ci sont regroupés en quatre composantes (piliers) de politiques complémentaires entre les politiques de diversification micro et macroéconomiques composant la chaîne logique de la réforme souhaitée. La théorie du changement tient pour acquis que le développement des CVM ou CVR est une priorité nationale, c'est-à-dire une vision nationale commune clairement définie pour une stratégie d'exportation à la fois en termes de quelques industries agroalimentaires sélectionnées et de ratios macroéconomiques de diversification (taux d'ouverture, taux de croissance des exportations, emplois créés, etc.).

TABLEAU 8.5 **Théorie du changement des principales politiques de diversification des exportations des MTNG révisées (« qui changent la donne »)**

PRINCIPAUX DÉFIS	PRINCIPALES POLITIQUES ET INTERVENTIONS DE MARCHÉ		PRINCIPAUX PRODUITS ET RÉSULTATS
Composante 1 : Moderniser les CVM stratégiques			
• Faiblesse de la mise à niveau des processus et produits (participation aux segments du bas de la chaîne de valeur : animaux vivants et produits bruts, organisations de producteurs au stade embryonnaires, qualité médiocre et manque de normes de certification et de contrôle, déforestation).	• Introduire des améliorations de la productivité et de la santé animale (vaccins, engrais, semences certifiées, stockage, assainissement, normes environnementales) [Étape 1] • Renforcer les organisations de producteurs et leur gestion [Étape 1] • Formation sur la certification et le contrôle de la qualité et laboratoires d'analyses [Étape 1] • Appui financier aux produits à plus forte valeur: par ex. viande congelée, huile de sésame, savon [Étape 1] • Numérisation des transactions financières agricoles [Étapes 1-3] • Création d'une facilité de partage des risques pour les exportateurs débutants [Étapes 1-3]	• Mise à niveau des processus et des produits (avec améliorations de la productivité) pour une sélection de CVM • Amélioration des techniques agricoles et des compétences des producteurs • Augmentation du nombre de produits d'exportation conformes aux normes de qualité • Accès au préfinancement pour des exportateurs éligibles	• Augmentation de la production et des exportations de certains produits • Diversification progressive de l'offre à l'exportation vers des biens (et services) à plus forte valeur ajoutée
• Faiblesse de la mise à niveau des marchés et des liens internationaux (manque d'informations commerciales, producteurs et travailleurs non qualifiés).	• Développement de systèmes d'information sur les marchés étrangers [Étape 2] • Envisager des emballages de plus petite taille et améliorés et l'image de marque [Étape 2] • Aide financière à l'exploration de nouveaux marchés (de niche) [Étape 2]	• Mise à niveau des informations sur les marchés • Développement de nouvelles marques pour des produits à plus forte valeur ajoutée	• Augmentation des exportations vers de nouveaux marchés à l'étranger

la suite ci-après

TABLEAU 8.5, *suite*

PRINCIPAUX DÉFIS	PRINCIPALES POLITIQUES ET INTERVENTIONS DE MARCHÉ		PRINCIPAUX PRODUITS ET RÉSULTATS
Composante 2 : Cibler l'investissement dans l'infrastructure commerciale et le long des principaux corridors			
• Lacunes des infrastructures électriques, d'adduction d'eau, d'irrigation et routières • Transport intérieur non organisé • Corridors logistiques en mauvais état et camionnage soumis au harcèlement routier • Procédures douanières et logistiques pesantes et exposées à la corruption	• Aide financière à la mise en place de solutions d'électricité solaire hors réseau et de nouvelles techniques d'irrigation (pompes, goutte-à-goutte) [Étapes 3, 4] • Réhabilitation et entretien de cinq corridors clés : Bamako-Dakar ; Bamako-Abidjan ; N'Djamena-Douala ; Niamey-Cotonou ; Niamey-Lomé [Étapes 3, 4] • Réduction des points de contrôle routiers [Étape 1] • Mise en place d'un guichet unique pour la douane, soutenu par un contrôle a posteriori fondé sur le risque et le paiement électronique [Étapes 3-4]	• Augmentation des taux d'accès des populations rurales à l'électricité et à l'eau • Réduction des coûts de transport • Réduction des délais de transit et des coûts douaniers • Réduction du nombre de transactions exposées à la corruption	• Environnement plus propice au développement des exportations CVM
Composante 3 : Refonte des politiques commerciales et d'accès au financement			
• Parti pris important contre les exportations, avec exonérations tarifaires et escalade des tarifs (malgré l'évolution vers le TEC). • Recours aux BNT qui favorisent la distorsion et la corruption.	• Réduire le TEC à quatre fourchettes (0, 5, 10 et 20) [Étape 1] • Redéfinition ou élimination progressive des exonérations tarifaires inefficaces [Étapes 1, 2] • Éliminer les barrières et mesures paratarifaires transfrontalières illégales [Étapes 1, 2]	• Abaissement du coût des importations et élimination des droits de douane illicites	• Augmentation de l'ouverture du commerce • Augmentation de l'accès aux marchés étrangers • Inclusion financière accrue • Informalité réduite • Accès accru au foncier • Baisse du coût et des délais pour des échanges modernes et plus efficaces
• Faible accès des agriculteurs à des comptes bancaires formels • Manque de sensibilisation à la finance numérique • Manque d'accès aux marchés étrangers pour les agriculteurs	• Numérisation du registre foncier des agriculteurs et des paiements de certains intrants publics (semences, engrais) grâce à des appareils mobiles [Étapes 1, 2] • Numérisation des paiements liés aux organisations d'agriculteurs [Étape 3]	• Accroissement de l'utilisation d'argent mobile, de monnaie électronique et du commerce électronique • Meilleur accès aux services financiers pour les agriculteurs	
Composante 4 : Refonte des politiques commerciales et d'accès au financement			
• Lourdeur des procédures de création de PME.	• Abaissement du coût de l'enregistrement à un tarif forfaitaire et réduction/élimination des exigences de capital [Étape 1] • Finalisation de l'informatisation du registre des sociétés [Étape 3]	• Réduction du coût et des délais d'enregistrement.	
• Lenteur et corruption de la concession de permis fonciers	• Abaissement du coût de concession à un montant forfaitaire [Étape 1] • Réduction des procédures et du délai d'obtention de concessions [Étape 3] • Création d'un site Internet des concessions octroyées [Étape 3]	• Réduction du coût et du délai d'obtention de concessions foncières	
• Systèmes informatiques commerciaux obsolètes	• Mise en œuvre complète de SYDONIA WORLD dans l'administration douanière [Étape 2] • Actualisation de la cartographie des procédures d'importation/exportation, suivie de la présentation des demandes par voie électronique [Étape 3]	• Réduction du coût et de la longueur des transactions d'importation/exportation	

Note : Entre crochets, chaque action politique correspond à une étape d'une séquence raisonnée d'intervention sur l'échelle de la diversification des exportations. Étapes 1-2 : court terme ; Étapes 3-4 : moyen terme. BNT = Barrière non tarifaire ; CVM = Chaîne de valeur mondiale ; PME = petite et moyenne entreprise ; SYDONIA World = Système douanier automatisé ; TEC = Tarif extérieur commun.

i. Des interventions publiques efficaces et bien coordonnées, visant à mettre à niveau des paris stratégiques en termes de produit (et de services) pour le développement des CVR et CVM. Les interventions clés devraient viser en priorité à : (a) améliorer la production, les rendements et la qualité des paris stratégiques ; (b) développer les capacités et optimiser l'organisation des acteurs de la chaîne ; (c) promouvoir le respect des certifications internationales et des normes de traçabilité ; et (d) attirer les IDE dans les nouveaux projets des grandes entreprises régionales et internationales.

ii. Investissements dans les infrastructures commerciales (accès à l'électricité et à l'eau) ciblés dans l'espace et réhabilitation et entretien des principaux corridors routiers. Compte tenu de l'espace très limité en termes budgétaires et d'emprunt extérieur dans les pays MTNG, les investissements devraient se concentrer sur l'augmentation de la productivité agricole et la réduction du coût de transport. La priorité devrait être accordée à 4-6 corridors économiques régionaux seulement. En Guinée, ces investissements devraient être accompagnés d'un examen approfondi des procédures douanières et de transit portuaire.

iii. Refonte des politiques commerciales et logistiques afin de réduire les coûts et de permettre à l'économie de devenir concurrentielle à l'échelle mondiale. La politique commerciale devrait éliminer tout frein à l'exportation et veiller à une concurrence efficace sur les marchés de produits et services clés comme les transports, l'énergie et les communications. Free trade agreements (FTAs) should foster exchanges with key commercial partners in the strategic bets. Les technologies numériques peuvent entraîner de fortes baisses des coûts de transport et de communication et créer des opportunités substantielles d'exportation de services tels que les opérations de traitement administratif. Le commerce électronique peut également élargir la gamme des mécanismes par lesquels les petits producteurs de pays en développement peuvent grandir par l'exportation, créer des emplois et améliorer la productivité.

iv. Un climat d'investissement clair, transparent, prévisible et favorable à l'entreprise, qui facilitera des mesures incitatives appropriées à l'endroit des investisseurs privés nationaux et étrangers. Le fait de disposer d'un code des investissements moderne ou de lois sur les partenariats public-privé (PPP) ne suffit pas à attirer des investissements privés étrangers ou nationaux. Les politiques et interventions clés sur les marchés devraient viser à réduire le coût de l'enregistrement des nouvelles entreprises, simplifier les paiements de taxes, accélérer la délivrance de permis fonciers et permis de construire, en particulier pour les zones de production clés, encourager l'accès au crédit et à l'inclusion financière numérique, améliorer la gestion des tribunaux et la gouvernance des entreprises et développer le cadre d'une politique de concurrence et de PPP efficaces.

OPTIMISATION DES FINANCEMENTS POUR LE DÉVELOPPEMENT ET RÔLE CLÉ DE LA SFI DANS L'ORIENTATION DES IDE VERS LE DÉVELOPPEMENT CVM 2.0

On ne saurait trop insister sur l'importance de la SFI (Société financière internationale) pour attirer les investissements directs étrangers pour le développement de l'approche par grappes CVM 2.0. Premièrement, le grand nombre de PME produisant actuellement pour la consommation intérieure ou vendant leurs produits bruts sur les marchés étrangers n'a que peu de liens avec les entreprises modernes, principalement détenues par des étrangers, qui négocient sur les marchés internationaux et pratiquent un commerce intégré verticalement. Ces PME n'ont pas ou peu accès aux technologies ou connaissances modernes. En outre, il conviendrait de revoir les incitations commerciales proposées aux entreprises étrangères et nationales ainsi qu'aux entreprises publiques afin de créer des conditions de concurrence équitables, car l'expérience indique que ces incitations ne sont ni la meilleure stratégie pour attirer les IDE ni les seules politiques qui comptent pour ces derniers (Banque mondiale, 2014). Deuxièmement, des études de cas exemplaires en Afrique insistent fortement sur le rôle clé joué par les entreprises internationales. Par exemple, après une décennie de tentatives infructueuses de développement de partenariats public-privé (PPP), le leader mondial des fruits à coque comestibles Olam a finalement joué un rôle déterminant dans la transformation de la noix de cajou en Côte d'Ivoire en 2008. Cette entreprise a été la première grande multinationale à se lancer dans la transformation de la noix de cajou dans la ville centrale de Bouaké. Aujourd'hui, l'usine d'Olam emploie plus de 2 000 personnes tandis que 1 000 employés travaillent dans une deuxième installation. La transformation des noix de cajou nécessite une main-d'œuvre importante, ce qui génère un nombre croissant d'emplois à mesure que le pays développe la transformation de la noix de cajou. Olam collabore à présent avec le gouvernement et le secteur privé afin de soutenir l'Alliance africaine pour la promotion de la noix de cajou. Bien que l'exemple d'Olam soit loin d'être unique, comme nous l'avons observé ci-dessus (Chapitre 1), l'attraction des IDE constitue un défi de taille, car au cours de la dernière décennie, aucun pays de la région MTNG n'a reçu d'IDE axés sur les exportations et motivés par la recherche de gains d'efficacité favorisant l'agroindustrie ou le développement de l'élevage.

i. Le Groupe de la Banque mondiale (GBM) a récemment mis au point le cadre « Maximiser les financements pour le développement » (MFD) afin de mobiliser les investissements privés et d'optimiser l'utilisation des fonds publics. Le cadre MFD est soutenu par l'approche en cascade qui lui sert de système d'exploitation (tableau 8.6). Le Groupe de la Banque mondiale privilégie les solutions du secteur privé et les modèles économiques inclusifs grâce à un financement commercial rentable, soutenu chaque fois que cela est possible par la SFI (Étape 1).

ii. Lorsque les marchés laissent peu de place à l'investissement privé, le GBM se concentre sur les réformes stratégiques visant à remédier aux défaillances du marché et aux contraintes pesant sur les solutions du secteur privé aux niveaux national et sectoriel (Étape 2), et à réduire les effets de distorsion des dépenses publiques tout en améliorant les incitations et en réduisant les coûts de transaction (Étape 3).

iii. Lorsque les risques restent élevés, l'approche en cascade nécessite un investissement public pour aider à attirer des investissements privés. Cette priorité conduit à concentrer les petits investissements dans les infrastructures publiques sur la base des besoins précis du secteur privé tels que les inspections publiques, le contrôle de la qualité ou les agences à guichet unique, tout en réduisant les risques associés à des outils tels que les garanties et les instruments à risques partagés (Étape 4). Le projet pourrait également chercher à établir un cadre PPP avec des opérateurs privés.

TABLEAU 8.6 Approche de la prise de décision en cascade pour les chaînes de valeur agricoles

Le secteur privé le fait-il ?
→ *Oui* : **Éventail d'actions potentielles pour promouvoir des investissements responsables dans l'alimentation et l'agriculture.**
- Renforcer la capacité des pays à évaluer et atténuer/réglementer les risques environnementaux et sociaux
- Promouvoir l'alignement du secteur privé sur les principes de l'investissement responsable
- Soutenir les modèles d'affaires inclusifs pour améliorer les liens entre les petits exploitants et les entreprises de toutes tailles.

↓ *Non*

Est-ce en raison d'un espace limité pour les activités du secteur privé ?
→ *Oui* : **Éventail d'actions potentielles pour accroître l'espace disponible pour l'investissement du secteur privé**
- Soutenir la concurrence et la réforme des politiques associées, y compris celle des entreprises d'État
- Renforcer la politique d'investissement et le dialogue pour ouvrir un espace à l'investissement mondial
- Réduire l'intervention du gouvernement sur les marchés de financement agricole afin d'ouvrir un espace aux prestataires de services financiers privés

↓ *Non*

Est-ce en raison de lacunes politiques et réglementaires ?
→ *Oui* : **Éventail d'actions potentielles pour améliorer l'environnement politique et réglementaire des investissements du secteur privé et réduire les effets de distorsion des dépenses publiques**
- Réduire les effets de distorsion des politiques de dépenses publiques

Améliorer les incitations et réduire les coûts de transaction
- Coûts commerciaux réduits
- Améliorer les politiques et les systèmes réglementaires des marchés d'intrants
- Améliorer le cadre politique et réglementaire production agricole vers l'agro-finance
- Renforcer les systèmes de sécurité alimentaire

Réduire le risque d'investissement du secteur privé
- Assurer la stabilité macroéconomique et politique
- Améliorer la stabilité et la prévisibilité des politique
- Améliorer la sécurité foncière et l'accès à la terre
- Faire évoluer les politiques publiques du soutien à la améliorer l'accès des exploitations agricoles et des entreprises agroalimentaires aux instruments de gestion du risque qui peuvent augmenter les prêts

↓ *Non*

L'investissement public peut-il aider à attirer des investissements privés ? Pursue purely public financing
→ *Oui* : **Éventail des investissements publics potentiels pour réduire les coûts de transaction et les risques du secteur privé**
- Améliorer les incitations et réduire les coûts de transaction
  - Investir dans des infrastructures publiques en fonction d'une définition claire des besoins du secteur privé
  - Investir dans les inspections publiques et le contrôle de la qualité
  - Améliorer la coordination pour réduire
  - Envisager des partenariats public-privé

Réduire le risque d'investissement du secteur privé
- Soutenir l'assurance contre les risques politiques le secteur financier
- Envisager l'utilisation de mécanismes d'incitation favorables à la demande du marché
- Fournir un financement direct aux acteurs de la chaîne de valeur

↓ *Non*

Viser un financement purement public
→ **Utiliser les ressources publiques pour investir dans des biens et des services publics ou quasi publics**
Là où il n'y a pas de rendement viable pour le secteur privé :
- Investir les dépenses publiques agricoles dans les biens et services publics (par exemple : capital humain, recherche agricole)
- Soutenir les investissements publics complémentaires dans d'autres secteurs (tels que les routes rurales, l'énergie) afin de permettre la commercialisation et la compétitivité de la production agricole nationale, de sa transformation et de sa commercialisation

Sources : Banque mondiale 2018a, 2018b.

iv. Lorsque les solutions du marché ne sont pas possibles par le biais d'une réforme du secteur et d'une atténuation des risques, les ressources publiques devraient être utilisées pour favoriser les biens publics purs ou quasi publics (Étape 5). Cependant, cette étape peut être plus pertinente dans le contexte des zones rurales, car ces zones sont moins rentables pour les opérateurs privés et nécessitent souvent de fortes interventions publiques pour le financement des infrastructures requises (routes, électricité, eau, antennes de communication, etc.).

Les critères d'intervention de la SFI dans l'agroalimentaire en Afrique sont bien définis. En règle générale, la SFI investit dans des projets dont le coût total est supérieur à 10 millions USD, à l'exception des projets financés par le guichet du secteur privé (Private Section Window – PSW) de la SFI.[2] Dans le secteur de l'agroalimentaire, la SFI finance généralement l'expansion de projets d'une société existante plutôt que des projets (de création) entièrement nouveaux, sauf lorsque l'initiateur (par exemple une multinationale) possède une expérience significative. Le projet doit être viable sur le plan commercial et économique, offrant ainsi à la SFI un potentiel de rentabilité commerciale tout en ayant un impact sur le développement. Dans le cas des exportateurs, la production du projet doit également être compétitive à l'échelle mondiale. Le projet et sa chaîne d'approvisionnement doivent être durables sur le plan environnemental et social. L'initiateur du projet doit injecter des fonds propres représentant 40 à 50 % du coût total du projet. Une garantie adéquate et un soutien hypothécaire pour les terrains, ainsi que des normes d'intégrité et d'éthique de la part de l'initiateur et de l'entreprise sont attendus. Enfin, le projet doit être conforme à la stratégie pays du Groupe de la Banque mondiale (SFI, 2018).

En pratique, la nouvelle approche par grappes CVM 2.0 a déjà été expérimentée dans les pays MTNG, en particulier au Mali, par le biais d'un instrument plus léger : les Plans de mise en œuvre conjoints (PMOC). Les PMOC sont un exemple du rôle complémentaire que chaque institution du GBM devrait jouer dans la promotion de l'approche MFD. Les PMOC ont été introduits en 2014. Leur objectif peut se résumer comme suit : dans les pays où deux ou plusieurs institutions du GBM sont engagées et poursuivent des objectifs complémentaires dans le même secteur, les équipes peuvent préparer un PMOC. Cet outil de gestion aidera à coordonner les activités en vue de s'assurer qu'elles sont dirigées, séquencées et dotées des ressources nécessaires pour obtenir un impact durable maximal. La mise en œuvre des PMOC a été lente : sur un total de 41 PMOC pilotes examinés au cours des quatre dernières années, seuls 18 auraient atteint le stade de la mise en œuvre, l'Afrique représentant plus de la moitié de ceux-ci.[3] Les PMOC ont été principalement mis en œuvre dans deux secteurs : l'énergie et l'agroalimentaire. une évaluation préliminaire a révélé que, bien que les responsables de haut niveau du GBM soient favorables à la mise en place anticipée des PMOC, peu d'entre eux ont été effectivement lancés. Cependant, alors que la direction du Groupe de la Banque mondiale recentre son attention sur le programme MFD, les PMOC peuvent être utilisés pour promouvoir ce programme (Banque mondiale, 2018c).

Parmi les pilotes de PMOC dans le monde entier, le plan du Mali figure parmi les plus avancés. Depuis 2017, un projet d'exportation de mangue a été soutenu dans le cadre du Plan de mise en œuvre conjoint (PMOC) du Groupe de la Banque mondiale (figure 8.1). Le projet vise quatre groupes : les producteurs, les transporteurs, les transformateurs et les commerçants. Alors que la Banque

FIGURE 8.1

Mali : Soutien aux projets pilotes à grande échelle du secteur de la mangue : Comment le PMOC soutient la chaîne de valeur de la mangue

Problèmes

- Accès limité au financement
- Faible rendement de production, connaissance limitée des normes sanitaires, techniques et de qualité
- Organisation inefficace des petits exploitants
- Mouches des fruits

- Les routes rurales ne sont pas praticables pendant la saison des pluies
- Flotte de camions obsolète
- Absence de centre de collecte

- Accès limité au financement à long terme
- Problèmes d'approvisionnement en matières premières (quantité et qualité)
- Conformité aux normes environnementales et sociales et de qualité
- Risque politique

- Coût logistique élevé
- Exigence de qualité du marché international
- Accès aux marchés d'exportation

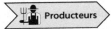 **Producteurs**   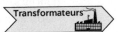 **Transporteurs**   **Transformateurs**    **Commerçants**

SFI

- Améliorer les compétences managériales et la gouvernance de la coopérative
- Améliorer la production de qualité (soutien au processus de certification)

- Programme de crédit-bail pour faciliter l'acquisition de camions par les PME
- AT sur le secteur des transports (CMAW)

- Financement à long terme
- Normes environnementales et sociales
- Sécurité alimentaire

- Réseau de la SFI pour le marché de l'exportation

Solutions pour les PME et les chaînes de valeur – Agrofinancement

Facilité de crédit-bail pour l'Afrique

Investissement et AT dans une entreprise de transformation de fruits (CEDIAM)

MIGA

Garantie contre les risques politiques

Banque mondiale

- Campagne contre les mouches des fruits (produits phytosanitaires, formation à la surveillance et à l'inspection)

- À l'aide d'outils technologiques et cartographiques, modernisation de la médiation entre transformateurs avec un orchestrateur de filière

- Réhabilitation de routes rurales (routes et pistes toutes saisons) autour du principal bassin de production (à 300 km du PACAM et à 1 600 km de la MR)

- Réhabilitation de 6 centres de collecte Mécanisme de construction pour assurer un entretien durable des routes rurales

- Fournir des services de conseil technique et une formation pour renforcer la traçabilité et faciliter l'adoption de la certification des points de contrôle critiques en matière de bio-analyse des risques sanitaires et phytosanitaires des denrées alimentaires

- Traitement de la palette d'exportation
- Fournir des services de conseil technique et une formation pour améliorer la logistique, la connaissance de la qualité et des exigences sanitaires des marchés d'exportation
- Création d'un centre de formation sur le contrôle de la qualité des produits alimentaires

Mobilité rurale (MR)

PACAM

Note : AT = assistance technique ; CEDIAM = Centre d'Étude et de Développement Industriel et Agricole du Mali ; CMAW = Guichet de conseil sur la création de marchés ; CV = chaîne de valeur ; MIGA = Agence multilatérale de garantie des investissements ; PACAM = Projet d'Appui à la Compétitivité Agro-Industrielle au Mali ; PME = petite et moyenne entreprise ; PMOC = Plans de mise en oeuvre conjoints ; SFI = Société financière internationale.

s'attaque aux goulets d'étranglement en matière d'infrastructure, de logistique et d'institution, la SFI gère l'agri-financement des PME, le financement de l'Africa Leasing facility (Programme de crédit-bail pour l'Afrique) et les investissements dans le Centre d'étude et de développement industriel et agricole du Mali (CEDIAM, une société privée africaine de transformation des fruits)[4], tandis que l'Agence multilatérale de garantie des investissements (MIGA) offre une garantie contre les risques politiques. Tous les acteurs des PMOC interviennent dans la résolution de problèmes spécifiques dans le cadre d'un apprentissage par la pratique. À l'origine, le gouvernement malien avait sollicité un financement public pour expérimenter de nouvelles cultures horticoles très demandées sur les marchés. Ces cultures, en l'occurrence la mangue, constituent pour les petits exploitants une opportunité de produire et de vendre au CEDIAM. Toutefois, ni les ressources du CEDIAM ni les fonds de la SFI n'ont pu préfinancer les essais de nouvelles cultures ainsi qu'un centre de démonstration pour petits exploitants, l'ensemble étant estimé à 400 000 EUR. Par conséquent, les options examinées exploreraient la possibilité d'utiliser les fonds de la Banque provenant du projet de Productivité agricole en Afrique de l'Ouest (PAAO), qui traite des agro-innovations, du Projet d'appui à la compétitivité agroindustrielle au Mali (PACAM), qui soutient le développement de l'horticulture, ou de la plateforme d'investissements agricoles de Tubaniso en cours de développement afin de soutenir de nouveaux projets agricoles.

Une approche plus pragmatique complétant le PMOC dans le cadre d'un programme de réforme MFD multisectoriel et adapté à chaque pays a été récemment adoptée pour la Guinée. À la suite de la visite de la haute direction de la SFI, des travaux préparatoires menés conjointement par le personnel de la SFI et de la Banque mondiale ont abouti à la conception d'un programme MFD axé sur les réformes et portant sur sept secteurs (voir le tableau 8.7 pour plus de détails).

Un instrument plus simple et plus innovant de gestion des risques dans les pays fragiles, basé sur la collaboration de la SFI et de la Banque mondiale, consiste à mettre en place un mécanisme de partage des risques (MPR) pour les exportateurs tchadiens et les petites et moyennes entreprises (PME) maliennes. Le MPR est un accord bilatéral de partage des pertes conclu entre la SFI (ou des projets financés par la Banque mondiale) et un initiateur d'actifs (généralement une banque ou une société locale). Le MPR permet à l'initiateur et à la SFI (ou au projet de la Banque mondiale) de former un partenariat, de créer une nouvelle entreprise ou d'élargir un marché cible (outre les exportateurs, les cibles habituelles sont les PME, les projets liés à l'efficacité énergétique, les prêts hypothécaires, etc.). Son objectif est de soutenir les nouvelles entreprises (par exemple, les exportateurs enregistrant peu de pertes) sur la base de critères éligibles, et de fournir aux initiateurs une protection contre le risque de crédit, mais pas un

TABLEAU 8.7 Guinée : Programme de réforme de l'initiative MFD personnalisé pour la SFI et la Banque mondiale, 2019

Agroalimentaire	• Introduction de bons électroniques sur les marchés des intrants • Mise en place d'un système de qualité des exportations composé de normes techniques • Soutien à des chaînes de valeur mondiales spécifiques	• la SFI catalyse l'investissement étranger direct, • La Banque mondiale soutient les changements de politique et les finances • Création d'une agence de certification de la qualité • Services de conseil conjoints
Énergie	• Renforcer la santé financière et la gestion d'EDM (y compris ajustements tarifaires) • Déploiement du programme Scaling Solar	• la SFI catalyse l'investissement étranger direct • La Banque mondiale soutient les changements de politique
Logement à coût réduit	• Élaboration d'une stratégie de PPP pour les logement à loyers modérés • Modifications légales permettant la propriété conjointe.	• La Banque mondiale soutient l'élaboration d'une stratégie nationale • La SFI attire des financements pour les développeurs et les banques
Transport	• Développement ferroviaire depuis le port de Conakry (décongestion urbaine) • Réhabilitation du port sec • Réhabilitation de l'aéroport de Conakry	• la SFI catalyse l'investissement étranger direct
Accès au financement	• Renforcement des infrastructures de financement des PME • Création d'un bureau de crédit	• La SFI finance un fonds de garantie • Un prêt de la Banque mondiale finance des PME
Climat des affaires	• Opérationnalisation du code des investissements • Opérationnalisation de la loi sur les PPP • Guichet unique pour l'immobilier	• La Banque mondiale fournit une assistance technique
Taxes et impôts	• Introduction de la déclaration fiscale et des paiements numériques • Création d'un médiateur fiscal	• La Banque mondiale fournit une assistance technique

Note : AT = assistance technique ; EDM = Électricité du Mali ; MFD = Maximiser le financement du développement ; PME = petites et moyennes entreprises ; PPP = partenariats public-privé ; SFI = Société financière internationale.

financement (bien que cela puisse aussi éventuellement permettre un préfinancement). Le MPR rembourse généralement à l'initiateur un pourcentage fixe des pertes subies dépassant un seuil prédéfini (ou première perte). ainsi, ses principales caractéristiques sont : (i) l'accord bilatéral ; (ii) la quote-part que la SFI (ou le projet financé par la Banque mondiale) remboursera à l'initiateur sur une base pari passu pour une partie des principales pertes subies dans un pool d'actifs éligibles (par exemple : les exportations de marchandises), réduisant ainsi les besoins de garantie ; (iii) l'éligibilité des exportateurs au MPR sur la base de critères préalablement convenus ; et (iv) les actifs couverts et les procédures de gestion convenues pour les actifs productifs, défaillants ou improductifs.

En pratique, il existe plusieurs options pour structurer les transactions du MPR en fonction des besoins de l'initiateur, de sa capacité d'absorption et des éventuels participants tiers (SFI, 2018). Outre le risque de crédit et le préfinancement éventuel, le MPR apporte deux avantages supplémentaires : le transfert de compétences aux banques locales pour leur permettre d'adopter une approche prudente dans la diversification des risques de leur portefeuille et l'établissement de normes de gouvernance d'entreprise et de conduite pour les entreprises et les exportateurs locaux. La figure 8.2 présente les détails de la proposition de la SFI pour un MPR mis à disposition des exportateurs tchadiens.

D'autres instruments novateurs de gestion des risques dans les pays fragiles s'adressent aux grandes entreprises financées par des IDE, car elles ont généralement un meilleur accès aux décideurs. Ces entreprises peuvent faire monter

FIGURE 8.2

Tchad : Schéma d'un mécanisme de partage des risques basé sur une agence de gestion des garanties (AGG)

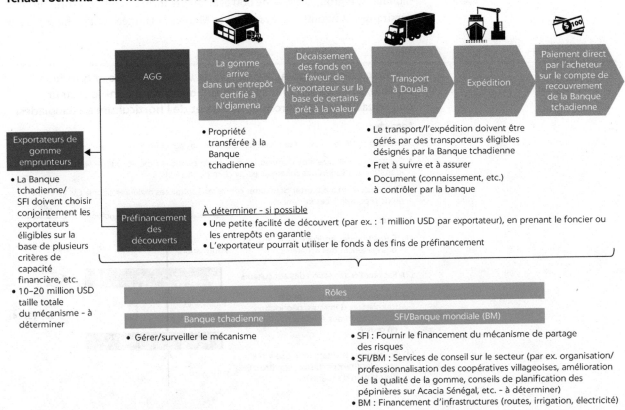

Source : Élaboration des auteurs basée sur une présentation par le personnel de la SFI aux exportateurs tchadiens à N'Djamena, 18 février 2019 (Document non publié).
Note : AD = à déterminer ; AGG = Agence de gestion des garanties ; SFI = Société financière internationale.

les enchères en cas d'échec si les gouvernements s'ingèrent dans leurs activités, et peuvent être mieux placées pour mobiliser un soutien extérieur contre les ingérences politiques, notamment les entreprises soutenant une bonne citoyenneté d'entreprise. Par exemple, les transferts de fonds en Somalie, qui respectent les principes religieux et les valeurs locales, fournissent des services utiles. On peut également citer les investisseurs chinois dans la construction libérienne, qui sont à la recherche de capacités locales et génèrent des emplois ; et les investisseurs dans le secteur du cacao en Sierra Leone, qui assument le rôle du gouvernement dans la création d'infrastructures (Banque mondiale, 2019)

Il existe déjà d'autres exemples d'approches par grappes appliquées au développement de CV à plus petite échelle (et principalement orientées vers les marchés nationaux) qui encouragent la participation du secteur privé en Afrique. Également appelées « grappes d'entreprises agroalimentaires » et fondées sur des comités de la chaîne de valeur des agriculteurs, ces organisations sont utilisées pour améliorer la coordination entre les acteurs de la CV, identifier les intérêts communs, partager les connaissances, développer de nouvelles opportunités commerciales et agir comme groupe de pression pour défendre les intérêts de ses membres. La figure 8.3 décrit un exemple d'interactions entre une organisation non gouvernementale (ONG) et des organisations d'agriculteurs lors du développement d'une chaîne de valeur horticole au Bangladesh.

Récemment, la SFI a contribué à l'élaboration d'un modèle éprouvé de Scope Insight destiné à la professionnalisation des organisations agricoles dans le monde entier (Scope, 2019).

Au cours de la dernière décennie, un réseau mondial de 60 partenaires privés mondiaux, regroupant près de 600 évaluateurs formés dans 14 institutions universitaires, couvrant 39 pays (dont le Mali et la Guinée) et touchant plus de

FIGURE 8.3

Exemple de développeur de chaîne de valeur intégrée : Agriculture durable, sécurité alimentaire et liens (Solidaridad) dans le secteur de l'aquaculture, des produits laitiers et de l'horticulture au Bangladesh

Approche:

- Financer l'ONG qui agit en tant que représentant des agriculteurs

- Commencer par créer une demande commerciale pour des produits à forte valeur, identifier les besoins des acheteurs et conclure des accords

- Cibler le soutien à apporter pour lutter contre les contraintes majeures pour la CV fin de répondre à ces exigences

Activités:

(1) Formation des agriculteurs au respect des exigences des acheteurs

(2) Faciliter l'organisation des agriculteurs

(3) Recherche d'acheteurs et de fournisseurs d'intrants, négociation, coordination des échanges et mise en œuvre

(4) Soutien aux prestataires de services agricoles (transport, stockage (froid), distribution d'intrants).

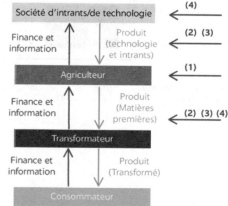

Les résultats préliminaires de l'évaluation d'impact à double différence révèlent des effets importants sur les revenus agricoles et la sécurité alimentaire

Source : Analyse des auteurs basée sur Swinnen 2018.
Note : CV = chaîne de valeur ; ONG = organisation non gouvernementale.

7,2 millions d'agriculteurs dans le monde entier, a défini une norme mondiale du « professionnalisme des organisations d'agriculteurs » en 2018. Ce réseau a également défini une mesure standard de ses composants clés. Les caractéristiques principales du modèle Scope Insight sont les suivantes :

- Quatre types d'outils d'évaluation : (i) *Scope Pro* (pour mesurer l'accès aux marchés et les capacités financières) ; (ii) *Scope Basic* (pour mesurer le niveau de professionnalisme dans les organisations agricoles ; (iii) *Scope Agent* (pour évaluer le potentiel de croissance des agriculteurs et des agents de terrain) ; et (iv) *Scope Input* (pour mieux comprendre les besoins et les opportunités des détaillants qui fournissent des intrants aux agriculteurs).

- Un seul indicateur à moyenne pondérée permettant de mesurer le professionnalisme des organisations d'agriculteurs, en évaluant huit dimensions globalement : (i) la gestion interne ; (ii) les activités ; (iii) la durabilité ; (iv) la gestion financière ; (v) la base de production ; (vi) le marché ; (vii) les risques externes ; et (viii) l'environnement favorable.

- Sur la base des forces et des faiblesses identifiées, la conception de programmes d'assistance technique personnalisés répondant potentiellement aux besoins de gouvernance, de financement, de services de vulgarisation, d'environnement et de formation.

- Alors que les indicateurs et le potentiel d'aide se développent dans le monde entier, bien qu'ils en soient encore au stade de pilote, le type et le nombre de ces initiatives publiques par grappes à petite échelle sont en augmentation,[5] ce qui explique le petit nombre d'études rigoureuses menées sur leurs avantages, avec des résultats prometteurs, mais mitigés jusqu'à présent.

- Une analyse systématique des écoles pratiques d'agriculture a révélé des effets positifs (rendements de +13 %, revenus agricoles de +19 %), mais uniquement si ceux-ci incluent des interventions sur le marché des intrants et des produits (Waddington, 2014).

- Les données recueillies sur les effets des organisations d'agriculteurs sur l'accès à la technologie, la productivité, l'accès au marché des produits et les revenus ont tendance à être positives (Verhofstadt et Maertens, 2014, par exemple). Une analyse systématique de 26 accords d'agriculture contractuelle dans 13 pays en développement réalisée par Ton et coll. (2018) confirme des effets positifs sur les revenus, avec un revenu combiné global de 23 à 55 %.

- L'analyse systématique des avantages de la certification en elle-même par Oya et coll. (2017) a révélé qu'en dépit de ses effets positifs sur les prix (augmentation de 14 %) et les revenus agricoles (augmentation de 11 %), rien n'indique qu'en moyenne les systèmes de certification améliorent le revenu total des agriculteurs participants.

- Enfin, Ashraf et coll. (2009) ont constaté qu'à la suite d'un projet intégré de développement de la chaîne de valeur (DCV) destiné aux agriculteurs, les revenus agricoles ont augmenté de 31,9 %, mais que cet effet a ensuite disparu en raison d'un facteur exogène lorsque la demande du marché d'exportation s'est tarie.

Le cas de Danone, Kinome et SOS Sahel pour la gomme arabique au Tchad constitue un cas intéressant d'interventions mixtes de DCV entre des entreprises étrangères et une ONG.[6] Conçu en 2009, le projet avait pour objectif d'introduire la gomme arabique extraite de l'*Acacia Seyal* dans les yaourts de Danone, remplaçant ainsi l'un de ses composants chimiques. Le projet devait compter trois avantages principaux : économique, *dans la mesure où il doit contribuer à réduire la pauvreté parmi les collecteurs tchadiens ; environnemental, dans la mesure où cela doit contribuer à valoriser l'acacia et sa conservation ; et social, car cela peut auto-nomiser les femmes grâce à un meilleur accès à l'eau, ce qui est essentiel pour la production.* Le projet est en cours dans quatre régions :

Hadjer Lamis, Bata, Chari Baguirmi et Guera. Malgré l'absence d'évaluation formelle du projet pilote jusqu'à ce jour, les difficultés les plus importantes qu'il a rencontrées ont porté sur l'accès aux services de base (eau, électricité), l'augmentation des faibles rendements des collecteurs lorsque la zone de collecte est éloignée de la distribution d'eau et du centre de commercialisation, et la garantie de flux réguliers de main-d'œuvre en raison du caractère nomade de la population féminine participant aux activités sur les zones de collecte.

Enfin, la dimension spatiale n'est pas moins importante pour mener à bien l'approche par grappes dans des contextes fragiles, non pas parce qu'il faut éviter les territoires dangereux qui menacent le transport des produits d'exportation, mais en raison de son rôle de facilitateur d'un ensemble d'interventions politiques. Par exemple, un cluster d'agroindustries multiproduits se développe autour de Sikasso, au Mali, exactement là où le PMOC est mis en œuvre. Cette région s'attend également à tirer parti de sa connectivité avec les marchés, d'un centre urbain animé à proximité, et de ses terres arables fertiles. De même, avec des dizaines de milliers d'hectares irrigués par gravité, le projet Office au Niger pourrait devenir un pôle agroalimentaire essentiel pour des produits tels que le riz. La dimension spatiale peut donc aider simultanément à résoudre un grand nombre des contraintes identifiées dans ce rapport (infrastructure de connecti-vité pour faciliter l'accès aux marchés d'intrants/produits agricoles, accès à des terres bien aménagées ou irriguées, etc.). En complément de ces dispositions, la mise aux enchères de terrains dans certaines zones pourrait constituer un moyen d'attirer des IDE majeurs ciblés, soit sur la base du développement de produits identifiés, soit en laissant les investisseurs choisir les produits qu'ils souhaitent développer sur la base du minimum de soutien ou de subvention demandés.

NOTES

1. Le Code des investissements tchadien date de 2008, mais il a fallu pas moins de six ans pour que ses décrets d'application soient publiés. Le Code malien date de 2012, celui de la Guinée de 2015 et celui du Niger de 2017, mais aucun d'entre eux n'a encore été suivi d'un décret d'application, ce qui crée des problèmes de gouvernance majeurs et des retards, et plonge les investisseurs dans l'incertitude.
2. Les projets éligibles au PSW peuvent nécessiter un minimum de 2 à 4 millions USD. Tous les pays de la région MTNG sont éligibles au PSW.
3. Le Burundi, le Cameroun, la Côte d'Ivoire, le Mali, le Mozambique, le Nigeria, le Sénégal, la Sierra Leone, d'autres pays du Sahel et de la Corne de l'Afrique, le Myanmar, les Philippines, la Géorgie, la Turquie, l'Égypte, l'Inde, le Népal et le Pakistan.
4. Depuis 2012, CEDIAM s'approvisionne en mangues pour l'exportation vers l'Europe, y compris en concentré et en purée de mangue transformé. Ses initiateurs ont investi 18 millions d'euros sur fonds propres et disposaient d'un plan d'investissement de 13 millions d'euros pour garantir l'approvisionnement en matières premières et diversifier l'activité de l'entreprise pour qu'elle dure toute l'année. En 2015, CEDIAM a acheté 11 000 tonnes de mangues à de plus de 2 000 producteurs et produit 5 000 tonnes de purée et concentré de mangue, même si cela ne représente qu'une utilisation de 20 % de la capacité installée. CEDIAM a développé un solide réseau de clients en Europe pour les jus, concentrés et purées grâce à son initiateur (un investisseur italien) avec plus de 20 ans d'expérience dans le secteur alimentaire.

5. L'Alliance africaine pour la promotion de la noix de cajou et l'Alliance globale du karité sont deux exemples qui méritent d'être examinés dans les pays MTNG.

6. Danone est l'un des principaux groupes français d'envergure mondiale opérant dans le domaine des produits agroalimentaires et spécialisé dans les produits laitiers, les eaux en bouteille et les produits de nutrition médicale. Kinome est une entreprise sociale française travaillant dans le domaine de la prévention de la déforestation. SOS-Sahel est une ONG internationale spécialisée dans la sécurité alimentaire en Afrique.

RÉFÉRENCES BIBLIOGRAPHIQUES

Ahmed, G. 2018. "Upgrading Agricultural Value Chains in Mali, Niger and Chad." Unpublished background paper, World Bank, Washington, DC.

Ashraf, N., X. Giné, and D. Karlan. 2009. "Finding Missing Markets (and a Disturbing Epilogue): Evidence from an Export Crop Adoption and Marketing Intervention in Kenya." *American Journal of Agricultural Economics* 91 (4): 973–90.

Baldwin, R. 2011. "Trade and Industrialization after Globalization's Second Unbundling: How Building and Joining a Supply Chain Are Different and Why it Matters." NBER Working Paper 17716, National Bureau of Economic Research, Cambridge, MA.

Banque mondiale. 2014. "World Bank Group: A New Approach to Country Engagement." World Bank, Washington, DC.

———. 2018a. "Future of Food: Maximizing Finance for Development in Agricultural Value Chains." World Bank, Washington, DC.

———. 2018b. "Creating Markets for Sustainable Growth and Development." An Evaluation of World Bank Group Support to Client Countries FY 07- 17, IEG, Unpublished approach paper (February), World Bank, Washington, DC.

———. 2018c. *The Human Capital Project.* Washington, DC: World Bank.

———. 2019. "Africa's Pulse, No. 19: An Analysis of Issues Shaping Africa's Economic Future." World Bank, Washington, DC. doi:10.1596/978-1-4648-1421-1.

CMC (Moroccan Competition Council). 2016. "Système incitatif de l'industrialisation Marocaine: Vers des mesures ciblées et efficaces." Maroc Conjoncture Report 280, CMC, Rabat.

Daki, S. 2018. "Maroc: Système incitatif pour la promotion de l'industrie." Unpublished paper, Rabat.

IFC (International Finance Corporation). 2018. "Risk-Sharing Facility: Structured and Securitized Products." Unpublished paper, IFC, Washington, DC.

Oya, C., F. Schaefer, D. Skalidou, C. McCosker, and L. Langer. 2017. "Effects of Certification Schemes for Agricultural Production on Socio-Economic Outcomes in Low- and Middle-Income Countries: A Systematic Review." *3ie Systematic Review 34.*

Porter, M. E. (1998). "Clusters and the New Economics of Competition." *Harvard Business Review* 76 (6): 77–90.

SCOPE. 2019. "Insights into Impact: Transforming the Agricultural Sector in Emerging Markets." Presentation given to the World Bank (March), Strategic Community Agenda, Los Angeles.

Swinnen, J. 2018. "Inclusive Value Chains to Accelerate Poverty Reduction." Background paper, World Bank, Washington, DC.

Ton, G., W. Vellema, S. Desiere, S. Weituschat, and M. D'Haeseb. 2018. "Contract Farming for Improving Smallholder Incomes: What Can We Learn from Effectiveness Studies?" *World Development* 104: 46–64.

Verhofstadt, E., and M. Maertens. 2015. "Can Agricultural Cooperatives Reduce Poverty? Heterogeneous Impact of Cooperative Membership on Farmers' Welfare in Rwanda." Applied *Economic Perspectives and Policy* 37: 86–106.

Waddington, J., P. J. Morris, N. Kettridge, G. Granath, D. K. Thompson, and P. A. Moore. 2015. "Hydrological Feedbacks in Northern Peatlands." Ecohydrologie 8 (1): 113–27.

Bibliographie

Ahmed, G., and B. Fandohan. 2017. "GVC in Niger: Bovine and Onions." Unpublished background paper, *Niger: Leveraging Export Diversification to Foster Growth*, World Bank, Washington, DC.

Banque mondiale. 2019a. "On the IDA-18 Special Themes: Jobs and Structural Transformation." Unpublished paper, World Bank, Washington, DC.

———. 2019b "Mali JIP: Fourth Review." Unpublished paper, World Bank, Washington, DC.

———. 2020. *World Development Report 2020: Trading for Development in the Age of Global Value Chains*. Washington, DC: World Bank. https://openknowledge.worldbank.org /handle/10986/32437.

Benjamin, N., and N. Pitigala. 2017. "Trade Diagnostic on Niger." Unpublished background paper, *Niger: Leveraging Export Diversification to Foster Growth*, World Bank, Washington, DC.

Benyagoub, M., and L. Clark. 2017a. "Results from the Enterprise Survey and Module on Exporters in Niger." Unpublished background paper, *Niger: Leveraging Export Diversification to Foster Growth*, World Bank, Washington, DC.

———. 2017b. "Results from the Enterprise Survey in Mali and Module on Exporters." Unpublished background paper, *Mali: Leveraging Export Diversification to Foster Growth*, World Bank, Washington, DC.

———. 2018. "Results from the Enterprise Survey in Chad and Module on Exporters." Unpublished background paper, *Chad: Leveraging Export Diversification to Foster Growth*, World Bank, Washington, DC.

Forneris, X. 2019. "International Good Practices on Investment Incentives: An Application to Niger." Unpublished background note, *Leveraging Export Diversification in Fragile Countries: The Emerging Value Chains of Mali, Chad, Niger, and Guinea*, World Bank, Washington, DC.

Gouvernement du Niger. 2016a. "Renaissance." Unpublished paper, Government of Niger, Niamey.

———. 2016b. "Vision 2035: Economic Orientation." Unpublished paper, Government of Niger, Niamey.

———. 2017. "Plan de développement économique et social." Unpublished paper, Government of Niger, Niamey.

IFC (International Finance Corporation). 2018. "Introduction of IFC Agribusiness Activities in Africa." Presentation to the Seminar on Growth and Diversification, N'Djamena, November 17.

IMF (International Monetary Fund). 2017. "Central African Economic and Monetary Community (CEMAC): Staff Report on the Common Policies in Support of Member Countries Reform Programs." Country Report 17/176, IMF, Washington, DC. https://www.imf.Org/~/media/Files/Publications/CR/2017/cr17176.ashx.

ITC (International Trade Centre). 2015. "Edible Nuts: Cashew." *Cashew Quarterly Bulletin.* http://www.intracen.org/uploadedFiles/intracenorg/Blogs/Cashew_Nuts_-_Main/Cashew%20 quarterly%20bulletin%20Q3_Final.pdf.

———. 2017. Statistiques du commerce international. https://www.WTO.org/english/res_e/statis_e/statis_e.htm.

Josserand, H. P. 2013. "Assessment of Volumes and Value of Regionally Traded Staple Commodities." Paper prepared for the Food across Borders Conference, Accra, and January 29–31.http://www.inter-reseaux.org/IMG/pdf/Josserand_Assessment_of_ATP_EATP_Trade_Data.pdf.

Lofgren, H. 2017. "Mining Export Prices and Public Investment: Alternative Scenarios for Mali." Unpublished background paper, *Mali: Leveraging Export Diversification to Foster Growth,* World Bank, Washington, DC.

López-Cálix, J. R., A. Garba, J. C. Maur, and L. Razafimandimby. 2016. "Possible Impacts of Floating the Nigerian Naira on Niger's Economy." In *Demographic Explosion in the Sahel: Dividend or Burden?* AFCW3 Economic Update, Fall 2016, 33–39. Washington, DC: World Bank. https://openknowledge.worldbank.org/handle/10986/30952.

Manfred, L., K. Kanemoto, D. Moran, and A. Geschke. 2013. "Building EORA: A Global Multi-Regional Input-Output Database at High Country and Sector Resolution." *Economic Systems Research* 25 (1).

Prihardini, D. 2016. "Export Diversification Scenarios with a CGE Model." Unpublished paper, World Bank, Washington, DC.

République du Tchad. 2017. "Vision 2030: Le TChad que nous voulons." Ministère de l'Economie et de la Planification du Développement, N'Djamena.

Roster, K., and M. Cader. 2016. "Niger: Country Opportunity Spotlight." Country Analytics, IFC, Washington, DC.

Taglioni, D. 2017. "A Taxonomy of Global Value Chain Integration." Unpublished paper, World Bank, Washington, DC.

Torres C., and J. van Seters. 2016. "Overview of Trade and Barriers to Trade in West Africa: Insights in Political Economy Dynamics, with Particular Focus on Agricultural and Food Trade." Discussion Paper 195, European Center for Development Policy Management, Maastricht.

WTO (World Trade Organization). 2013. "Trade Policy Review: Countries of the Central African Economic and Monetary Community (CEMAC)." WTO, Geneva. https://www.WTO.org/english/tratop_e/TPR_e/s285_e.pdf.

———. 2017. "Trade Policy Review: Niger." WTO, Geneva.

———. 2018. "Trade Policy Review 2017: WAEMU." WTO, Geneva.